AI时代HRBP的实战指南

懂业务、提效能、自成长

竹 辉——著

法律出版社 | LAW PRESS
北京

图书在版编目(CIP)数据

AI时代HRBP的实战指南：懂业务、提效能、自成长／竹辉著. -- 北京：法律出版社，2024(2025.6重印)
ISBN 978-7-5197-9148-3

Ⅰ. ①A… Ⅱ. ①竹… Ⅲ. ①企业管理-人力资源管理 Ⅳ. ①F272.92

中国国家版本馆CIP数据核字(2024)第098206号

AI时代HRBP的实战指南:懂业务、提效能、自成长
AI SHIDAI HRBP DE SHIZHAN ZHINAN: DONGYEWU、TIXIAONENG、ZI CHENGZHANG

竹 辉 著

策划编辑 张 岩
责任编辑 程鹏瑶
装帧设计 鲍龙卉

出版发行 法律出版社
编辑统筹 重大项目办公室
责任校对 晁明慧
责任印制 吕亚莉
经　　销 新华书店

开本 710毫米×1000毫米 1/16
印张 23.5　**字数** 245千
版本 2025年5月第1版
印次 2025年6月第2次印刷
印刷 天津嘉恒印务有限公司

地址:北京市丰台区莲花池西里7号(100073)
网址:www.lawpress.com.cn
投稿邮箱:info@lawpress.com.cn
举报盗版邮箱:jbwq@lawpress.com.cn
销售电话:010-83938349
客服电话:010-83938350
咨询电话:010-63939796

书号:ISBN 978-7-5197-9148-3　**定价**:79.00元

CONTENTS 目　录

引言

戴维·尤里奇(Dave Ulrich)于1996年提出了人力资源管理三支柱模型,该模型主要涵盖了人力资源业务伙伴(Human Resources Business Partner,HRBP)、人力资源专家中心(Center of Expertise,COE),以及共享服务中心(Shared Service Center,SSC)。

HRBP的主要职责是深入业务部门,洞察业务需求,并提供针对性的人力资源解决方案;COE专注于制定和设计人力资源战略、政策、流程和方案等核心内容;而SSC通过集中化的服务,处理日常事务性工作,旨在提升工作效率和服务品质。这一理论旨在助力人力资源管理者在企业经营过程中发挥更大的价值,具有重要的管理价值和意义。

自此,许多企业开始着手人力资源管理的转型,将传统的六大模块转型升级为人力资源管理三支柱模式。

转型的初衷是为了支持业务发展,然而,事与愿违,转型后的人力资源体系,非但没有给业务带来助力,反而带来额外的负担。

当业务伙伴无法直接感知到 HRBP 的价值时，HRBP 在业务伙伴眼里便好像没有价值；当业务伙伴无法感知到 HRBP 更多、更深层次的价值时，HRBP 在业务伙伴眼中的价值仅限于招聘、解雇、发放薪酬等传统价值。

对转型后的 HRBP 来说，在不熟悉的业务场景中，如果我们的价值不被认可，出于自我保护的本能，我们往往会退回到自己熟悉的领域寻求安全感或认同感。因此，许多 HRBP 重新投入到对人力资源专业知识和理论的深入研究中。

最终，我们和业务伙伴之间的距离越来越远，我们始终难以融入业务中，而业务伙伴也很难看到 HRBP 的真正价值。

HRBP 的价值究竟何在？

在工业时代背景下，这个问题的答案可能是：提供人力资源管理的专业建议。然而，将这个问题置于信息化时代的背景下，竹辉为您揭示的答案是："HRBP 的价值是以助力业务增长，提升组织效能为共同目标的合作价值。"

这个答案涵盖了三个核心概念，分别是：

第一，助力业务增长。立足业务，助力业务增长，这是 HRBP 价值的起点，也是终点。

第二，提升组织效能。这是 HRBP 岗位的核心价值。这里的提升组织效能其实包含了三个层面的内容，分别是提升组织效能、团队效能和个人效能。

第三，合作价值。业务需要的，我们要有；我们有的，业务需要。这才叫合作。这种合作建立在资源和能力的互补之上,是一种相互的需要和认可,而业务需要的内容不仅仅局限于 HR 的专业能力。

HRBP 想要创造以上价值,需要做好以下四个方面的转型:

第一,忘记牛人大咖给 HRBP 的定位,找准自己的定位。

忘记那些牛人大咖为 HRBP 所设定的定位,转而根据业务发展阶段、业务类型,以及公司合作业务伙伴的能力和性格优势与短板,精准定位自己的角色。

第二,忘记人力资源管理的十八般武器,躬身入业务的局。

HRBP 的价值是:和业务伙伴一起,共同助力公司战略落地和业绩增长。这是我们和业务伙伴共同的目标。因此,在合作的过程中,我们有哪些专业武器并不重要,而专业武器为业务所用,发挥出应有的价值才更重要。如果我们想要找到价值发挥的契合点,则需要深入业务,躬身入局。

第三,忘记岗位职责,用“价值”来武装自己。

作为中后台职能存在的 HRBP,我们很容易陷入“为做而做”的深坑,专注于岗位职责本身,却忽略了职责背后的价值和意义。人力资源是实现业务目标的“因”,而业务目标是人力资源是否被有效使用最终产生的“果”。因此,无论要推进何种项目,HRBP 都应自问:“这个项目给业务带来的价值是什么?”这才是一个真正意义上的 HRBP。

第四,忘记“视人为物”的工业时代,迎接“视人为人”的信息化时代。

工业时代的管理,视人为物,HRBP 像管理机器一样地在人才管理上追求科学化、标准化和流程化。人像物件一样被评价,被测量。例如,我们会根据岗位要求设定人才标准，用标准去评估人才，符合标准，晋升；不符合，不晋升。人才激励机制靠的是“胡萝卜 + 大棒”的外在刺激。

这种“视人为物”的管理理念，在工业时代是有效的。在信息化时代，其虽然也在发挥效能，但是已经被越来越多的新生代年轻人所诟病，暴露出的管理问题也越来越多。

信息化时代最主要的特点是信息分散，权利转移，人性觉醒。信息化时代呼唤“视人为人”的管理理念。员工希望被看到，被尊重，被平等对待。相比于物质激励，新生代年轻人更追求工作的价值和意义。因此，人力资源管理的重心也将向人性和人心转移。

在信息化时代背景下，HRBP 既要做到视人为人，更要做到视己为人。所以，从翻开本书的这一刻开始，忘记自己是一个为了碎银几两而辛苦劳作的“牛马”吧，让我们选择做一个有能量、有热情、有自主选择权的鲜活的人吧。一切都只为了成就最好的自己！

本书围绕 AI 时代“HRBP 的价值”而展开，共分为三大部分：

第一部分，立足业务：懂业务、懂业务伙伴。立足业务指的是在“事”的层面，要懂业务，讲得清楚业务的内容、逻辑和运营的规律；在“人”的层面，要懂业务伙伴，经营好与业务伙伴的合作关系。

第二部分，提升效能：激活组织、团队和个人效能。本部分主要从组织提效、团队提效和个人提效三个方面展开论述。详细分析如何提升组织效能、团队效能和个人效能。

第三部分，自我成长：选你所爱、爱你所选，成就最好的自己。HRBP

本身是效能提升的能量源点。想要助力组织、团队和个人效能的提升，HRBP 必须具备强大的心力、脑力和体力。只有将自己变成火种，才能点燃他人；只有先成为最好的自己，才能成就最好的组织、团队和个人。所以，最后一部分内容，我们将聚焦于 HRBP 本身如何自我成长，让 HRBP 成为最好的自己！

1

Part 01

立足业务：懂业务、懂业务伙伴

立足业务，是 HRBP 工作的起点。它包含两层含义，在“事”的层面，要懂业务，讲得清楚业务的内容、逻辑和运营的规律，这是将事情做“对”的前提；在“人”的层面，要懂业务伙伴，经营好与业务伙伴的合作关系，这是把事情做“好”的前提。与之相应，此部分的内容，我们会分为两个章节展开论述：

第一章　懂业务

第二章　懂业务伙伴

第一章　懂　业　务

第一节　HRBP 应该如何理解“懂业务”

“懂业务”这是公司对 HRBP 最基本的要求。这一要求，越来越被大家所共识。那么，我们应该从哪些维度来理解“懂业务”呢？

第一，关于懂业务的目的。

HRBP 懂业务的目的并非做业务，也不是为了对业务伙伴的工作指手画脚。懂业务的目的在于更好地与业务伙伴合作，实现价值补位。

价值补位首先表现在因果上的合二为一。业务目标是果，组织和人才是因，没有好的因，便结不出好的果。

其次，价值补位体现在工作内容和方式上的刚柔并济和雌雄合体。在业绩压力下，业务伙伴更关注于事，表现得更“刚”。而 HRBP 需要更关注人，要表现得更“柔”，只有这样才能形成合力，打造高绩效团队。

第二，关于懂业务的角色定位。

HRBP 虽然做不到比业务伙伴更懂业务，但是，HRBP 在掌握业务知识、精通业务逻辑、具备业务思维的前提下，可以为业务伙伴提供组织和人才解决方案。HRBP 是企业内部的人力资源管理顾问，在必要时刻还需要承担起业务引导和启发的工作职责。

第三，关于懂业务的内容。

一个真正的 HRBP 需要掌握以下业务内容：

1. 精通战略规划。高阶 HRBP，特别是人力资源总监（Human Resources Director，HRD）必须熟悉战略规划的流程步骤，明确公司战略澄清、战略解码，以及目标分解的底层逻辑和方法。

2. 理解不同发展阶段业务的特点。深入理解业务，掌握不同发展阶段业务的特点，以及当前所面临的挑战和困难。

HRBP 懂业务最直接的体现是参加业务经营分析会，并发挥应有的价值。

接下来，我们将围绕以上内容逐一展开。

第二节　理解战略规划

战略规划是企业为了明确未来一段时间(通常是中长期)的发展方向、目标以及实现这些目标的策略和行动计划而做的重要事情。

为了保证战略规划的质量和效率,企业高管、各部门负责人以及相关的专家和顾问需要聚集在一起,共同分析企业内外部环境,探讨企业的愿景、使命、价值观,制定战略目标,进行战略解码,并最终将公司的战略目标分解为部门目标和个人目标。

战略规划对企业的价值和意义主要体现在:

第一,帮助企业发现机会,识别威胁,提前布局。

通过对宏观经济环境、行业发展趋势、技术创新动态、竞争对手态势等外部因素,以及企业自身的资源、能力、文化等内部因素的综合考量,企业可以在每类业务上作出最佳战略选择。

第二,战略规划是一次高层共识业务方向、业务策略的难得机会,不仅有利于清晰业务策略,更有利于团队协作。

战略规划需要在分析内外部环境的基础上,作出战略澄清和选择,并明确战略目标。再在战略目标的指引下，进行战略解码。再以战略目标和核心战略指标为指引，进行业务设计。

第三，帮助企业实现资源的有效分配。

战略规划本质上是公司层面的目标分解。公司层面的目标分解清楚，部门目标才能分得明白，随之个人目标才能有的放矢。以目标为锚定点，然后分析我们的资源现状，才能做到资源的合理分配。也才能做出更符合战略和业务发展需要的人力资源管理规划。

接下来，我们就以一个完整的战略规划流程为主线，详细阐述 HRBP 需要掌握的业务内容。

一、企业内外部环境分析

进行企业内外部环境分析，是为了发现外部机会和威胁，明确自身的资源和优势，从而作出更加合理的战略决策。

（一）企业外部环境分析

企业外部环境又可以细分为宏观环境、中观环境和微观环境三个层面。

1. 宏观环境分析

宏观环境指的是那些对企业发展产生深远影响的宏观层面的要素，这些要素覆盖范围广泛，企业难以直接掌控，更多情况下，需要适应和灵活应对。

对于宏观环境的分析，我们通常采用 PESTEL 模型。该模型包括六个核心维度，具体为：P——政治因素，E——经济因素，S——社会因素，T——技术因素，E——环境因素，以及 L——法律因素。

政治因素（political considerations）涉及评估国家和地方政策法规对企业的影响。例如，政府对环保标准的提高会影响化工企业的生产运营，促使企业投入更多资金用于环保设备升级。

一些对政府政策变化比较敏感的企业，诸如电力、天然气、水务、交通运输、药品、生物科技、能源以及金融等企业，需持续关注国家政策可能对其运营产生的潜在影响。一些涉及国计民生与社会稳定的行业，也要保持对国家政策变化的敏感度。例如，国家实施的“双减”政策对 K－12① 教育行业产生的影响，令众多企业始料未及，骤然间陷入了必须转型的困境之中。

经济因素（economic considerations）指在评估企业运营环境时，需全面

① K－12 是对美国基础教育的统称。“K－12”中的“K”代表幼儿园（kindergarten），“12”代表 12 年级（相当于我国的高三年级）。“K－12”是指从幼儿园到 12 年级的教育，在国际上，其被用来指代基础教育。

考量经济增长态势、通货膨胀水平以及利率变动等诸多经济指标的影响。

经济增长率是衡量经济发展状况的关键指标，它主要体现了经济增长的动态。当经济增长强劲时，消费者支出相应增加，企业的销售额与利润也呈上升趋势；反之，若经济陷入衰退，需求则会缩减，企业可能面临亏损的风险。例如，在经济衰退期间，消费者对高端奢侈品的消费需求减少，此时，企业可能需要适时调整其产品策略，推出更具性价比的产品，以适应市场变化。

高水平的通货膨胀可能导致企业成本上升，进而对企业的盈利能力产生负面影响；同时，它也会削弱消费者的购买力。

至于利率方面，其变动对企业的融资成本具有直接且显著的影响。

当利率上升时，借款成本随之增加，这可能会对企业的投资和扩张计划产生抑制作用。

在社会因素（social considerations）方面，我们必须密切关注人口结构的变迁、消费观念的演变，以及文化趋势等对企业发展的深远影响。

以未来老龄化社会为例，养老服务和老年健康产品等领域的市场需求将显著增长，相关企业可以据此科学规划业务发展方向；同时，当前消费者对产品的期望已超越了单纯的功能价值，情感价值同样重要。为此，许多企业开始更加重视客户体验管理。

技术因素（technological considerations）主要指的是新技术的发展变化给企业带来的影响。每一次重大的技术革新都会对各行业产生深远的影响，甚至可能重塑行业格局。以互联网技术为例，其发展推动了传统零售企业从线下转型到线上，电子商务蓬勃发展。

环境因素（environmental considerations）分析，指的是我们必须对企业所面临的自然环境限制及可持续发展的要求进行深入分析。例如，食品企业必须严格遵守更为严苛的食品安全规定和环保包装法规，在制订企业战略规划时，必须充分考虑这些合规性成本。

法律因素（legal considerations）涉及法律法规的变动对企业产生的影响。举例来说，知识产权保护法的加强，对于那些拥有自主研发技术的企业来说是有利的，它们可以在战略层面增加研发投入，以获得更加显著的专利优势。

通过对上述因素的综合分析，企业可以更全面地认知其所处的外部环境，准确识别外部环境所带来的机遇与挑战。

2. 中观环境分析

中观环境分析是对企业所属行业环境的分析，主要关注行业发展周期和发展趋势。通过分析行业发展周期，可以预测市场发展空间，并根据行业发展周期的变化趋势，提前布局业务策略。

行业生命周期是指一个行业从诞生、成长、成熟直至衰退的整个过程。在商业领域，每个行业都要经历培育期、成长期、成熟期和衰退期这几个不同的发展阶段。在各个阶段，行业呈现不同的特点，企业也面临着独特的机遇和挑战，需要采取相应的策略来应对。

培育期：艰难起步，探索前行。

在培育期，行业处于发展的初期。在市场与竞争方面，市场基础薄弱，规模小且增长缓慢，需求不明，客户认知度极低，竞争者稀少，技术不成熟但有较大创新空间。在财务与政策方面，利润率低，企业财务压力大，资本流入少，投资者谨慎，但政策支持力度大。

企业机遇与挑战并存，一方面有机会建立品牌认知与客户忠诚度，通过创新抢占市场先机，与潜在客户合作共拓市场。例如，对于研发型企业而言，可以与潜在客户，特别是上游客户建立合作关系，共同开发市场。另一方面企业需应对高昂的市场教育成本，面临资金短缺及高运营风险，其主要精力用于市场教育和客户获取。

成长期：快速扩张，竞争加剧。

进入成长期，市场需求开始快速增长，产品逐渐被消费者接受。技术逐渐成熟，产品质量和性能不断提升。竞争对手纷纷进入市场，市场竞争日益激烈。

此时企业的机遇在于市场快速扩张带来的巨大发展空间，可以通过扩大生产规模、拓展市场份额来实现快速增长。但也面临着激烈的竞争，需要不断创新以保持竞争优势，同时还要应对供应链管理、人才短缺等问题。

企业要加大市场开拓力度，拓展销售渠道，提高市场占有率。持续投入研发，推出差异化产品，加强品牌建设，提升品牌知名度和美誉度。注重人才培养和引进，优化供应链管理，提高运营效率。

成熟期:稳定发展,寻求突破。

成熟期的行业,市场趋于饱和,增长速度放缓。产品和技术高度成熟,市场竞争激烈,价格战频繁。消费者对产品的需求更加多样化和个性化。

此时企业的机遇在于可以通过优化成本结构、提高产品质量和服务水平来巩固市场地位,还可以通过创新开拓新的市场领域。企业的挑战是如何在激烈的竞争中保持盈利能力,应对市场的变化和消费者需求的转变。

企业应加强成本控制,优化生产流程,降低生产成本。加强客户关系管理,提高客户满意度和忠诚度。加大创新投入,推出新产品、新服务,开拓新的细分市场。

衰退期:积极转型,谋求新生。

衰退期的行业,市场需求持续下降,产品逐渐被市场淘汰。技术更新换代快,原有的技术和产品失去竞争力。部分企业开始退出市场,市场竞争格局发生变化。

企业面临的机遇是通过转型和创新实现业务的二次增长,挑战则是如何在市场萎缩的情况下实现成功转型,避免被市场淘汰。

企业要及时调整战略,果断退出衰退业务,寻找新的增长点。加大研发投入,开发新技术、新产品,进入新的行业领域。也可以通过资产重组、并购等方式实现资源的优化配置。

总之,行业的发展周期是企业经营的重要背景,企业需要敏锐地洞察行业所处的阶段,准确把握机遇,积极应对挑战,制定出符合自身发展的战略,才能在不同的行业发展阶段中立于不败之地。只有不断适应市场变化，持续创新，才能在激烈的市场竞争中实现可持续发展。

3. 微观环境的分析

微观环境分析主要包括竞争结构分析以及客户需求分析。

(1)竞争结构分析

竞争结构分析专注于深入剖析竞争对手及其形成的竞争格局。分析竞争结构不仅可以帮助企业明确潜在的竞争对手，提前做业务布局，还可以帮助企业更加明确自身的差异化竞争优势，同时识别并改善存在的不足。

在市场上，构成竞争关系的企业通常包括同行企业、上游供应链企业、下游客户企业以及跨界经营企业。同行企业是最直接的竞争对手，而上下游企业与跨界经营企业则往往是潜在的竞争对手。

针对这些潜在的竞争对手，我们需要明确谁最有可能成为真正的竞争对手。针对上下游企业，我们不妨问自己："在上游企业中，哪些供应商可能转变为竞争对手？""在下游企业中，哪些经销商或总代理可能成为我们的竞争对手？"

如果我们企业所提供的产品或服务的行业壁垒较低，且利润空间较大，那么跨界企业也可能成为直接的竞争对手。所以，我们需要评估"我们的企业是否具备显著的竞争优势？我们所在的行业是否具有较高的进入壁垒？是否有可能出现跨界竞争者？"

在行业发展初期，同行竞争者可能较少，但随着行业进入成长期，更多的同行企业将加入竞争。为此，我们还应思考："哪些同行企业可能成为我们最有力的竞争对手，他们与我们相比，有哪些本质上的不同？"通过思考这些问题，我们可以更清晰地识别"谁才是我们真正的竞争对手"。

找到竞争对手之后，我们要站在他们的角度去考虑：他们加入的理由会是什么？这个理由是否充分？如果我们是竞争对手的话，会做什么样的战略规划呢？会开启什么样的竞争模式呢？

一般来说，为了应对上下游企业的竞争，我们通常采取一体化的成长战略，即通过扩展产业链，加强对分销商、零售商、供应商或竞争者的控制权。

一体化的成长战略又包括前向一体化、后向一体化和横向一体化战略。

前向一体化指的是企业获得分销商或零售商的所有权或加强对它们的控制。例如，一家服装生产企业收购了一些服装零售店铺，直接面向消费者销售产品，加强对销售渠道的控制。

后向一体化指的是企业获得供应商的所有权或加强对供应商的控制。例如，一家汽车制造企业收购了一家汽车零部件供应商，以确保零部件的供应质量和成本控制。

横向一体化指的是企业通过收购、兼并同行业的企业，扩大生产规模和市场份额。例如，美团收购摩拜单车，通过横向整合，扩大其在出行领域的业务范围。

对于同行企业，我们需要对以下内容进行深入分析。

√财务分析：深入剖析竞争对手的财务报表，包括收入状况、成本构成、利润率等关键指标，以了解其财务健康状况及可持续发展的能力。

√市场份额分析：通过调研竞争对手在市场中的占有比例及其增长态势，评估其市场地位及可能构成的潜在威胁。

√产品对比：对比竞争对手产品的特性、价格定位、质量水平以及客户服务等方面的信息，识别自身产品在市场中的优势与短板。

√客户反馈与评价：搜集并分析客户对竞争对手产品及服务的反馈意见，了解客户的满意度和品牌忠诚度，把握客户的偏好及需求。

√营销策略分析：研究竞争对手的营销渠道布局、推广活动安排、定价策略等，洞察其市场推广的效果及市场反应。

√价值链分析：深入剖析竞争对手的价值链构成，了解其创造价值的路径、成本控制的手段，以及在哪些环节具备优势或存在劣势。

总之，对竞争对手进行分析是企业战略规划的重要内容，只有知己知彼，才能做出产品的差异化优势。

(2)客户需求分析

深入分析客户需求,不仅能够发现尚未满足的客户需求,找到新的业务增长点,而且可以优化和迭代公司的产品与服务。

我们可以借助客户旅程地图(customer journey map)对客户的需求进行搜集和分析。客户旅程地图是一种视觉化工具,它能详细勾勒客户在与企业互动的各个阶段,在所经历的接触点上,客户的感受、行为和需求如何?借助这个工具,我们可以识别出潜在的创新机会和未来的改进方向。

以下是创建和使用客户旅程地图的方法步骤,感兴趣的HRBP同学可以参考学习:

第一步:明确界定目标客户群体。

在借助客户旅程地图来搜集客户信息之前,我们必须先确定通过这次信息搜集,我们旨在达成什么目标?是提升客户满意度,扩大市场份额,还是改善产品设计?有了明确的目标之后,才能确定目标客户群体,并明确在哪里可以接触到足够多的客户。

第二步:列举客户接触点。

从客户初次接触产品至最终使用,整个过程大致可以划分为五个阶段:认知阶段、考虑阶段、购买阶段、使用阶段以及售后阶段。在每个阶段中,我们需详细列出客户与企业互动的所有接触点,包括但不限于网站、社交媒体、客服电话、实体店等。接触点是产品在客户旅程地图中经历的场景。

第三步：收集客户反馈。

通过调查、访谈、社交媒体分析等手段，我们可以收集客户在各个阶段的感受和行为数据。

在认知阶段，我们需探究客户初次接触企业的方式及其信息来源，以分析他们在这一阶段的需求和期望，同时评估公司品牌和产品特性对客户的影响。

在考虑阶段，我们要研究影响客户选择产品或服务的关键因素，包括价格、质量、品牌形象等。此外，我们还需收集客户对竞争对手的评价和比较，以洞察他们的偏好。

在购买阶段，我们要分析客户的购买动机以及购买流程中可能遇到的障碍，例如付款方式、物流配送等，从而识别客户在购买过程中可能遇到的问题和不满。

在使用阶段，我们要研究客户在使用产品或服务时的体验，如功能满意度、使用便捷性等，以收集客户的改进建议和反馈。

最后，在售后阶段，我们要了解客户对售后服务的需求，以分析客户的忠诚度和再次购买的可能性。

收集客户信息和需求的最快方式是问卷调研，即通过设计问卷，并利用线上或线下渠道来收集客户的看法和建议。但是，信息密度最大的方式是访谈。无论是通过组织小型客户讨论会，还是针对关键客户的一对一深度访谈，都能获得详尽的反馈和建议。

当然，我们还可以通过分析历史销售数据，了解哪些产品或服务最受欢迎；通过收集客户的服务评价、投诉和建议，分析客户满意和不满意的地方；通过网站访问记录、社交媒体互动数据等，了解客户的兴趣和行为；甚至可以从市场购买第三方市场研究报告，了解行业趋势和客户需求。

第四步：信息的可视化展现。

在收集到客户信息之后，我们需对每个阶段，不同接触点上的客户信息进行可视化展示。通过这种直观的展现方式，识别出客户在各个阶段所面临的问题，进而找到企业需要改进的地方。

在企业经营的过程中，客户的需要以及客户的抱怨，都是推动业务发展的契机。换句话说，重视客户即是重视自身，关注客户的需求和抱怨就是关注企业发展的未来。

（二）企业内部环境分析

企业内部环境的分析指的是对企业核心竞争力的分析。企业核心竞争力包含两个维度，分别是资源和能力。

1. 资源与能力

企业资源包括有形资源、无形资源和人力资源。

有形资源包括土地、厂房、设备等。例如，一家制造业企业拥有先进的生产设备，就可以在战略规划中考虑如何充分利用这些设备扩大生产规模或提高产品档次。

无形资源包括品牌、专利、技术诀窍、企业文化等。例如，一个具有良好品牌声誉的企业可以凭借品牌优势拓展产品线或进入新市场。

人力资源包括员工的技能、知识、经验和忠诚度等。例如，一家科技企业拥有一支高素质的研发团队，就可以在战略规划中加大对研发项目的投入，充分发挥团队的创新能力。

企业能力通常指的是企业相较于竞争对手所具备的关键优势。以亚马逊为例，其凭借卓越的物流配送网络和大数据分析能力，在电商领域的竞争中脱颖而出。因此，企业战略规划可以聚焦于强化这些关键优势，比如，可以进一步优化其物流网络或提高数据分析的精确度。

在企业经营中，能力与资源必须相辅相成，以确保企业资源能够被充分利用。例如，即便一家企业拥有先进的生产设备（资源），若缺乏熟练的操作工人和高效的生产管理能力，这些资源便无法被有效利用，从而无法转化为公司的核心竞争力。所以，从某种意义上来讲，企业能力的重要性胜过企业资源。

2. 盘点及评估

企业想要识别自身的核心竞争力，首先需要对内部资源做全面的盘点和分析，包括人力资源（员工的技能、经验、知识等）、物力资源（设备、技术设施、办公场地等）、财务资源（资金、资产等）和无形资源（品牌、专利、企业文化等）。

其中，人力资源的盘点是 HRBP 的核心要务。需要盘点的内容包括：

(1)人力资源基础信息的梳理。例如,各部门人才的分布状况、年龄结构、性别比例、教育背景、职位等级等。年龄结构偏低表明年轻人才占多数,教育背景反映了员工的基本素质,工龄则预示着职业成熟度,而职位等级则体现了员工当前的能力水平。人力资源部门需确保人才资源能够支撑并适应当前及未来业务发展的需求。

(2)员工绩效结果的盘点。绩效直接反映了员工的能力水平。通过分析不同绩效员工的分布情况,例如,技术研发部门的绩效分布、市场营销部门的绩效分布等,我们能洞察当前员工能力的分布情况。

(3)人员流动性分析。人才流动性分析涵盖了人员入离职情况、内部转岗情况等,它反映了人力资源供需的变动以及团队管理的水平。

(4)人力资源成本分析。人力资源成本分析涵盖对人工成本总额、各组成要素以及相关指标(例如人均营业收入、人工成本利润率等)的深入探讨。通过分析人力资源成本,可以清楚公司在人力资源方面的利用效率,确保人力资源的合理配置。

接下来,我们需要列出公司目前拥有的能力,包括技术研发能力、供应链管理能力、市场营销能力以及客户管理能力等。

在列出公司核心资源和能力之后,可以借助 VRIO 工具对公司的资源和能力进行评估排序,从而确定公司的核心竞争力。

VRIO 工具是一种用于评估企业资源和能力的工具。V、R、I、O 分别代表价值(value)、稀缺性(rarity)、难以模仿性(imitability)和组织(organization)四个判断标准。

V——价值，用于评估资源和能力对企业战略目标的贡献程度如何？

R——稀缺性，用于判断在行业内，有多少竞争对手也拥有相同的资源或能力。如果只有少数企业拥有某种资源或能力，那么它就是稀缺的。

I——难以模仿性，用于评估某一企业是否具有竞争对手难以复制或模仿的企业资源或能力。如果企业资源或能力是基于复杂的组织流程、独特的历史条件和企业文化而建立的，那么它就很难被模仿。难以模仿的资源或能力可以为企业带来持续的竞争优势。

O——组织，用于判断企业是否具有匹配的组织架构、管理系统和流程来充分利用资源和能力。即使企业拥有稀缺且难以模仿的资源和能力，如果其不能有效地组织和利用，这些资源和能力也无法转化为竞争优势。例如，企业是否有明确的职责分工，使资源能够得到合理的分配和使用；是否有激励机制鼓励员工充分发挥资源的价值；是否有良好的沟通机制确保资源和能力在企业内部得到有效传递等。

通过对资源和能力进行 VRIO 分析，企业可以识别出哪些资源和能力能够形成竞争优势，哪些需要进一步开发。一般来说，如果一项资源或能力在价值、稀缺性、难以模仿性和组织四个方面都表现出色，那么它就是企业的核心竞争力，是企业战略规划和持续发展的关键基础。

核心竞争力是企业独有的资源和能力，它具有不可复制、难以超越的特性，正是这些竞争力让企业呈现“人无我有，人有我优，人优我廉，人廉我快，步步抢先”的差异化特点。

核心竞争力不是静态的，其会随着市场、技术和竞争环境的变化而变化。因此，企业需要定期进行核心竞争力分析，以确保其战略的有效性和适应性。

二、战略澄清和聚焦

分析企业内外部环境是为了作战略澄清和聚焦。在作战略澄清和聚焦的时候，我们需要用到 SWOT 分析工具。

SWOT 分析工具是在内外部环境分析的基础上，通过识别企业的优势（strengths）和劣势（weaknesses）以及所面对的机会（opportunities）和威胁（threats），来确定企业战略选择的一种工具。

S——优势，聚焦企业内部所具备的、能够使其在市场竞争中占据有利地位的因素。这些因素主要涉及企业的核心竞争力，但不限于人力资源、财务资源、技术资源等传统核心要素。

W——劣势，聚焦于分析企业内部存在的、可能阻碍其在市场竞争中取得良好业绩的不利因素，这些因素可能涉及企业的各个方面，例如，落后的生产技术、高额的运营成本、缺乏专业人才、产品质量不稳定、品牌知名度低等。

O——机会，聚焦于分析企业外部环境中存在的、能够为企业带来发展机遇的因素，这些因素通常与宏观环境有关。例如，在市场趋势方面，新兴市场的出现、市场需求的增长、消费者偏好的变化给公司带来的机会；在政策法规方面，政府的优惠政策、或有利的贸易协定给公司带来的机会；在技术方面，新技术的出现提供了新的产品或服务开发机会等。

T——威胁，聚焦于分析企业外部环境中存在的、可能对企业的生存和发展构成威胁的不利因素。这些因素大多也与宏观环境有关，例如，市场竞争加剧、替代品的出现、市场需求的萎缩、严格的环保政策、税收政策的调整、行业监管加强、竞争对手的技术创新、技术更新换代快导致产品被淘汰等，这些都会给企业的发展带来不利影响。

基于内部优势与劣势的分析，以及对外部机会和威胁的评估，我们可以利用 S、W、O、T 构建出四种不同的战略类型（见图 1－1）：增长型战略（SO 战略）、改进型战略（WO 战略）、防御型战略（ST 战略）和收缩型战略（WT 战略）。这些战略共同构成了以下的战略矩阵。

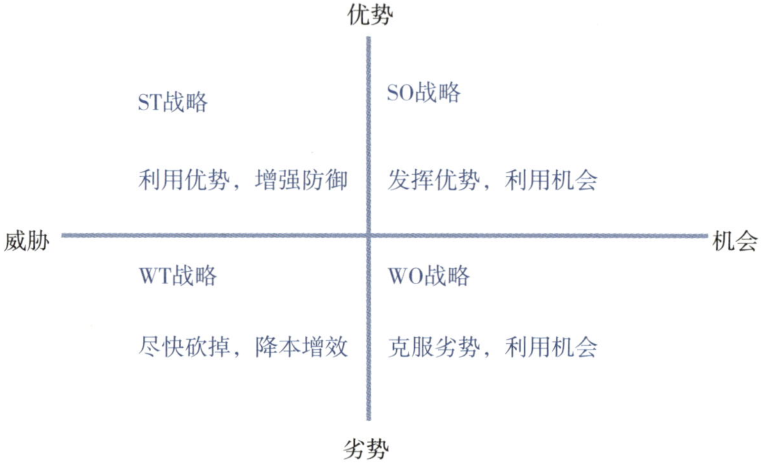

图 1－1　四种战略类型

SO 战略：当业务面临外部机会且自身具备内部优势时，公司宜采用增长型战略。此时应加大资源投入力度，充分发挥并持续放大已有的优势，积极拓展业务,实现快速增长。

WO 战略:当业务面临外部机会,但是企业自身不具备资源和能力优势的话,企业可以选择改进型战略,即通过多种方式补齐能力短板,进而在市场红利中分得一杯羹。

ST 战略:当企业面临诸多挑战,外部市场威胁重重,但是企业自身存在竞争优势的情况下,企业一般会采用防御型战略,即公司会凭借自身优势,全方位采取防御策略,以稳固自身的市场份额和市场地位。

WT 战略:当外部市场威胁重重,自己又不具备核心竞争力的情况下,最明智的选择是收缩型战略。企业应果断决策,尽快砍掉这类业务,以有效降低成本、提高运营效率。

SWOT 分析工具可以帮助企业确定“有机会做”以及“能做”的事情,但是“有机会做”且“能做”,并不代表企业“该做”。因为企业还要考虑自己“想做”的事情。“想做”的事是符合企业的使命、愿景和价值观的事。

关于使命、愿景和价值观的讨论,我们将在第二部分进行详细阐述,此处不再赘述。

“能做”“有机会做”且“想做”的事情才是公司“该做”的事情。只有该做的事情才是公司的战略。正如“战略”一词所示,“战”代表着“进攻”和“夺取”,而“略”则象征着“退却”和“舍弃”。换句话说,有取有舍,方能称为“战略”。

在战略选择的进程中,对于企业而言,明确“不做什么”往往比确定“做什么”更为关键。人们天生对错失机会感到恐惧,这使许多公司倾向于达成共识，决定应该做什么，却在内心深处回避“不做什么”。然而，在战略实施的过程中，正是缺乏对“不做什么”的共识，造成执行战略时资源的分散和浪费。

通过战略选择和聚焦，我们就可以明确公司未来的战略方向，而下一步是战略解码。

三、战略解码

战略解码是一个将企业抽象的战略选择和方向具体化为可执行的目标和指标的过程。

（一）平衡计分卡

在战略解码中，最常使用的工具是平衡计分卡。平衡计分卡（Balanced Score Card，BSC），是一种由罗伯特·卡普兰（Robert Kaplan）和大卫·诺顿（David Norton）在 20 世纪 90 年代初提出的战略管理工具，它从财务、客户、内部运营、学习与成长四个维度将战略目标转化为可衡量的绩效指标。

被验证过的工具永远都不会过时，只不过，任何一个管理工具在其诞生的时代背景下，有自身侧重的内容，如果我们能根据时代与自身的情况做一些调整，也许能起到更好的效果。本书将四大指标维度调整为财务、经营、客户、流程效率和学习与成长五个维度。如此调整的原因是：

第一，强调企业经营的长期主义理念。经营指标不同于财务指标，具体区别见表1-1。财务指标关注短期利益，经营指标关注长期发展。如果公司希望建立一种长期主义的企业文化，就需要在最初战略解码阶段表现出与之相一致的行为。

表1-1 财务指标与经营指标的区别

区别项	财务指标	经营指标
数据来源	财务报表	市场、竞争对手和企业经营
主要目的	保证企业挣钱，该花的花，不该花的要省	保证企业健康，不断把脉、做诊断、开方子和解决问题
关注的重点	注重“稳定”和“效率”	要的是增长，看的是趋势
思考的维度	资金链能不能撑得住？ 现金流会不会出问题？ 成本是不是太高了？ 利润能不能再提高点？	我们的生意好不好？ 我们的生意未来是不是有机会？
具体指标	利润表、资产负债表、现金流量表	收入、规模、销售额、市占比等

第二，凸显流程提效的重要性。业务流程是企业运营的核心，而流程优化则是企业降本增效的关键策略之一。因此，将内部运营的关键指标直接外化为流程效率指标，有助于更明确地传达工作重点。

这样的调整仅仅是为了凸显特定维度的重要性，并未改变平衡计分卡的核心理念，因此与先前的模型相比，并无根本性差异。我们同样可以根据公司的具体需求进行相应的调整。毕竟，工具和模型应服务于企业，而不是让企业受限于“模型”的框架。

为了便于大家查阅五个维度下常用的指标，我们对相关指标做了简单整理。想要获得更加详细的指标解释和案例说明，也可以添加竹辉本人微信（zh13127871220），回复"指标"二字，即可获得一份更加详细的指标清单。

关于财务指标，对于大多数公司来说，常看的财务指标主要有盈利能力指标、偿债能力指标和运营能力指标。

✓盈利能力指标包括：毛利率、净利率、净资产收益率；

✓偿债能力指标包括：资产负债率、流动比率、速动比率；

✓营运能力指标包括：应收账款周转率、存货周转率、总资产周转率。

财务指标追求的是提高收入、降低成本和费用、提高应收账款周转率、存货周转率和总资产周转率。

关于经营指标，其包含生产和销售这两个企业经营中非常重要的环节。所以经营指标可以分为生产类经营指标和销售类经营指标两类。

生产类经营指标包括产量、产品合格率等。

销售类经营指标包括销售额、销售量、市场份额等。

关于客户指标，主要包括客户数量和客户质量指标。客户数量包括新客户数量和老客户数量。客户质量包括客户满意度、客户忠诚度、净推荐值（Net Promoter Score，NPS）、客户投诉率等指标。

关于流程效率指标，其涵盖了创新流程指标，例如，新产品或服务的开发周期、研发投入所占比例；运营流程指标包括生产周期效率、市场扩张速度、销售增长速度、订单处理效率；售后服务流程指标，如客户问题的 24 小时解决率等。

关于学习与成长指标，该指标是 HRBP 必须密切关注的关键指标。这些指标涉及员工的培训时长、技能提升速度以及关键人才的留存率等多个方面，体现了企业对员工发展和组织能力提升的重视。

这五大维度以公司战略目标为导向，彼此之间存在内在的逻辑关系。

例如，某企业在进行 SWOT 分析后，结合自己产品研发的优势和客户对高品质多样化产品的需求，选择增长型战略。战略目标是"成为行业内的创新领导者"。

"财务维度"上的目标是通过高附加值产品实现高利润增长；

"经营维度"上的目标是提高新产品进入的数量与成功率；

"流程效率维度"上的目标是提升新产品创新研发的效率；

"客户维度"上的目标是吸引追求创新产品的高价值客户；

"学习与成长维度"上的目标是培养员工的创新能力和技术专长。

五个指标之间的内在逻辑关系是"培养员工创新能力（学习与成长）→建立创新研发流程（流程效率）→推出创新产品吸引高价值客户（客户）→实现新产品的市场份额和销售额增长（经营）→同时实现高利润增长（财务）"，最终实现公司"成为行业内的创新领导者"的战略目标。

由此可见，公司战略目标是总纲领；财务和经营目标是结果展现；满足客户需要，为客户创造价值是核心；流程效率是过程；学习和成长是能力和资源，支撑整个业务运营实现闭环。

五大维度之间的这种内在逻辑告诉我们，指标体系建立的过程本质上是按照业务经营的内在逻辑对工作进行分析拆解的过程。例如，如果我们在流程效率维度选择“新产品研发周期”指标，那么，在学习与成长维度就要选择“有利于缩短研发周期的技能”进行培训，并围绕此项培训内容设立相对应的学习与成长指标，最后，分析研发人员的培训投入对新产品研发周期的影响，进而观察对客户维度（新产品推出速度对客户吸引力）、经营和财务维度（新产品带来的收入增长）带来的结果影响。

在每个维度确定了具体的指标之后，可以参考以下方法确定指标值。

◇**跑赢大盘**：在增长型战略中，外部有机会，自己有优势，就要给自己设定高目标，能跑赢大盘。否则在市场机会面前，增速低于大盘，就意味着市场份额的丢失。

◇**跑赢竞争对手**：对于改进型战略的业务来说，我们要有改进的标准或者有超赶的目标，因此，我们可以在改进的维度上以跑赢竞争对手为目标设定标准。长远目标可以是赶超行业老大，短期目标可以是赶超领先我们1～2个档位的同行。

◇**跑赢自己**：我们制定的指标，最起码要和往年持平，最好跑赢自己。这种设定方式一般用于防御型战略的业务。保持自己的核心竞争力，争取不被竞争对手超越。

借助以上三种方式可以定出当年的保底目标，但是一个好的目标要具有挑战性，正所谓“求乎其上，得乎其中；求乎其中，得乎其下；求乎其下，则无所得矣”。不仅如此，我们还需要在充分考虑行业周期、项目周期、资源和能力现状以及资源投入的持续性和稳定性的基础上设定长远（3～5年）战略目标，保证公司的可持续发展。

目标值的设定要符合 SMART 原则，即所设定的指标值要具体（specific）、可衡量（measurable）、可实现（attainable）、相关（relevant）和有时限（time bound）。

S——具体，指的是指标定义应清晰明确，避免模糊性。例如，“提高客户满意度”不够具体，而“将客户对医疗设备产品的整体满意度评分（基于 1～10 分的评分标准）提高到 8.5 分以上”就是一个具体的指标。

M——可衡量，指的是指标能够通过客观的数据或明确的评价标准进行衡量。例如，对于客户满意度，可以通过定期的客户满意度调查，用具体的分数（如 0～100 分）来衡量；对于内部流程的效率，可以用流程周期时间（如小时、天）来衡量；对于学习与成长维度的员工技能提升，可以通过员工技能认证的通过率来衡量。

A——可实现，指的是指标是可以实现的。例如，在考虑企业现有技术水平、生产能力和市场竞争状况的基础上，设定合理的销售收入增长目标，避免过高的目标设定。

R——相关，指的是指标与战略目标和企业的核心业务紧密相关。例如，一家医疗设备企业的战略目标是提升产品市场竞争力，那么产品质量合格率、智能化功能的创新性等指标就与该战略目标高度相关，而与行政部门的办公用品费用节省率的相关性较低。

T——有时限，指的是为指标的完成设定期限。例如，“在第一季度末将库存周转率提高 30%”，明确了时间期限是第一季度末，便于对指标的完成情况进行跟踪和考核。

（二）不同战略选择下的战略解码

在不同的战略选择下，企业的财务、经营、客户、流程效率以及学习成长等关键指标，还有与学习成长紧密相关的人力资源管理的核心重点工作，都会呈现各自的差异性。为了方便各位读者轻松检索相关信息，本书对这些在不同战略选择下呈现的内容进行了简单的归纳整理。

1. 增长型战略

增长型战略，主要关注增长与扩张。它利用自身优势，借助外部机会，努力扩大市场份额或深化市场渗透，使业务呈现一片生机勃勃的景象。

对于采用增长型战略的业务来说，在财务指标上，主要关注的内容包括：

- 营业收入增长率：增长型战略无论是做宽度还是做深度，都旨在扩大业务规模，因此，营业收入增长率是其最关键的财务指标。

● 净利润率：在增长初期，由于大量投入市场营销、研发等，净利润率可能会暂时波动。不过从长期看，净利润率有望保持稳定或逐步提升，这种变化趋势也表明企业在规模扩大的同时实现了盈利增长。

● 资产回报率（Return on Assets，ROA）和权益回报率（Return on Equity，ROE）：这两个指标衡量企业资产和股东权益的盈利能力。在增长型战略下，企业通过有效利用资产和权益进行扩张，ROA 和 ROE 应呈上升趋势，这表明资产和权益的利用效率在提高。

在经营指标上，主要关注的内容包括：

● 销售额/销售增长率：这个指标体现企业销售额的增长速度，是评估企业业务扩张能力的重要依据。

● 市场份额/占有率：这个指标主要反映企业的竞争优势。增长型的企业会通过各种方式，如降价促销、新渠道拓展、新产品推出等，获取更多的市场份额，提高企业的市占比。

● 新客户获取数量和增长率：这是衡量企业获取新客户能力的重要指标。在增长型战略下，企业会加大市场推广力度，新客户获取数量和增长率会显著提高。

• 新产品/新市场进入数量与成功率：新产品与新市场之间存在着紧密的联系，通常情况下，一个新产品的推出往往预示着一个新市场的开拓；反之亦然。这两个指标可以相互参照。

在客户指标上，选择增长型战略的业务主要关注的内容包括：

• 客户满意度：虽然业务快速增长，但也要关注客户满意度，确保服务质量和产品质量不受影响。

• 客户忠诚度/重复购买率：老客户永远是企业最优质的资源，要重视客户忠诚度或重复购买率。这反映了产品质量和性能的稳定性及创新性。

在流程效率指标上，选择增长型战略的业务主要关注的内容包括：

• 新产品开发效率：这个指标意味着要缩短新产品开发周期。想要利用优势快速抢占市场，需要不断优化研发流程，使新产品开发周期逐年缩短。

• 供应链响应效率：提升产品上市的效率，更需要加强供应链管理，提高原材料采购、生产和配送的响应速度。例如，订单交付周期从平均 30 天缩短到 20 天。

• 生产能力利用率：如果是生产制造型的企业，为了满足增长的市场需求,其内部的生产能力利用率也需要提高。例如,将生产制造环节中的生产设备开机率从70%提升到90%,充分利用生产资源支持业务增长。

学习与成长指标支撑经营指标、客户指标和流程效率指标的实现。所以,学习成长指标设立的过程也是一个不断思考如何提升组织和人才能力的过程。对于选择增长型战略的业务来说,我们需要关注的组织和人才能力主要包括:

第一,在优势能力基础之上,不断深化核心竞争力,提升与业务直接相关的专业技能。

例如,派关键岗位员工参加更加高级的行业研讨会、专业论坛等。这样不仅可以提高员工的专业技能,还能及时获得外部最新的行业动态、竞争对手的信息,以及技术的发展趋势等。在这个维度上,我们还可以关注员工在专业技能方面取得的成果,例如,在金融行业,员工获得特许金融分析师(Chartered Financial Analyst,CFA)等专业资格认证的人数增加,意味着员工的专业素养在提升,能够为公司的业务增长提供更有力的支持,为客户提供更复杂、更专业的金融产品和服务。

第二,注重优势资源和能力的沉淀。我们要关注企业内部知识库的建设和更新。同时,还要关注员工对内部知识的使用情况,例如,知识库的访问量、知识文档的下载次数等。这可以反映出员工对内部知识的依赖程度和利用效率，从而促进知识在企业内部的传播和共享，为业务增长提供知识支持。

第三，业务增长期需要更多的协同沟通，所以需要提高组织的协同能力。应特别关注外部信息在企业内部的流转和整合情况。例如，市场部门获取的市场趋势信息是否及时传递给研发部门，用于新产品的规划；或者外部技术信息是否能够被有效整合到企业的技术体系中。通过衡量这些信息的传递效率和整合效果，确保企业能够充分利用外部信息实现业务增长。

第四，关注对新产品或新市场的投入产出比。业务的增长往往依赖于创新，所以应关注研发投入占比，即用于研发新技术、新产品或新服务的资金、人力等资源在总资源中的比例。同时，关注研发成果的转化效率，例如，衡量从实验室研发成果到实际产品推向市场的转化率。

第五，关注创新创意的数量和质量。对于增长型的业务来说，我们要鼓励员工创新。所以，可以建立有效的创意收集渠道，关注员工创意的提交数量。与此同时，更要关注创意的采纳率，即被公司采纳并实施的创意在总创意中的比例。对于被采纳的创意，要跟踪其实施后的效果，如对用户增长、收入增加等方面的贡献，以此来激励员工积极参与创新，推动业务的持续增长。

在以上分析的基础上，HRBP 的核心重点工作跃然纸上，可以大概归纳为以下几类。

第一，强化核心竞争力或引进企业需要的能力。

对于可培养的专业技能,可以通过外出学习的方式深化核心优势。对于难以培养的专业能力,要加大引进的力度。例如,一家人工智能企业,在增长型战略的指引下,为增强人工智能方面的优势,大力招聘顶尖的数据科学家和算法工程师。同时,建立人才储备库,为未来业务拓展提前储备人才资源,确保企业在快速发展过程中有充足的人才供应。

第二,搭建内部知识库体系。不断沉淀专业知识、专业技能,并关注知识库的更新和使用。

第三,通过激励机制鼓励创新和进取。设计富有吸引力的激励机制,如股票期权、绩效奖金、晋升机会等,激发员工的工作积极性和创造力,鼓励员工为实现企业增长目标努力拼搏。

第四,搭建有效的信息沟通和流转机制,让最新的外部市场信息在公司内部实现高效共享。例如,组织跨部门的协同会或搭建高效的信息共享平台。

2. 改进型战略

改进型战略专注于弥补自身的短板,提升核心竞争力,确保在机遇来临时能够把握住,避免因暂时的落后而陷入持续的劣势,避免危及企业的生存与成长。

为此,对于改进型战略的业务来说,在财务指标上,主要关注的内容包括:

• 毛利率改善率：毛利率 =（营业收入 – 营业成本）/营业收入 × 100%。如果企业之前面临成本过高或产品定价不合理的问题，改进型战略实施后，毛利率应该会有所改善。例如，通过优化供应链降低成本，毛利率从 20% 提升到 25%，改善率为 25%。

• 成本费用利润率：成本费用利润率 = 利润总额 ÷ 成本费用总额 ×100%。该指标反映企业成本费用与利润的关系。在降低成本和提高效率后，成本费用利润率会上升。

• 资金周转效率（应收账款周转率和存货周转率）：改进型战略不仅要改进业务流程，也需要优化财务管理流程，提升应收账款周转率和存货周转率，加快资金回笼和存货周转。

在经营指标上，改进型战略的业务主要关注的内容包括：

• 产品质量合格率提升幅度：产品或服务质量提升是重要的改进方向，企业需要提升产品质量的合格率，降低次品率。

• 销售指标是否提升：衡量改进效果的最直接指标是销售额、销售量、市场占比等经营指标是否得到提升。

在流程效率指标上，改进型战略的业务要全面关注流程提效，如缩短生产周期、提升产能利用率、缩短服务响应时间等。可以用流程时间缩短比例或效率提升比例来衡量。例如，产品生产周期从 10 天缩短到 7 天，效率提升了30%。

实施改进型战略的业务，在客户指标上，主要关注的内容包括：

- 客户投诉率降低幅度：通过改进产品和服务质量，客户满意度应该会提升，客户投诉率应该会明显下降。
- 客户忠诚度修复和提升（客户满意度回升）：企业应该针对之前流失的客户或满意度较低的客户，采取措施修复关系或提升满意度。

对于采取改进型战略的企业而言，学习与成长指标主要与需要解决的劣势或不足紧密相关。梳理业务流程，识别并改善这些劣势或不足，构成了改进型战略指导下的核心任务。因此，对于那些实施改进型战略的业务，HRBP的核心职责主要聚焦于以下几个关键领域：

第一，提升员工技能。针对企业改进的重点领域，开展有针对性的员工技能培训。相应地，通过员工技能的提升来对培训的效果加以衡量。

第二，建立与改进目标相匹配的绩效评估体系，并将与之对应的指标纳入绩效考核体系，例如，将产品质量指标、流程优化指标等纳入员工绩效考核范围，激励员工积极参与业务改进工作。

第三，在流程梳理、升级或再造过程中，HRBP要重点关注团队协作能力的提升。流程梳理、升级或再造一般会涉及多个部门，所以，HRBP需要关注团队协作和沟通，提高各个部门之间的协同效率。例如，可以成立跨部门项目团队，定期组织团队沟通会议和团队建设活动，确保流程优化工作能够顺利推进。

第四，如果企业要通过文化变革等手段来改进无形资源对发展造成的阻碍，HRBP 应将工作重心放在公司使命、愿景、价值观的推广与培训上。借助各种机会与员工进行沟通，确保他们理解文化变革的必要性。

3. 防御型战略

防御型战略的核心在于确保自身的优势能力得以持续发挥，稳固自身的市场地位，并时刻准备应对来自外界的威胁。所以，对于防御型战略的业务来说，在财务指标上应注意如下方面：

- 保证现金流的稳定性：防御型战略强调保持企业的财务稳定，确保企业有足够的现金应对各种不确定性，所以，现金流的稳定性至关重要。
- 偿债能力维持在安全水平：偿债能力一般表现在流动比率和速动比率上。一般来说，流动比率保持在 2 左右，速动比率保持在 1 左右，可以有效应对可能的债务风险。
- 维持稳定的利润率：虽然企业处于防御状态，但仍要努力保持一定的利润率，企业可以通过成本控制和优化业务组合来维持盈利能力。

防御型战略的业务在经营指标上需要关注：

- 保持核心业务市场份额的稳定性：确保企业在核心市场的地位不受影响。
- 严格控制运营成本：保证运营成本增长幅度低于营业收入增长幅度，或者通过优化成本结构，使运营成本占营业收入的比重逐年下降。
- 风险分散措施的有效实施：可以通过设计多元化且相关性较低的业务组合适当分散业务风险，降低对单一业务的依赖。

在流程效率指标上，防御型战略的业务需要关注现有流程的标准化和规范化程度以及落地执行情况。关注以上指标是为了减少因流程混乱导致的风险。除此之外，还需要对关键流程进行内部审计和监控，便于及时发现和纠正潜在问题。

在客户指标上，防御型战略的业务需要关注的内容包括老客户的稳定性和忠诚度。企业可以通过提供优质的售后服务、客户关怀等措施，重点维护老客户的忠诚度，确保老客户的稳定。建立客户流失预警机制，提前预测可能的流失客户，以便及时采取措施进行挽回。

在防御型战略的指导下，学习与成长指标着重于提升风险管理意识和强化应急响应能力，相应地，HRBP 的核心职责包括：

首先，强化员工的风险意识，加强对应变能力的培训。通过风险意识培训，提高员工对市场动态和企业潜在风险的敏感度；同时，开展应变能力培训，确保员工在企业遭遇危机时能够迅速反应，并采取恰当的应对策略。

其次，精简组织结构，优化流程，以提升效率。采取防御型战略的企业通常面临外部市场空间的缩减以及内部组织结构臃肿的双重压力。因此，企业必须精减组织，优化人员配置，淘汰冗余的岗位和部门，以提升组织的运营效率。

最后，要持续关注核心岗位人才的保留。为关键岗位上的员工提供具有竞争力的薪酬福利和广阔的职业发展空间，以确保核心人才的稳定性。

4. 收缩型战略

选择执行收缩型战略的业务，其核心目标是确保业务平稳地退出市场，同时尽量减少对其他业务的负面影响。因此，在收缩型战略的框架内，我们需要关注的财务指标包括：

- 成本削减率：收缩型战略的主要目的之一是削减成本，包括人力成本、运营成本等。企业可以通过裁员、关闭部分业务或减少非必要开支来实现。
- 资产处置收益和债务减少情况：企业可能会处置一些非核心资产。对于这些资产，要关注资产处置带来的收益。这些收益可以用于偿还债务或补充流动资金。同时通过债务的减少，降低企业的财务风险。

● 剩余业务的利润率：如果还有要保留的核心业务的话，要努力维持其盈利能力，确保企业在收缩过程中有一定的资金来源。

在经营指标上，收缩型战略的业务应关注：

第一，控制业务收缩的速度和节奏。业务收缩要有序推进，明确业务收缩的速度和节奏，如企业的产品线从 10 个减少到 6 个，市场覆盖区域从 5 个省减少到 3 个省，保持业务变化的稳定性。

第二，在收缩过程中保持一定的运营效率。对于多元化业务的企业来说，收缩是为了提效。所以，在业务收缩的过程中，其他业务要保持稳定或稳中有升。

第三，注意资源的重新分配及分配后的资源利用率。在收缩过程中，需要对企业的人力、物力、财力等资源进行重新配置，提高资源整合效率。例如，将原来分散在多个部门的营销资源集中到核心业务部门，那么，核心业务的营销投入产出应该会有所提升。

在流程效率指标上，要提升保留业务的流程效率。对保留业务的流程进行简化和优化，减少不必要的流程环节，提高流程效率。同时，在资源有限的情况下，提高单位资源的产出，如单位设备产出率提高 30% ~40%（以生产设备为例），充分利用剩余资源。

在客户指标上，要关注核心客户的保留（核心客户保留率）。在收缩过程中，企业需要重点保留核心客户，通过与核心客户沟通、提供定制化服务等方式，确保核心客户继续与企业合作。同时，加强与客户的沟通交流，确保客户对战略调整的理解。

对于采取收缩型战略的业务来说，在学习与成长指标上，需要重点关注的内容有：

第一，关注收缩业务员工的再就业情况。在业务收缩的过程中，对于被裁掉的员工，我们应给员工提供再就业支持，如职业培训、就业推荐等，体现企业的社会责任。

第二，关注组织的稳定性。业务收缩必然带来组织上的波动，因此，HRBP 要关注员工的动态，构建有效的信息沟通平台，确保组织的稳定。

第三，提升保留员工的能力。对于保留下来的员工，提升他们在核心业务方面的能力，以适应收缩后的业务需求。

第四，注意知识传承与经验总结。在收缩过程中，鼓励即将离职或转岗的员工将工作经验、技术知识等整理成文档或进行内部培训分享，使知识传承并沉淀。例如，一家传统制造业企业在关闭某个生产车间时，组织老员工对生产工艺、设备操作技巧等进行总结和分享，形成内部培训资料，供企业其他部门或未来发展参考，保留了企业的核心知识资产。

第五，根据收缩后的业务需求，重新构建组织架构体系，确定各部门、各岗位的人员配置标准，提高人力资源利用效率。

四、业务设计

业务设计是在明确客户价值和战略目标的基础上，规划出核心业务流程以及支撑这些核心流程的辅助流程，将战略目标细化为可实践的业务行动和步骤。

业务设计非常重要。在业务设计的过程中，各个业务单元的高层都会参与讨论和共创，最终明确核心业务流程和各业务单元的年度目标。这一套战略规划流程执行下来，不仅有利于各个部门清晰自己的价值和定位，也有利于各部门之间的协同。

在业务设计中，首先需要明确客户定位和客户价值；其次，市场和研发部门的负责人或专家需共同探讨客户的痛点和需求，分析客户选择我们产品的理由，确定我们的产品在质量、性能等方面应达到的标准、策划产品的组合及定价；最后，市场和销售部门的负责人或专家需共同策划如何有效地将产品推广至潜在客户，以及如何提升产品的转化率和复购率。与此同时，生产和质量部门的专家需讨论如何生产出符合标准的产品，并评估当前的产能是否能满足市场需求，以及如何进一步满足市场需求。在对一系列问题的深入讨论与共创中，完成核心业务流程和辅助流程的设计。

业务设计要以公司的战略方向和战略目标为指引。通常情况下，一旦确立了战略目标，就要将其刻在钢板上，坚定不移地执行。业务设计就是实现战略目标的策略和路径。然而，在某些特殊情形下，若在业务设计过程中发现战略目标存在严重不合理之处，也需要重新审视并调整战略目标，以确保它们的合理性和有效性。

需要强调的是，业务设计不是一次性的工作，而是一个动态的过程。随着市场环境、技术发展、竞争对手等因素的变化，需要不断对业务设计进行调整和优化，以确保始终朝着战略目标前进。

五、部门目标分解

一旦业务设计完成，核心业务流程确立，各部门的负责人，包括研发、生产、质量、市场、销售等，需返回各自部门进行部门目标的细化。在细化部门目标时，可以参考以下操作步骤。

第一步：绘制业务流程图。

各个部门都要清晰绘制自己部门的业务流程图。业务流程是为了达到特定的业务目标而进行的一系列有逻辑、有顺序的活动组合。这些活动包括从一个业务事件的触发开始，经过多个相互关联的任务，最终实现预期的业务成果。

在绘制业务流程图的过程中，需要做好四个方面的工作，分别是：

1. 各个业务单元负责人要详细地描绘业务从开始到结束的每一个步

骤，包括触发事件、操作环节、决策点、信息流动方向等。

例如，在电商平台的订单处理流程中，触发事件是客户下单，操作环节包括订单接收、库存检查、支付处理、发货安排等。

2. 在流程图中，明确地标识出每个环节的输入与输出。

在业务流程中，前一环节的输出即为下一环节的输入，这些输入和输出是岗位绩效指标的关键来源。此外，通过分析输入和输出，可以明确每个环节的职责范围以及所需资源。

3. 梳理环节之间的依赖关系。

业务流程中，环节之间的依赖关系决定了目标分解时的先后顺序和相互关联。例如，在产品制造过程中，产品包装环节依赖于产品组装完成，并且质量合格。

4. 确定流程中的关键环节。

判定业务流程中的关键环节可从流程对目标的影响、出现问题的后果、流程的复杂性与变动性、对后续流程的影响以及对客户价值的影响等诸多角度综合考量。

例如，在软件研发中，系统架构设计环节非常关键，因为合理的系统架构设计能为后续的功能开发、系统升级等提供便利；反之则可能导致开发过程中频繁的系统架构调整，延误项目进度。

第二步：分析影响绩效结果的核心要素，进行策略共创。

1. 关于生产端产能结果影响因素分析

对于生产端而言，企业的经营目标主要集中在生产能力上，简称产能。产能指的是在特定时间段内，企业借助现有的资源（涵盖人力、设备、场地等）所能产出的产品或提供的服务总量。产能的评估不仅包括产量，还涉及产品合格率等关键指标。

对于生产部门来说，产能主要由设备产能和人力产能两大部分构成。设备产能相关公式包括“理论单台设备产能”和“设备综合产能”。

理论单台设备产能 = 设备运行时间 × 设备单位时间产量。

例如，一台注塑机每分钟可以生产 10 个塑料零件，每天运行 8 小时（480 分钟），那么这台注塑机的理论日产能是 4800（480 × 10）个零件。

设备单位时间产量通常由设备的设计参数、技术规格决定。在实际生产中，设备的运行速度、模具更换时间、设备故障等因素会影响设备单位时间产量。

设备综合产能（考虑设备数量和利用率）= 单台设备理论产能 × 设备数量 × 设备利用率。

假设一家工厂有 5 台注塑机，设备利用率为 80%（考虑设备维护、故障等因素，设备不能 100% 运行），每台注塑机的理论日产能为 4800 个零件，那么工厂注塑机的日综合产能为 19,200（4800 × 5 × 80%）个零件。

除此之外，在生产制造环节还需要考虑设备利用率。设备利用率是衡量设备实际使用程度的指标，设备利用率 =（设备实际运行时间/设备可运行时间）×100%。

例如，一台设备一天可运行 8 小时，但由于故障维修和换模等原因实际一天只运行了 6 小时，那么设备利用率为 75%［（6/8）×100%］。

人力产能相关公式包括单人产能和人力综合产能。

单人产能 = 工作时间 × 单位时间生产效率。单人产能受工人的技能水平、疲劳程度、工作环境等因素影响。通过培训可以提高工人的技能水平，从而提升单位时间生产效率。

人力综合产能（考虑工人数量和出勤率）= 单人产能 × 工人数量 × 工人出勤率。出勤率 =（实际出勤人数/应出勤人数）×100%。

在产能目标不变的前提下，生产部门核心成员要围绕"如何提高设备的产能？"以及"如何提升个人产能？"展开策略和方案的共创。

除此之外，我们还需要对现有的资源和能力进行盘点和评估，以确定资源是否充足，进而发现和识别限制产能的关键因素。而"如何克服这些限制性因素"也将成为生产端目标设定的重要组成部分。例如，经过盘点分析后发现，在生产线上，某台关键设备老化导致其加工速度跟不上其他设备，造成生产效率低下，那么目标可以是在接下来的 3 个月内对该设备进行技术改造，使生产效率提高 50%。

同时，要考虑"瓶颈"环节改善后对其他环节的影响。例如，设备效率提高后，可能会给原材料供应环节和后续的质量检测环节带来压力，所以，要相应地调整这些环节的目标，如原材料供应周期缩短、质量检测速度加快等。

2. 关于销售端绩效结果影响因素分析

销售部门的业绩成果包括销售额、销售量、市场份额等关键绩效指标。销售目标的分解逻辑与生产部门的分解逻辑有着相似之处。在销售目标保持不变的情况下，应由销售团队核心成员依据业绩结果的底层逻辑，共同探讨提升业绩的方法。

业绩成果的逻辑公式为：业绩成果（销售）= 产品种类 × 客单价 × 客户数量 × 转化率 × 复购率。

在多数情况下，销售人员在产品种类和客单价这两个方面可操作的余地相对较小，因此，团队应将主要精力投入客户数量、转化率和复购率这三个关键维度。团队可以围绕"如何接触更多潜在客户？""如何提升潜在客户对产品的认知？""如何增强产品的转化率？"等议题，共同制定策略。

在策略共创的过程中，要让大家畅所欲言，不评判、不点评，尽量穷尽所有能想到的方法策略。每条方法策略都需要明确在"什么时间范围内，达成什么样的结果，达到什么程度"，才算是策略有效，这样就确定了每条策略的关键结果。

策略共创是一个集思广益的过程，本质上是在做加法。然而，并非所有策略都能被采纳。我们要根据每条策略的价值评估、所需消耗的资源，以及实现有效落地所需的可行性条件等因素，对行动方案进行评估、排序和选择，确定 5 ~ 6 条最有效的核心方案即可。

第三步，列出任务清单，拟定行动计划。

无论是生产端，还是销售端，通过策略共创，可以聚焦出核心关键任务。随后，我们需要结合每个人的特长、需求和能力，对任务进行细化，并设定个人的目标。

在明确个人目标的过程中，可以借助“5W2H”的逻辑框架来精确界定每个人的工作职责。“5W2H”涉及的要素包括：谁（who）、何时（when）、何地（where）、做什么（what）、为何（why）、如何做（how）、需要多少资源，以及需要增强哪些能力（how much）。

为了激发大家不断追求卓越的热情，个人目标的设定应包括三个层次：保底目标、正常目标和挑战目标。建议将超越市场平均水平或超越个人历史最佳表现的目标设定为保底目标，将实现概率大约为 10% 的目标定位为挑战性目标，而将有 50% 实现概率的目标视为正常目标。

一旦部门目标和个人目标的拆解工作完成，资源需求以及组织和人才能力的差异就会变得清晰可见。此时，HRBP 必须基于对战略方向、战略目标、业务设计及部门目标的深刻理解，来制定人力资源管理的战略及对应的策略，并在人力资源部门内部进行目标拆解。

第三节 理解业务阶段

许多 HRBP 反映，由于公司规模较小，他们几乎未曾进行过战略规划；也有 HRBP 提出，作为支持业务子单元的 HRBP，他们缺乏了解公司整体战略的机会。在这样的情况下，HRBP 应该如何确定核心重点工作呢？

如果你也有类似的困惑，我们不妨从企业业务发展阶段入手，深入理解业务，进而明确自身的核心职责。

实际上，企业的不同发展阶段与战略选择之间存在着紧密的联系。通常，企业发展可以划分为四个阶段：初创期、成长期、成熟期以及衰退期。例如，在企业初创期，更多选择增长型战略为主，改进型战略为辅；在企业成长期，以增长型战略为主，改进型战略为辅；在企业成熟期，以防御型战略为主，以改进型战略为辅；在企业衰退期，以收缩型战略为主，以改进型战略为辅。

接下来，我们将深入探讨在各个发展阶段，业务所展现的特点、面临的挑战，以及 HRBP（人力资源业务伙伴）的核心重点工作。

一、初创期

在创业初期，企业的核心业务目标是将产品或服务推向市场，建立产品或服务的品牌知名度，并吸引早期用户。

（一）企业在初创期面临的挑战

1. 在业务运营层面面临的挑战

首先，产品成熟度不足。产品或服务可能正处于开发初期或刚刚推向市场，功能上可能存在缺陷，或者尚未经过充分的测试，因此，仍有许多改进的空间。此外，由于对市场需求的把握可能不够精准，产品与市场实际需求之间可能会出现偏差。

其次，销售量和客户基础薄弱。由于产品尚未获得广泛的市场认可，销售量和客户数量均处于较低水平。

2. 在资金和财务方面面临的挑战

首先，资金耗尽的风险。尤其对于初创企业而言，这些企业通常依赖有限的资金来源，例如创始人的个人储蓄或天使投资。由于尚未实现盈利，资金的流出往往超过流入，企业经常处于净投入状态。如果在产品达到盈利阶段之前资金耗尽，企业将面临严峻的生存挑战。当然，如果业务是成熟企业内部的初创项目，可能会有来自企业的资金支持，以确保其持续运营。

其次，单位成本较高。对于处于初创期的业务来说，由于尚未形成规模，无法享受规模经济带来的成本优势，因此单位成本较高。同时，市场推广和品牌建设方面需要大量资金投入，这导致成本居高不下，进而利润微薄甚至出现亏损。

3. 在团队建设与管理方面面临的挑战

首先，吸引人才颇具难度。对于初创企业而言，由于品牌影响力尚未建立以及业务的不确定性较高，吸引高素质专业人才尤为困难。当然，对于成熟企业中的新业务部门来说，由于母体企业本身具有影响力，因此新业务吸引人才的难度相对较小。

其次，团队协作与磨合过程中问题频发。团队成员背景多样，加之初创阶段工作处于不断探索状态，流程和职责划分尚不明确，缺乏标准化操作手册和完善的管理制度，这往往导致沟通存在障碍、工作效率低下。

最后，团队规模较小，成员可能需要承担多重角色。通常，这样的团队由核心创始人、技术骨干以及少数销售人员和行政人员构成，组织结构简单，职责分工不够明确，一人可能需要负责多个职位。例如，阿里巴巴在早期并未设立独立的HRBP岗位，而是由每个成员兼任HRBP的职责。

(二)HRBP 在企业初创期的核心重点工作

针对初创期企业业务可能遭遇的挑战与问题，HRBP 的核心重点工作主要包括：

第一，协助业务伙伴或老板招募核心关键人才。

这些关键人才包括产品研发领域的专家级人才，能够助力业务拓展市场的创新和创业型市场营销或销售人才，以及拥有核心客户资源的销售专家。

鉴于初创企业在高端人才引进方面面临挑战，HRBP 应充分利用创始人、投资人、合作伙伴等的人脉资源来寻找合适的人才。通过提供股权期权、具有竞争力的基础薪资以及灵活的工作环境等手段吸引人才。

此外，可以招聘一些综合管理人才，构建企业基础管理架构，但需控制人员规模，避免人力成本过高。

第二，塑造一个公开、坦诚、创新、创业、拼搏努力的文化氛围。

通过组织团队建设活动、裸心会、吐槽会，以及创业故事分享会等，一方面能够缩短团队成员间的心理距离，促进团队的磨合与协作；另一方面，这些活动还能激发员工的创新激情，提升工作积极性；最终，通过真诚的沟通与交流，鼓励员工自由表达想法和提出建议，从而营造出一个积极向上的工作环境。

第三，有针对性地提升员工的专业技能。

例如，为技术人员提供专业技能培训和行业前沿知识讲座，助力他们提升专业技能；为销售人员提供销售技巧培训和市场分析课程，增强他们的市场开拓能力和客户沟通技巧。

二、成长期

当业务进入成长期之后，产品或服务逐渐被市场所接受，销售快速增长。这个阶段的企业最主要的目标是扩大市场份额，提高产品或服务的市场占有率。

（一）企业在成长期面临的挑战

在成长期，企业主要面临的挑战有：

第一，市场拓展与竞争加剧。

随着业务的增长，可能会遇到市场拓展的瓶颈。例如，在开拓新的地理区域或客户群体时，受到当地竞争对手的强烈抵制，或者对新市场的文化、法规等缺乏了解，导致市场进入困难。同时，业务的发展也会引起竞争对手的关注，竞争对手可能会采取降价、推出类似产品等策略来争夺市场份额，这会给企业带来很大的竞争压力。

第二，产品质量存在下降的风险，且可能出现服务质量参差不齐的现象。

随着销售量和客户数量的快速增长，为了满足市场需求，企业可能会加快生产速度，导致产品质量出现波动。在客户数量快速增长的情况下，服务团队的培训和管理如果跟不上，可能会导致服务质量下降，从而影响客户满意度和忠诚度。

第三，运营流程复杂。

业务增长可能带来运营流程的复杂性增加，如供应链管理难度加大、库存控制问题凸显等。例如，随着订单数量的增加，企业可能会出现库存积压或缺货现象，影响客户满意度和资金周转。

随着以上业务的发展变化，原有的组织架构可能无法适应快速增长的业务需求，导致管理混乱。例如，部门之间的沟通协调成本增加，决策流程变慢，无法及时响应市场变化。

（二）HRBP 在企业成长期的核心重点工作

在企业成长期，HRBP 的核心重点工作主要包括：

第一，确保人员的快速且有序引进。

依据业务发展的步伐，结合所需人才的稀缺程度和招聘的难易程度，制订详尽的人才引进计划，并有条不紊地执行。

在这一成长阶段，应着重寻找具备体系化运营管理经验的管理人才，以及拥有系统性专业知识的专家型人才，以助于企业运营管理体系和专业知识技能体系的建设。

第二，通过绩效管理体系确保产品和服务的品质稳定。

构建科学且合理的绩效管理体系，将销售增长率、客户满意度、生产效率等关键经营指标与员工个人绩效紧密相连。例如，为销售人员设定销售目标和客户满意度考核指标，并根据其完成情况提供相应的奖励；为生产部门员工设定产量、质量和效率考核指标，以激励员工提升工作绩效，进而推动企业整体经营目标的达成。

第三，加强基层管理干部领导力的提升。

基层管理干部是企业实现目标的关键力量，提高他们的管理技能是组织发展的重中之重。我们可以通过组织集中培训来统一管理干部的认知。同时，在实战中，利用多样化的管理场景，例如业务复盘会议、年度总结大会、月度例会以及绩效考核季度等，通过复盘与反馈机制，助力管理干部领导力提升。

三、成熟期

企业的成熟期，宛若人生的中年阶段，面临诸多挑战。

（一）企业在成熟期面临的主要挑战

1. 在业务运营方面

首先，在创新上的惰性和乏力。成熟期企业的产品或服务的功能和质量已经稳定，市场对这些产品的需求也相对稳定。在这种情况下，企业很容易陷入创新的惰性。

其次,市场敏锐度下降。处于成熟期的企业可能会因为组织僵化、决策机制复杂等问题,在面对外部市场需求和格局变化时,无法及时调整战略,从而错失机会或出现战略决策失误。例如,当消费者的偏好从传统产品转向更环保、更智能的产品时,如果企业不能迅速适应这种变化,就有市场份额被侵蚀的风险。

最后,成本上升和利润减少。随着时间的推移,业务规模不断扩大,原材料价格上涨、劳动力成本增加、设备老化等因素导致的成本上升将变得愈发显著,从而极大地压缩了利润空间。此外,外部竞争的加剧也进一步缩小了利润空间。

2. 在企业内部管理方面

首先,组织的官僚化倾向越来越明显。当企业发展到成熟阶段,组织架构会越来越庞大,组织内部官僚化现象严重。例如,审批流程繁琐、部门间协同困难,互相推诿扯皮。这些官僚化的组织氛围会极大影响员工的积极性及工作效率。

其次,优秀人才流失。对于那些具有创新精神和进取心的人才来说,成熟企业的官僚化环境和相对有限的职业发展空间,可能缺乏吸引力。这些人才可能会流向那些更具创新性和活力的初创企业或竞争对手那里,同时他们有可能带走企业的核心知识和技术。

为了摆脱上述困境,企业一般会采取两种经营策略,第一种策略是在存量市场，更加重视成本控制和运营效率的提升。例如，通过优化供应链管理和降低生产成本等策略来增强盈利能力；第二种经营策略是积极寻找新的增量市场，新产品、新服务，或者进入新的细分市场，以实现业务的新增长。

（二）HRBP 在企业成熟期的核心工作重点

不同的经营策略下，HRBP 的核心工作重点会有所差异。

在第一种经营策略下，HRBP 的核心重点工作包括：

第一，激发组织活力。

例如，可以通过激励机制和绩效考核体系来激发组织的活力，及时淘汰表现不佳的员工，同时利用激励措施留住关键人才和表现优秀的员工。

第二，流程再造与组织变革。

对于成熟期的企业来说，内部流程繁琐且复杂，因此，企业可以考虑重新审视和设计内部业务流程以及辅助流程，进行流程再造，以实现效率提升。

同时，为了确保流程再造的成功，必须同步推进组织变革，进行组织架构调整，更新公司的价值观和文化，并对人力资源进行重新分配。

在第二种经营策略下，HRBP 的核心重点工作包括：

第一，人才战略规划。

根据新业务的需求，预测所需的人才数量、类型和技能要求。对现有人才进行全面盘点，包括技能、经验、绩效等方面，明确人才缺口和冗余情况。从而制定适合新业务需要的人力资源规划。

第二，人才转型和再培训。

HRBP 要根据新业务的需要，引导员工进行职业转型，并提供培训机会实现技能更新。例如，一家传统印刷企业在向数字化印刷转型过程中，为员工提供数字印刷技术培训、设计软件培训等，帮助员工从传统印刷工人转型为数字化印刷技术人才或设计人才，提高员工适应企业变革的能力。

第三，协助企业更新价值观文化理念，使其与转型后的战略目标相匹配，并且借助价值观文化落地的方式方法让新的文化深入人心。

无论是现有业务的降本增效，还是新业务的拓展，HRBP 在这一过程中都必须要保持与员工及时有效的沟通。例如，通过全员大会、部门会议、内部邮件、在线论坛等，向员工清晰传达企业转型的背景、目标、步骤以及对员工的具体影响。积极邀请员工参与到转型变革中，收集他们的意见和建议等。

若企业能够顺利度过转型期，便将迎来一个新的起点；反之，如果企业未能及时完成转型或转型失败，则可能直接步入衰退期。

四、衰退期

在衰退期，企业将有序退出市场，以最小的成本清理库存、安置员工、处理资产等。同时，企业还将与供应商、经销商等合作伙伴就解约问题进行协商。

在这个阶段，HRBP 的核心重点工作主要包括三个方面：

首先，处理裁员与提升员工能力。

随着业务收缩，裁员是必然的。对于无法转岗的员工，公司应该依照法律法规进行裁员，并提供相应的经济补偿或再就业支持，以尽量减轻裁员对员工及社会的不良影响。对于那些具备转型潜力的员工，公司应该提供培训和转岗机会。

其次，组织架构的精简与成本控制。

业务收缩，组织架构自然会精简。同时，公司可能也会通过降低员工的薪酬福利水平、减少费用开支等方式，提升企业在衰退期的生存能力，并为企业转型或退出市场争取宝贵的时间和资源。

最后，关注知识传承与经验总结。

在企业衰退的过程中，公司可以鼓励资深员工将多年积累的行业知识、技术经验、管理经验等整理成文档或通过内部培训的方式分享给年轻员工或其他部门，尽量做到知识的沉淀和传承。

第四节 HRBP 如何在业务经营分析会上发挥价值

业务经营分析会不应该只是业务伙伴的主战场，更应该是 HRBP 的主战场。HRBP 参加业务经营分析会，不仅有助于 HRBP 更加懂业务，而且能帮助我们 HRBP 在深入理解业务的基础上，给出更加专业的人力资源解决方案。

那么，我们应该做哪些工作，才能在业务经营分析会上发挥最大价值呢？

一、会前：充分准备，胸有成竹

HRBP 要充分准备，做到胸有成竹。在准备阶段，需要做好三件事。

1. 深入了解业务动态

HRBP 不能只做人力资源领域的“专才”，更要变身为兼懂业务的“通才”。会前，HRBP 务必花时间钻研业务资料，与相关业务负责人沟通，熟悉近期项目进展、市场反馈以及面临的挑战。例如，若公司正在全力拓展新的产品线，HRBP就要知晓新产品的研发周期、目标客户群体，以及当前研发团队的人员配置与技能短板。只有做好充分的准备，精准把握业务脉搏，才能在会议发言时有的放矢，而非泛泛而谈。

2. 提前进行人力资源数据分析

人力资源数据是人力资源从业人员重要的傍身武器，它与业务成果紧密相连。HRBP需提前梳理员工绩效数据、培训效果评估、人员流动率等信息，并深度分析它们与业务指标的相关性。比如，发现某业务部门近几个月业绩下滑，同时员工培训参与度低、绩效不达标的人数增多，HRBP便可敏锐洞察其中关联，准备在会议上提出针对性的人才提升策略，用数据说话，增强说服力。

进行人力资源数据的分析，是HRBP的必备技能。每个数据背后都有一定的意义，我们要善于透过数据看问题。关于人力资源数据背后的关注点，竹辉将其整理到了个人公众号“美遇竹辉”中，回复“人力数据分析”，即可获得相关文章。

3. 与关键人物提前沟通

提前与业务骨干、部门主管等关键人物交流想法，了解他们对会议议题的看法、期望达成的目标，以及潜在的人事需求。这不仅有助于HRBP

提前调整思路，还能在会议中默契配合，形成合力。

例如，得知销售部门主管为应对销售旺季，亟须补充一批有经验的销售人员，HRBP就能在会议上精准回应，提出招聘计划与时间节点，展现HRBP的高效协同能力。

二、会中：精准切入，凸显价值

在会议进行过程中，无论是数据分析还是价值展现都要围绕战略和业务需要，这样我们的数据展现才有影响力。

为了更明显地展示人力资源工作对战略的支持，我们可以通过构建一个关联模型，来展示人力资源工作是如何满足战略需求的。

例如，在一家以创新驱动作为业务战略的公司里，HRBP可以阐释人力资源战略中的人才招聘计划（比如重点吸引具备创新思维的人才）、培训与开发策略（例如实施创新技能培训），以及绩效管理体系（比如设立创新成果奖励）是如何支撑业务战略的。这种可视化的模型有助于业务伙伴更清晰地理解人力资源工作对公司战略的支持作用。

面对业务伙伴提出的难题，如项目进度滞后、团队协作不畅等，HRBP更要积极参与讨论。

以项目进度受阻为例，HRBP可深入分析原因，若是团队成员技能不足，可提出针对性培训计划，如安排短期的专业技能培训课程、邀请行业专家进行线上指导等；若是沟通协调出现问题，则建议优化项目沟通流程，建立每日例会制度，明确各成员的汇报责任，用切实可行的方案助力问题解决。

HRBP 在业务会议上还要起到协调冲突、营造和谐氛围的作用。

业务会议上难免出现观点碰撞、利益冲突，HRBP 要发挥“润滑剂”的作用。例如，研发部门与市场部门就产品功能优先级争执不下，HRBP 可引导双方关注共同的目标，或者引导大家思考：“客户可能会更重视哪种产品功能？”通过类似高情商的引导技能，妥善处理矛盾和冲突。

三、会后：跟踪落实，闭环管理

会议结束并非终点，HRBP 要依据会议决议，将涉及人力资源的任务细化。比如，确定要开展新员工培训项目，那就明确培训内容、师资来源、培训时间以及负责人，制定详细的任务清单，发送给相关人员，并跟进确认相关人员收到与理解的情况，避免任务“悬空”。

对于会议上确定的任务，要设定跟进节奏，定期与业务部门沟通任务执行进度，了解执行中是否遇到某些困难，需要哪些支持。若为解决团队协作问题而建立的沟通机制执行不佳，HRBP 要及时调研原因，是流程设计不合理，还是员工积极性不高？对症下药，及时调整优化，确保各项决议落地有声。

最后，为了不断提升自我能力，每次业务会议结束后，我们都要做复盘，回顾自己在会议中的表现，哪些观点得到认可，哪些建议有待改进，以及对业务问题的洞察是否精准。通过不断总结经验教训，提升自身在业务经营分析会议中的参与质量，持续为企业发展注入强劲的人力动力。

HRBP 在业务经营分析会议中的高质量参与，绝非一朝一夕之功，需要持续学习、深度实践、不断反思。唯有如此，才能在业务的舞台上与各部门携手共进，助力业务增长。

理解战略、理解不同发展阶段业务的特点，并根据战略和不同的业务阶段，明确 HRBP 的核心工作重点，并定期参与业务经营分析会议，这是 HRBP 在事务层面的懂业务。然而，这些事务性工作的成效如何，则与业务伙伴对 HRBP 的信任程度有着更为直接的关系。因此，HRBP 不仅要在事务层面懂业务，更需要在人际层面深入懂业务伙伴。

第二章　懂业务伙伴

在充分理解业务的前提下，充分了解业务伙伴的行为风格，选择与业务伙伴行为风格相契合的方式进行沟通。在确保双方情绪稳定的同时，在同一认知频道内与业务伙伴交流，这是与业务伙伴有效合作的关键。

第一节　懂业务伙伴的行为风格

每个人都具备独特的行为风格，而不同行为风格的个体所偏好的沟通与交流方式也存在差异。因此，在与他人合作沟通时，我们需要采用与之相适配的沟通方式，这样才能使沟通合作达到事半功倍的效果。

市面上对行为风格进行测试的工具和方法很多，例如九型人格、MBTI（myers-briggs type indicator）、16PF（sixteen personality factor questionnaire），以及 DISC 等。本书特别推荐 DISC，主要是因为这个工具将人分为四种类型，简单易记。

DISC 行为风格模型基于个体内向或外向的性格特征以及他们关注的对象是事务还是人，将个体划分为四种类型：D 指支配（dominance），代表老虎型风格；I 指影响（influence），代表孔雀型风格；S 指稳健（steadiness），代表考拉型风格；C 指谨慎（conscientiousness），代表猫头鹰型风格。本书在此基础上，新增一种行为风格，以变色龙 A（anole）命名（见图 2－1）。

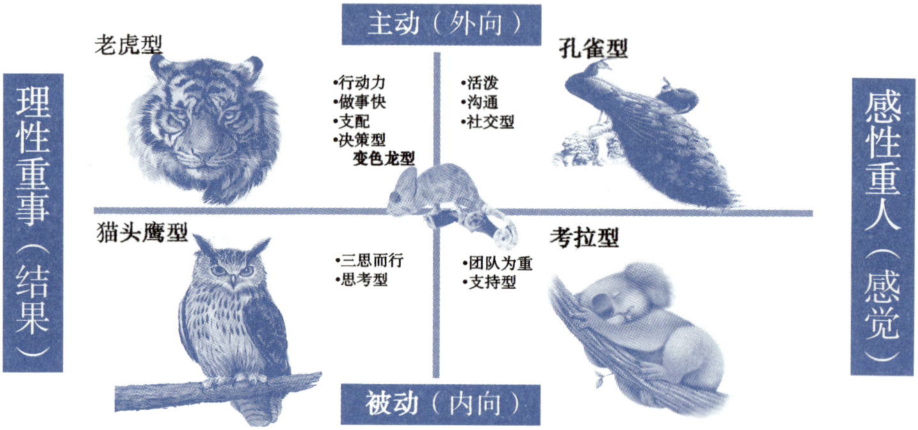

图 2-1　DISC 测评基础上的五型人格展示图

D 代表老虎型(外向 &关注事)——这类人自信且果断,具有强烈的竞争意识和领导能力。他们通常是出色的决策者和执行者,能够在艰难的环境中保持沉着,并带领团队取得成功。

I 代表孔雀型(外向 &关注人)——这类人热情洋溢、善于表达,拥有很强的社交能力和说服力。他们通常在销售和营销方面表现卓越,能够有效地吸引他人的注意力并建立良好的人际关系。

S 代表考拉型(内向 &关注人)——这类人平易近人、善于倾听,具有很强的适应能力和协调能力。他们通常在客户服务和管理方面表现出色,能够迅速响应他人的需求并与之建立长期的合作关系。

C 代表猫头鹰型(内向 &关注事)——这类人注重细节、善于分析,具有很强的逻辑思考能力和批判性思维。他们通常在研究和开发方面表现突出,能够深入思考问题并找到最佳的解决方案。

A 代表变色龙型(综合型 & 灵活调整)——这类人巧妙融合多种性格优势,既有 D 型人格的果断高效,又有 S 型人格的共情细腻;既能如 I 型人格般创新,也能像 C 型人格般严谨,没有明显短板。他们是敏锐的情境洞察者,能迅速分析环境和角色关系,主动调整沟通与行为策略。在冲突中,他们是协调者;在变革中,他们充当桥梁,促进团队和谐,提升协作效率。不过,他们也面临挑战,如个人风格模糊、精力易耗损、有"讨好型"人格倾向。

一、业务伙伴是老虎型

如果你的业务伙伴是老虎型,你能直接感受到他们强大的气场以及随之而来的强势。

老虎型的伙伴强大而自信,热衷于挑战;他们说话直截了当,没有过多的花言巧语,就像《亮剑》中的李云龙,他与赵刚初次见面就明确告诉赵刚,军政要分开,打仗由他做主,而生活和政治思想工作由赵刚负责。他还告诉赵刚:"别在我这儿耍嘴皮子,耍嘴皮子打不走日本鬼子,至于别的,就别在我这儿玩那些弯弯绕!"老虎型的业务伙伴不畏惧矛盾和冲突,更不害怕问题,他们行动力强,略带冒险精神;他们关注价值和产出。

想要与老虎型的业务伙伴良好合作:

首先,我们要有真本事,具备很强的专业能力或业务能力。

其次,在态度上,不要一味地讨好他们。

对于这类老虎型的合作伙伴，仅仅取悦和顺从是没有意义的，你要靠实力说话，靠价值征服他们。

如果你对自己的能力充满信心，有勇气和胆量处理与老虎型业务伙伴的关系，那么“先抑后扬”的相处技巧可以尝试一下。这种技巧是指在初次见面时，稍微挑战一下老虎型合作伙伴的权威，激发他对你的征服欲，随着交往的深入和价值的展现，再逐渐向其靠近，认可和支持他，你的这种转变会让老虎型的伙伴体验到一种征服后的成就感，他会更加喜欢和信任你。

最后，尽量少用规章制度来限制或约束对方的行为。

即使你已经与老虎型业务伙伴建立了足够的信任关系，也不要动不动就拿规则说事。

二、业务伙伴是孔雀型

孔雀型的人注重自我表达，思维活跃，善于感染他人。他们总是以自信的姿态站在聚光灯下，善于打造个人形象，追求卓越。

开启与孔雀型业务伙伴的友好交流，只需真诚地赞美和欣赏他们，充分认可其影响力和魅力，尊重并支持他们对某些事情的独特观点和看法。

当然，在交流过程中要时刻牢记沟通的目的，适时打断、引导并拉回话题，以免被他们的魅力吸引而偏离主题。阿里巴巴彭蕾曾这样评价孔雀型的马老师，她说：“马老师每天都在天上飘着，让他管哪块业务，哪块业务就是死。”因此，我们要学会找准时机，将孔雀型的人拉回现实，让梦想落地。

除此之外，与孔雀型的业务伙伴沟通时，我们应尽量使用通俗易懂的语言，避免过于晦涩的专业术语和乏味的数字与理论。相反，通过生动的案例，我们可以更好地解释和阐述我们的观点。

三、业务伙伴是考拉型

在工作中与考拉型业务伙伴合作时，需要注重和谐与合作，以建立良好的工作关系。

考拉型个体通常喜欢在稳定的环境中工作，不喜欢过多的变化和风险。因此，在与考拉型业务伙伴共同推动业务变革或转型时，需要采取渐进的方式，避免过于激进或急躁。

考拉型业务伙伴通常不太喜欢主动表达自己的想法，因此需要耐心引导和鼓励他们分享自己的意见。而且，在他们表达观点的时候，我们应耐心倾听，同时，避免使用过于强烈或急躁的语气或措辞，以免引起他们的反感和抵触情绪。

他们通常需要时间来仔细考虑问题并寻找最佳的解决方案，因此，在征询考拉型业务伙伴的建议时，不要催促或给他们施加过多的压力，而要给予他们足够的时间和空间来思考和回应。

四、业务伙伴是猫头鹰型

猫头鹰型的人通常重视技术和专业，像研发、技术、财务等职能领域的管理者大都具有猫头鹰的行为风格。

猫头鹰型业务伙伴给人的感觉比较高冷，原则性很强，有非常强的是非观。

猫头鹰型伙伴非常关注数据，对数据信息具有非常强的敏锐度。因此，当我们想要和猫头鹰型伙伴沟通时，一定要在沟通之前准备好相关的数据信息和支持性案例。

在表达方式上，少用“我认为”，多用“这个数据显示……”的表达方式。而且要多用结构化表达，逻辑清晰地阐明自己的观点。和他们讨论方案时，多提怎么做，流程、计划、里程碑是什么，多展示我们的计划性和组织性。

在表达内容上，就事论事即可。那些客套的寒暄只会让他们觉得是在浪费时间。

总之，针对不同类型的业务伙伴，HRBP 需要调整沟通对话的方式和策略。选择业务伙伴更偏好的方式与之沟通交流，从而与之建立起良好的信任关系。

五、业务伙伴是变色龙型

变色龙型业务伙伴精通人情世故，似乎能够与任何人建立良好的关系。但这种“好”的背后，可能只是出于职场需要而已。

在关键时刻，出于“自我利益最大化”的考虑，他们可能会出尔反尔，推翻之前达成的共识和承诺。因此，在与这类人合作时，我们要有 plan A 和 plan B 的两手准备，不要轻信其承诺。

六、知己知彼

为了有效地与业务伙伴合作，除了了解对方，我们还要了解自己。更要了解我们在对方眼中的样子。

为帮助大家更清晰地洞悉我们在对方眼中的形象，竹辉悉心整理了如下内容（见图 2－2）。

	老虎眼中的你	孔雀眼中的你	考拉眼中的你	猫头鹰眼中的你
老虎型	直截了当；企图心强；不怕冲突	让人下不了台；没人性；爱发号施令	没人性；善变；太强势	让人下不了台；过于自信；冲动
孔雀型	光说不练；花蝴蝶；不甘寂寞	热情；善于沟通；对什么都有兴趣	话多；机会主义；静不下来	轻率；不真诚；无法捉摸
考拉型	慢吞吞；没主见；慵懒	友善；随和；好听众	平易近人；乐于助人；没有特色	配合度高；好人；稳定
猫头鹰型	反对改革；死脑筋；只见树木，不见森林	太悲观；太重视细节；僵化	很精确；鸡蛋里挑骨头；保守	真诚、认真、正经；自律；有条理

图 2－2　他眼中的我们

第二节 管理自我和他人的情绪

情绪拥有巨大的影响力。恰当运用情绪能够增进人际关系,但是,如果我们无法有效地控制情绪,就可能被情绪所左右,进而对人际关系产生负面影响。

在情绪管理方面,首要任务是识别并妥善处理个人情绪。在确保自身情绪稳定之后,我们才能有效地引导他人的情绪。在这一过程中,我们必须留意自己的言行,避免无意中成为触发对方情绪的导火索。

一、觉察并妥善处理自我情绪

常言道,人在坏情绪状态中的智商为0。因此,在职场,想要游刃有余,灵活应对各种问题,就需要做一个情绪稳定的成年人。

（一）觉察情绪

想要保持情绪稳定，首先要对情绪有觉察，在觉察的前提下，才能快速调整自我的情绪状态。

当情绪来临的那一刻，我们的身体是有感知的，例如，心跳加速、面红耳赤、肌肉紧张等。这个时候，我们最需要做的是防止自己情绪上头。

为了防止情绪上头，不妨尝试以下这些简单的情绪调节技巧。例如，可以强制自己停顿 12 ~ 20 秒，或者尝试深呼吸；在心中倒数数字，并进行简单的数学运算，以此强制激活理性思维；不断提醒自己沟通的真正目的是什么？是为了发泄情绪吗？当前的情绪是否有助于实现目标？如果答案是否定的，那又何必让情绪主导我们的行为呢？

（二）觉察需求

我们不仅要觉察情绪，更要觉察情绪背后的需求。

一个人之所以表现出情绪，是因为她试图传达某种需求，只是选择了情绪化的表达方式。

愤怒背后往往是对外界安全与保护的渴望；沮丧和消沉则反映出对他人援助与支持的期盼；嫉妒则可能源自希望自己能达到与他人同等的水平。

在情绪涌现之际，提醒自己，我们并非要发泄情绪，而是希望表达需求。一旦我们意识到情绪背后的需求，情绪的紧张程度自然会有所降低。

（三）觉察限制性的信念

若我们在经历某些事件后，发现仍然对过往久久难以释怀，可能是因为我们存在某些限制性的信念。

这些限制性的信念主要分为三类，分别是价值观上的强绑定、应该式的强绑定和简单因果式的推理。

任何一种限制性的信念都可能将个体拖入情绪的漩涡，使其难以自拔。

第一种限制性的信念——价值观上的强绑定。

价值观上的强绑定，指的是我认为至关重要的事情，他人也应当予以认同。但是，现实是，每个人的价值观和认知都是独一无二的，你认为至关重要的事情，别人可能并不认同。因此，如果我们固执地用自己的价值观来要求他人，必然会给自己带来不必要的内耗和痛苦。

第二种限制性的信念——应该式的强绑定。

应该式的强绑定指的是先为他人贴上标签或预设某个特定的角色，然后期待他们按照我们的预期行事。

我们对他人角色的预期，通常源自个人的生活经历，当他人的行为与我们的预期不符时，我们便可能产生不好的情绪体验。

第三种限制性的信念——简单因果式的推理。

简单因果式的推理，指的是将某些事件的结果 B，简单归因于某个特定的原因 A，认为正是因为 A，才导致了 B。

事实是，任何事件的发生，往往不是因为单一的因素，而是由诸多因素综合发生作用导致的。特别是在人际关系上，单一的因果关系往往无法解释复杂的人际互动。

摆脱限制性的信念不能一蹴而就，当我们受其影响而陷入情绪的漩涡时，不妨尝试以下策略来调整自我认知，进而改善情绪和状态。

策略一：自我反思。仔细审视事件的经过，思考自己的情绪反应和对他人的期望是否恰当。

策略二：换位思考。尝试从对方的视角理解他们的行为，也许他们也有难言的苦衷和压力。

策略三：保持觉察。识别限制性的信念的根源，挑战这些信念，寻找更积极的替代信念。例如，认识到"每个人的价值观都是独特的"，这种认识和觉察有助于减轻对他人的敌意。

策略四：坦诚沟通。在与他人产生矛盾和冲突时，本着积极化解矛盾的态度，与对方坦诚交流，表达自己感受的同时倾听对方的心声。也许你会发现，没有什么矛盾和误解是沟通解决不了的。

上述策略可以帮助我们有效地调整情绪，改善人际关系，营造更加和谐的合作环境。

二、觉察和引导他人情绪

(一)觉察情绪背后的需求

在与业务伙伴合作的过程中,对业务伙伴情绪的觉察,最主要的是要觉察业务伙伴情绪背后的需求,基于对这些需求的理解作出恰当的回应。

当对方表现出开心时,我们应该意识到他们期待我们的回应,以此来强化他们所感受到的美好与幸福;

当对方在我们面前显得得意洋洋时,这表明他们渴望得到我们的赞赏与尊重;

当对方愤怒时,我们要明白他们可能因为事情超出预期或能力范围而感到不安,他们需要我们的帮助;

当对方沮丧、消沉或恐惧时,那通常意味着他们内心缺乏力量,可能需要我们的帮助、支持和抚慰;

当对方对他人的成就表现出轻蔑或嫉妒时,那可能是因为他们对自己的期望更高,渴望能够像他人一样成功;

当我们听到业务伙伴的抱怨时,这不仅表明他们需要被倾听、理解和关注,这更是他向我们发出的求助信号。

当对方情绪背后的需求被我们所感知到时,对方常常会产生一种“懂我”的被理解的感觉,彼此之间的关系自然会加深一层。

（二）引导对方的负面情绪

即使一个人的情商再高，当遭遇对方强烈的情绪反应时，我们通常也难以避免不受影响。因此，为了实现有效合作，我们需要对他人的情绪进行有效的引导。

1. 快速给对方情绪降温

如果业务伙伴火急火燎、情绪激动地来找我们沟通事情。面对对方激动的情绪状态，我们应当如何有效引导呢？

首先，如果对方是站立的状态的话，请对方坐下！我们必须设法让他先坐下。“坐下”这个简单的动作有助于缓解对方的激动情绪。

坐下时，应避免对峙式坐姿，而应该选择 45°角的坐姿，借助这样的物理空间上的坐姿，能拉近彼此之间的距离。

如果，对方坐下后仍然情绪激动，我们可以巧妙地使用一些小动作来打断他们的情绪。例如，故意让笔掉落到地上，然后弯腰去捡；或者询问对方是否需要喝点什么；又或者提醒对方衣服上有污渍等。

当然，你也可以直接指出对方当前的情绪状态，比如告诉他们：“我感觉到你现在很生气”或“我感觉到你现在很紧张”，通过这样的提醒帮助他们意识到自己当前的情绪状态。当对方的情绪被觉察时，他的情绪通常也会得到一定程度的缓解。

只有当双方情绪稳定时，问题才有可能得到妥善解决。因此，在着手解决问题之前，务必先平复彼此的情绪。

2. 不卑不亢妥善应对情绪

设想这样一个场景：目前，业务伙伴正专注于一个关键项目的最后攻坚，与此同时，公司要推进人才盘点项目。当我们带着人才盘点项目方案与业务伙伴沟通时，他却显得抗拒、焦躁和不安，对我们说："我目前非常忙，实在抽不出时间来处理你们的这些事情，你就不要总是拿这些没用的事情来找我了。"

听到业务伙伴这一番话，相信我们多少会有些失望、不悦或无奈。如果我们回应对方说："我也不想打扰你，但这是公司的重要项目，再忙咱也得做啊！"这样的沟通会迅速将双方拉入对抗状态，往往会以失败而告终。

在这种情况下，我们可以这样回应对方："我明白您目前正全力以赴地推进 A 产品研发项目，该项目确实遭遇了诸多挑战和问题，亟待解决。我能够体会到您目前所承受的压力，此时与您讨论人才盘点项目，确实可能给您带来额外的心理负担，我完全理解您当前的感受。"HRBP 这样的回应是在与对方共情。

接着，HRBP 可以继续表达："今日与您交流人才盘点项目，不仅因为这是集团性的项目，更是因为我做过一些分析，人才盘点这个项目是有利于解决 A 产品最后攻坚阶段某个让您头疼的问题的。否则，我也不会在您这么忙的时候来找您沟通这个项目。"此处 HRBP 是在表达沟通的目的，同时，用对方关心的话题引起对方的兴趣。

HRBP 还可以继续表达："坦白说，当这个项目的价值还未得到充分展现之前，咱们就对其表现出质疑和烦躁不安，面对您的反应，我感到既无奈又无助。特别是，想到自己花了很多时间研究如何借助盘点项目助力 A 项目落地，就觉得有些不被理解的失望和委屈。"此处 HRBP 也可以恰当表达自己的情绪。

总之，在面对对方情绪化的反应时，我们不应被对方的情绪所左右，而应该，首先表达共情，以减轻对方的负面情绪。其次，明确我们的目的，吸引对方的注意。最后，坦诚表达自己的情绪感受，任何时候都不要委屈自己，因为，尊重别人的前提是尊重自己。

（三）主动创造有利于沟通的情绪状态

情绪会影响人对外界信息的反应，人在开心和放松的状态下，更容易接收外界的信息；相反，在情绪低落的时候，会倾向于拒绝外界信息的输入。因此，人际高手都懂得在对方情绪状态好的时候与之沟通，而尽量避开对方情绪不佳的时刻。

除了被动等待对方最佳的情绪状态，我们还可以有意识地利用环境因素来引导对方进入积极的情绪状态。例如，我们可以选择轻松愉悦的环境，如咖啡馆或音乐酒吧，来与业务伙伴讨论重要议题。

此外，如果我们想要说服业务伙伴同意某个项目或建议，尽量不要在业务伙伴的办公室进行讨论，而应该尝试邀请他们到 HRBP 的办公室或会议室进行沟通，或者换到公司附近的咖啡馆，这样会显著提高说服的效果。

三、谨防成为情绪爆发的导火索

坏情绪不仅会伤害自己，也会伤害他人。与情绪友好相处，是我们每个人都需要研究和修炼的人生课题。

没有人有义务去承载他人的情绪，也没有人有资格随便将自己的坏情绪发泄倾倒给他人。

在职场，面对他人的坏情绪，我们不必害怕，也不必退缩，要勇敢地表达自己的情绪和感受。同时要注意不让自己成为对方坏情绪的导火索。

以下是几种可能触发对方负面情绪的导火索。希望你看到雷区，避开雷区，成为“人见人爱、花见花开”的小可爱。

雷区一：太强的专业自嗨。例如，一些 HRBP 会觉得业务伙伴不专业，对人力资源管理缺乏了解。所以，会无意识中表现出一丝傲慢。比如，他们会说：“给你说，你也不懂”“人家咨询公司/某某企业都是这么做的”，这类表达很容易引起对方的反感和不满。

雷区二：无能为力式表达。例如，当业务伙伴提出增加预算的请求时，我们可能会简单地回应：“部门预算就这些，这是年初定好的，我也无能为力。”或者当业务伙伴想要提名的员工不符合提名的基本条件，来寻求我们的帮助时，我们可能会说：“晋升标准就是这样规定的，你找我有什么用？”这样的表达会让对方受挫，从而心生不满。

雷区三：借刀杀人式表达。例如，当业务伙伴对某个项目的支持力度不够时，我们可能会说：“如果不推进此项目，某某总知道了，可能会认为我们对人才不够重视。”或者“如果无法以高标准完成此项目，恐怕今年的年终评优将与我们无缘了。”尽管这些推断有一定的道理，但是这种借刀杀人式的表达，多少带着威胁的成分。

雷区四：将个人评论当作事实。例如，当业务伙伴想要提拔下属时，我们对业务伙伴说：“小李工作能力一般，这次评选他作为明星员工肯定不会得到其他员工的认可。”“工作能力一般”这是一种主观判断，而不是客观事实，这样的表达非常容易引发彼此之间的争论，不能很好地说服对方。

雷区五：过度概括和绝对化的表述。例如，当业务伙伴反馈上次推荐的候选人并不合适，要求我们继续寻找合适人选时，我们可能会回应：“每次推荐你们都会说不合适，你们根本没有仔细考虑，就急于下结论。”在这句话中，“每次”“总是”这类词汇很容易激起对方的抵触情绪，类似的表达还包括“经常”“根本”“完全”“绝对”等，这些都是绝对化、以偏概全的表达。

积极的情绪状态是双方有效合作的基础。除此之外，我们还需要培养业务型思维，确保在认知层面与业务伙伴同频共振。

接下来，我们将进入第三节：HRBP 思维转型。

第三节　工作目的和思维认知的转型

一、从以“职责”为目的到以“价值”为目的

HRBP 隶属于后台职能部门,“后台”一词就意味着我们 HRBP 离市场和客户比较远。我们的工作成效不易直接获得客户和市场的即时反馈,所以,我们常常会缺失价值感。

当个体无法感受到自身价值时,往往会尝试各种方法来“刷存在感”。每个人“刷存在感”的方式不尽相同:一些人喜欢“搞事情”,今天修改流程,明天发布数据,后天调整某个制度来感受自我价值;而另一些人则热衷于深入研究专业知识,试图靠过硬的专业能力来体现自我价值。岂不知,我们越是研究专业,越容易深陷专业的“深井”而不自知。

最后的结果是,“搞事情”的 HRBP 觉得业务伙伴不配合工作;钻研专业的 HRBP 觉得业务伙伴不专业。反观业务伙伴,他们或者觉得 HRBP 天天在添乱,或者觉得 HRBP 离着他们太远。

究其原因,是 HRBP 围绕“工作职责”而工作,而忘记了工作的目的;

为了专业而专业，而忘记了专业可以创造的价值。

在公司整体目标体系中，HRBP 担负着“学习成长”这一关键指标，它是实现经营目标的过程、原因和资源。因此，HRBP 必须超越职责和任务的界限，转而专注于价值创造和经营目标的达成。

二、从“职能型”思维转型到“业务型”思维

不同思维认知的人，切入问题的视角不同。职能型思维的人看问题是从专业和技术的角度切入，而业务型思维的人看问题则会从市场变化和企业经营的角度切入。

HRBP 需要将思维认知从“职能型”转到“业务型”。

（一）“职能型”思维

职能型思维的特点是只关注专业领域内的内容和话题。

例如，老李是 A 部门的业务主管，小张是 HRBP。有一天，老李找到小张说：“最近西北大区业绩下滑严重，都是因为人手不足，赶紧给我们再招一个销售人员。”

小张问老李：“李哥，我们需要招聘什么样的人呢？你期待新人什么时候到岗？”

随后，双方围绕“人才标准”展开了进一步的沟通和交流。最后，老李

满意地离开了，等待小张能尽快推荐候选人面试。而小张也开始打开招聘网站，首先把职位挂到网站上，然后开始输入关键词搜索简历……

在这个案例中，小张的思维就是典型的职能型思维。

职能型思维，也可以称为执行型思维。执行型思维也隐含着这样一条逻辑：业务伙伴提出需求，HRBP 负责执行到位。如果执行不到位，就是因为 HRBP 的专业能力不行，为此，HRBP 需要继续提升专业能力；或者是因为 HRBP 不能胜任当前的工作，故更换一个能胜任的 HRBP。如此，循环往复！

这个逻辑合理吗？合理！

合理的前提是业务伙伴在人力资源管理上非常专业，提出的需求是真需求。

那么，请问，贵公司的业务伙伴在人力资源管理上真的很专业吗？如果答案是否定的。那么，业务伙伴向 HRBP 提出的需求就有可能是一个“伪需求”。如果 HRBP 没有挖掘出业务伙伴的真实需求，仅围绕“伪需求”去努力，那他做的都是无用功，甚至可以说，这是对公司资源的最大浪费。

进行以上逻辑推演的目的并非要给 HRBP 工作不到位找借口，而是要强调业务型思维的重要性。

找借口，就是在给自己找枪口。企业一号位都不傻，如果 HRBP 只是一个执行型的存在，降本增效的刀，迟早会落在 HRBP 身上。您说是吗？

（二）“业务型”思维

一个合格的 HRBP，和业务伙伴聊的不是组织，也不是人才，而是市场、经营和业务。例如，他们聊的话题大多是：国家最近又出台了什么新政策、市场上又出了一款什么样的新产品、竞争对手这个月办了一场什么样的活动、咱们这个月的业绩如何、经营指标为什么会出现这样的变化、我们在下个月如何实现绩效达标，等等。

一个合格的 HRBP，即便是收到业务伙伴提出的需求，也会在理解对方意图的情况下，对业务做一番分析和讨论，之后再对需求作出恰当的回应。

HRBP 存在的价值不是盲目执行业务伙伴的指令，而是要努力帮助业务伙伴解决业务痛点或经营难题。

以上述业务伙伴老李提出的需求为例，如果小张具备业务思维，那么他会结合自己对业务的理解，提出业务问题的大胆假设，并与老李进行进一步交流，小心求证招聘销售人员的真正需求与原因。最终，基于真需求，精准解决问题。

总之，从风格匹配到情绪管理，再到思维转型，其核心目标都是在懂业务的前提下更深入地懂业务伙伴。而要判断一个 HRBP 是否真正懂业务伙伴，可以问以下几个问题：

1. 业务伙伴每周的核心工作。本周业务伙伴的核心工作重点是什么？最重要的三件事情是什么？为什么这三件事对我们公司的业务部门至关重要？它们与公司的整体业务又有怎样的关联？

2. 业务伙伴向上汇报的要点。如果业务伙伴需要向上级汇报工作，他会将哪些内容作为汇报的重点？其原因是什么？

3. 业务伙伴当前的痛点。业务伙伴当前面临的最棘手的问题是什么？他会因为哪些业务痛点而无法安眠？

4. 业务伙伴关心的团队问题。业务伙伴最想开除的人是谁？他最希望提拔谁？他是如何评价团队成员的？

若您能对上述问题应对自如，祝贺您！您正和业务伙伴处于一段良好的合作关系中。

第四节 关键合作场景

为了协助HRBP伙伴更轻松地应对各种关键场景，竹辉精心挑选了身边HRBP反馈的、处理起来较为棘手的六大关键场景，并逐一分析在这些场景中，HRBP如何有效地与业务伙伴展开合作。

一、如何开启一段与业务伙伴美好的合作之旅

当HRBP刚接手一个新业务部门时，给业务伙伴留下良好的第一印象对后续的合作至关重要。

那么，HRBP如何才能给对方留下良好的印象，开启一段美好的合作之旅呢？

首先，提前了解业务伙伴的个性至关重要。在初次会面之前，您可以通过咨询其他同事，掌握业务伙伴的性格特征，从而进行初步评估。

其次，在初次见面时，要注意自我介绍的方式。

在进行自我介绍时，应避免采用“老王卖瓜式”的方式，例如，过分强

调自己毕业于名牌大学、取得的成就或获得的奖项。实际上，他人更感兴趣的是你能为他们创造何种价值，而非你个人的优秀程度。

同时，避免过度谦虚地贬低自己，如“我对业务不太了解，希望多多指教”等表述，这可能会让对方对你的能力产生疑虑。

理想的自我介绍应当集中展现自己的能力优势，并明确这些优势如何能够为业务增值，以及如何帮助业务伙伴解决实际问题。

再次，在初次会面交流时，应以相互了解和倾听为核心。

倾听过程中，可以通过模仿对方的一些动作来营造一种熟悉的氛围，使对方感觉亲切。例如，若对方的坐姿显得放松，你也可以调整自己的坐姿，使之与对方的相似；若对方在讲话时头部有所转动，你也可以适度地进行模仿。关键在于动作要显得自然，避免过分刻意，最好比对方的动作稍微延迟一些。为了表达对对方话语的重视，你还可以在语言上进行模仿，适时地重复对方话语的最后几个字即可。

在对话过程中，我们应着重强调共同点而非分歧。沟通时，一旦察觉到彼此的相似之处，应及时表达出来。例如，你可以说：“这次交流让我感到非常惊喜，原来我们都热爱阅读，也都对某部电影情有独钟，这让我感到强烈的团队归属感，仿佛找到了志同道合的伙伴。”

最后，确保留下一个令人愉悦的结尾。

当会面即将结束时，向对方表达你的感激之情。在感谢对方时，避免仅使用“谢谢你抽出时间”或“谢谢你讲解业务情况”这样的简单表述。而是要具体地表达这次交流为你带来的新见解。例如，你学到了什么，或者他如何改变了你对某些问题的看法等。人们天生渴望得到认可。让业务伙伴在初次见面时感受到自己的价值，这将非常有利于后续的合作。

在初次会面结束时，可以考虑赠送业务伙伴一个小礼物，这也是建立良好关系的有效手段。

二、如何与业务伙伴进行需求分析

在日常工作中，业务伙伴向 HRBP 提出需求并寻求资源支持是常态。关键是，我们要对需求进行甄别判断，洞察其背后真正的问题。

在这个场景下，我们可以分三个步骤来有效应对：

第一步：基本的需求判断。

面对业务部门提出的需求，HRBP 需要具备基本的判断能力，这种能力主要体现在对以下几个问题的思考上：

1. 该需求旨在解决什么问题？
2. 这个问题是如何产生的？
3. 哪些因素可能导致这个问题的发生？
4. 业务伙伴提出的需求，真的能帮助他们解决问题吗？
5. 在你看来，什么样的解决方案可能更有效？

第二步：进行“大胆假设，小心求证”式的分析。

进行基本判断的目的并非简单地对业务伙伴的需求说“不”，也不是要直接提出不同的意见，而是为了引导业务伙伴和我们一起，共同开启“大胆假设，小心求证”式的深入分析。

你可以对业务伙伴说：“上个月业绩下滑较为严重，我与您一样深感焦虑，因此，我非常理解您此刻的感受，您压力一定很大，对吧？”稍作停顿，等待对方的回应。这是描述客观事实、表达态度并展现共情的过程。

接着，我们可以继续说：“今天，您提出的需求确实是解决当前问题的方法之一。同时，我这两天也在思考，是否还有其他更有效的解决方案呢？”这既不否认对方的需求，又可以引导对方思考其他可能的解决方案。

接下来，您可能会面临两种情况：

第一种情况：业务伙伴分享他们已经尝试的方法，并与你展开讨论。这是良好对话的开端。

第二种情况：业务伙伴坚持“只有”这个方法能解决问题。

面对这种情况，HRBP 要理解业务伙伴的压力。你可以说：“我注意到您用了‘只有’这个词，这表明您非常认同我们 HRBP 的工作价值。否则，您不会觉得我们是解决问题的最后一根稻草。我也有一些解决问题的其他方案，也许可以和您刚才提到的解决方案结合使用，我们找个地方聊聊吧？”

第三步：达成共识，选择最优解决方案。

通过深入分析和讨论，我们可能会列出多个需要解决的事项。这时需要根据“重要程度”和“投入产出比”对所列事项进行评估排序，筛选出最需要解决的问题。

在判断问题的重要程度的时候，可以围绕下面几个问题展开：

1. 这个问题的解决是否会影响部门整体目标的实现？
2. 如果不解决，是否会影响团队士气？
3. 该问题不解决，会影响业务伙伴的健康或睡眠吗？
4. 不解决会对团队产生怎样的影响？
5. 解决后能带来什么好处？

确定最需要解决的问题后，共同制定解决策略，分工合作，确保落实执行。

如果我们时常和业务伙伴在一起，经常参加与业务相关的会议，你会发现，很多需求是在业务分析中自然产生的。因此，HRBP 会对业务伙伴提出怎样的需求有一定的预判，对业务伙伴需求的真伪也会有自己的判断。

但是，如果 HRBP 离业务太远，那么上述操作步骤可能无法达到预期的效果。

三、如何说服业务伙伴一起完成项目

面对 HRBP 主导的项目，如果业务伙伴不够重视，我们应如何应对？

以人才盘点为例,在 COE 平台的统一牵头下,各业务部门的 HRBP 需协同完成本部门的人才盘点任务。然而,业务部门人员此时可能正忙于准备“双十一”关键战役。面对这种情况,我们应如何说服业务伙伴认识到人才盘点的重要性,并与我们共同努力完成这一项目呢?

答案是:“在正确的时间,做正确的事。”

“正确的时间”指的是业务伙伴有需求的时间,而“正确的事”则是业务部门所期待发生的事。

人才盘点的核心目的在于:通过精准的人岗匹配,助力业务目标的达成。在任何关键战役中,战役负责人必须进行周密的规划和战略部署,思考哪些人才适合担任项目经理?谁应负责前端市场?谁又应负责后端资源的协调?上述问题的答案,正是人才盘点的结果之一。这样就发现了双方共同推进项目的交汇点。

发现这一交汇点的关键在于 HRBP 必须深刻理解项目的本质,以及项目推进对业务及业务伙伴的价值和意义。只有对他人有价值的事情才能引起他人的关注,才是“正确的事”。而能否及时捕捉时机,则取决于 HRBP 是否与业务伙伴保持紧密联系,不缺席任何一次关键时刻。

在“正确的时间”做“正确的事”,无疑是最好的一种状态。然而,在许多情况下,即便是时机不理想,我们也必须推动某些项目的实施。

例如,公司计划实施一套新的绩效管理制度,并已确定了最终生效的日期。这个新制度的落地需要业务伙伴的大力支持与协作。

面对这样的场景,在与业务伙伴沟通之前,我们需要认真思考以下问题：

✓对方在沟通方式上的行为偏好是什么？

✓就这个项目而言，业务伙伴可能会提出哪些问题？我们该如何回应？

✓此项目能帮助他们解决哪些问题？给业务伙伴带来什么好处？

如果我们已有既定的项目方案，接下来需要业务伙伴配合落地，那么，我们还需要思考：

✓这个方案本身复杂吗？容易理解吗？

✓在这个方案实施的过程中，需要业务伙伴参与的部分是否简单易操作？因为越清晰、越易执行，业务伙伴配合的可能性就越高。

✓在落地过程中可能存在哪些风险？我们是否有应对这些风险的方案？这些方案是什么？

✓其他团队是如何推进这个项目落地的？如果是集团性的项目，业务伙伴常常会关心其他部门的落地情况。

✓与去年的项目相比，今年的项目有哪些变化？变化的原因是什么？

深入思考上述问题，关注业务伙伴的需求，尽可能减少给对方带来的不便，这些都有助于说服业务伙伴和我们一起完成项目。

最后，必须强调，在推动项目进展时，应避免采取“借刀杀人”的策略。“借刀杀人”指的是利用某个权威领导的影响力，迫使对方不得不继续推进工作。这种“借刀杀人”的做法可能对推进当前项目的进度是有效的，但是，不利于双方后续长期的合作。

四、如何在公开场合向业务伙伴表达你的不满

场景：在某公司的月度例会上，大家对上个月业绩未达标的问题进行了深入的分析与讨论。A部门的业务主管说：“我们部门销售人员小A离职了，他负责的那些客户一直没有合适的人跟进。这个需求，从提出到现在已经一个多月了，人力部门人员推荐过来的候选人都不行。”说完这些，业务主管看了看人力部门人员，继续说道：“我们压力真的很大，希望你们平时多推荐一些更适合的人选，少发一些无用的表格。”

在这种公开场合之下，面对这样一位咄咄逼人的业务主管，我们要如何应对呢？

第一步：保持冷静，展现职业素养。只要你能控制好情绪，这次交锋就已经赢了。

第二步：表达情绪。控制情绪并不代表没有情绪，也不是要让我们压抑情绪，而是要适当地表达情绪。如果我们不表达自己的情绪，对方会认为你软弱可欺，并在今后继续以同样的态度对待你。

你可以这样回应：

“听到您刚才提到人员招聘的事情至今仍未解决，推送过去的人选都不符合要求，我的感受是这件事让您很不满意。”**——理解对方说话的内容，同时表达我们自己的感受。**

“如果这让您不满意，说明我们还有改进的空间。”**——无须辩驳或解释，接住对方的需求即可。**

“我还听到您提到希望我们平时多推荐一些更适合的人选，少发一些无用的表格。听到这句话，我的感受是委屈，因为我们确实做了很多事情；我感到遗憾，因为尽管做了很多，但未能解决您的问题；当然，我也感到尴尬，因为当着这么多同事的面被点名。”**——表达情绪和感受。**

“我相信您今天不是故意针对人力，而是希望能与我们共同解决问题，对吗？”**——正向引导，牵引善意，帮助对方回归理性。**

“大家的时间都很宝贵，关于这件事，会后，我再单独找您沟通，您看这样可以吗？”**——如果可以当场解决，就当场处理；如果需要深入讨论，就另寻时间。**

上述表达方式，在承认对方需求的情况下，不仅可以彰显我们的职业素养，还能不卑不亢地表达我们的情绪和感受，这会更加有利于维系双方长期平等的合作关系。

五、如何与业务伙伴保持长久的健康关系

长期而平等的合作关系，不仅要求我们保持不卑不亢的态度，还必须

将双方的关系建立在明确的原则和底线之上。

这里所指的原则，不仅包括“做事”的原则，还包括“为人”的道德准则。

在“做事”上，我们可以与对方共同约定一些工作方法和原则。例如，保持高频对话、互相尊重和求同存异、在团队成员面前保持一致、坚决杜绝相互拆台的行为等；在“为人”上，原则包括：不背后甩锅、不背后传播小道消息、不推卸责任等。

底线是良好合作的基石，缺乏底线的关系容易瓦解。然而，仅有底线和原则会让关系显得没有灵魂和温度。因此，在底线之外，HRBP 在平时要注意经营和维护彼此的情感账户。

从人们建立关系的那一刻起，他们就在心中为对方创建了一个情感账户。每一次的互动，都相当于在进行情感的存取。

- 履行承诺是存款，而失信则是取款；
- 真诚和敢于担责是存款，虚伪和逃避责任则是取款；
- 乐于分享和助人为乐是存款，自私和言语刻薄则是取款；
- 给予帮助是存款，接受帮助但觉得理所当然则是取款……

良好的合作关系正是在这样相互存取、平衡互动中得以维系的。

很多情况下，HRBP 推进的项目可能与业务伙伴的关系不大，甚至没有关系。但是，我们的项目却需要业务伙伴的支持。此时，他们是否愿意提供帮助，以及能提供多少帮助，往往取决于你平时在他们那里积累了多少“情感存款”。

六、如何向公司平台要资源

我们先一起来看一个案例：在公司的年度晋升项目中，根据预算，A 部门只有一个晋升名额。但是，业务伙伴提出需要新增加一个晋升名额。经过与业务伙伴沟通交流后发现，新增预算是有必要的。

员工小张和小李分别是西南大区和华东大区的运营主管。两个人这一年的业绩表现都不错，而且还展现出各自不同的能力优势：

小张在维系客户关系方面表现出色，拥有强大的资源整合能力，并擅长市场开拓；

小李则以细致认真著称，性格稳重，非常适合统筹运营工作。

因此，业务伙伴决定让小张明年负责开拓东北大区，而小李则接管西南和华东两个大区的所有运营工作。

如果今年只晋升其中一位，另一位的积极性肯定会受影响。而且，根据新的业务布局所做的业绩预测，晋升员工带来的收益远远大于因晋升付出的人工成本。

因此，HRBP 决定向资源方，寻求资源支持。那么，我们应该如何沟通才能显著提升成功率呢？

第一，充分的准备至关重要。

在职场，永远都不要让自己打无准备之仗。特别是在向上级部门或主管请求资源时，准备工作显得尤为重要。

准备工作的质量取决于你对以下问题的深思熟虑：

- 谁具有资源分配权？
- 这个人的行为风格是什么？
- 如果他拒绝你的请求，可能的理由是什么？
- 他会因为担心什么而拒绝你？
- 如果资源分配的决策权在更高一级的主管手中，你需要提供什么样的信息、资料或案例，才能方便他人更愿意协助你向更高一级决策者寻求资源支持？

第二，寻找一个良好的沟通时机。

获取资源的最大障碍，通常源于资源分配方的防御心理。因此，我们需要寻找对方心理防御最弱的时机，例如，对方心情愉悦之时；或创造一个有助于降低对方防御心理的环境，例如，轻音乐咖啡馆。

第三，共识目标，有效引导。

在预算范围之外寻求资源支持，这本身就不符合公司的规定，因此，我们不能直接向资源分配方索要资源，而应通过试探性的问题，引导对方思考更多可能性。

例如，我们可以这样提问："如果我们部门希望新增一个晋升名额，您认为有什么可行的方法吗？"

如果对方回答"没有"，我们可以进一步询问："据我所知，过去在晋升过程中也遇到过特殊情形，那些情形通常是如何处理的呢？"这些特殊情况背后所遵循的原则，可能正是解决问题的关键。

如果对方回应："过去的事是过去的事，现在即便存在特殊情况，也不能轻易特批。如果每个人都来找我要求特殊处理，那就乱套了。"

在这种情况下，我们必须时刻铭记，沟通是为了获取资源，而争取资源本身就需要付出相应的努力。只要对方没有终止对话，我们就依然有成功的可能。因此，不要气馁。

我们可以继续追问："的确，我们也承受着巨大压力，需要确保整个晋升项目的有序进行。那么，除预算已经提前规划好，不能随意增加这个原因之外，还有哪些因素导致无法特批呢？"

对方继续回答："我们无法增加预算，首先，预算已经预先被锁定，所有部门都必须遵守这一规则，这样才可以保证公平公正；其次，公司控制预算的初衷也是为了降低成本。然而，你们目前的需求是增加预算，这显然与公司降低成本的目标是背道而驰的。"

听到这些理由，您应该感到开心！这正是我们期望引导出的答案。"公司的所有制度和策略的最终目标是支持业务的发展。如果不是这样，那么这些制度和策略便失去了存在的价值和意义。"这是公司制度建设的核心原则。

当然,我们不能保证资源分配者完全理解这一点。在许多企业中,中后台部门常常成了官僚主义的代名词,他们可能会为了职责而工作,而不是为了目标和价值而努力。如果您无法引导对方给出您期望的答案,您可以尝试直接询问,尽管这样做可能效果有限。

请记住,在向资源分配方请求资源时,无论对方给出什么理由,都不要否定他们的观点,而应适当表示认可。因为,没有人喜欢被否定,况且你此次沟通的目的是获取资源,而不是与对方进行辩论。

在对方阐述预算控制的理由之后,你可以进一步引导:“我刚刚听到您说,新增预算不能特批是为了遵循规则以维护部门间的公平,以及控制成本以助力公司降本增效,对吗?在这两个原因中,您认为哪一个更为关键呢?”如果对方认为第一个原因更为重要,你可以试着引导对方关注共同的业务目标。如果,实在行不通,你可以考虑下一步是否需要找对方的直接主管聊聊看。

假设你很幸运,对方回应:“当然,第二个原因更为关键。”随后,你可以直接陈述:“我们此次希望新增一个晋升名额,是因为我们部门计划明年让小张去开拓新业务,而小李将接管全部运营工作。我们的业绩预测表明,这样的业务布局和人员配置,至少能为公司带来5%的业绩提升,大约100万元的收入。我们今年晋升两位员工,给公司增加的成本是10万元,用10万元换取未来的100万元,这显然是提升效率的策略,您说对吗?当然,如果明年这两位员工未能为公司实现业绩增长,我们也准备了相应的人才管理方案,您看,现在是否方便详细和您沟通一下?”

在上述案例中，为了提高成功的可能性，我们主要采取了以下策略：

1. 不要一开始就让对方说“不”。不符合公司规定的需求，必然不被允许。所以，不要一开始就提出违反公司规定的需求。

2. 使用开放式提问，积极探索机会。通过开放式的问题，引导对方思考，寻找合作的可能性。

3. 积极寻找共同目标。尽管职责不同，但是各部门的业务目标在公司层面具有一致性。在争取资源的过程中，应不断引导对方与我们保持一致的思维节奏。

4. 时刻牢记价值交换的职场本质。资源是需要价值与之交换的。所以，要资源的人，要有价值交换的思维。我们要明白，想要获得资源支持，就要提前准备好与之对应的回报预测。

5. 降低对方的顾虑。行动背后是需求和利益，而“不行动”的背后是担心和风险。要获得资源支持，就必须将可能给对方带来的风险降到最低。

6. 保持积极心态。争取资源是一项耗费心力、需要智慧的工作。只要对方没有关闭沟通的渠道，就一定不要轻言放弃。在这个过程中，如果感觉对方的拒绝理由不合理，也不要急于反驳，更不能情绪化。要资源的目的是获取资源，而不是争辩对错。对于别人的观点，我们即使内心并不认同，但也可以表达理解。

这套策略同样适用于向业务伙伴寻求资源支持。首先，通过提出开放性的问题，探究对方在何种条件下或情境下更倾向于提供资源支持。其次，通过持续的引导，寻找到共同的目标。最后，明确对方在此次合作中能够获得的利益，并且主动澄清方案的风险点以及我们的风险控制措施等。

争取资源的核心在于以未来的预期收益换取当前的资源投入。期望您在领会这一核心理念后，能举一反三，成为资源整合的高手，与业务伙伴一起为企业创造更大的价值。

七、搞定业务伙伴小锦囊

通常情况下，HRBP 的工作价值未获认可，并非由于其缺乏专业性，而是因为其过分专注于专业，而忽视了与业务伙伴的关系。

处理人际关系本就充满不确定性。更何况，我们与业务伙伴之间存在着相互支持与制约的关系。因此，在处理与业务伙伴之间的关系时，更需要智慧。

即便如此，在与业务伙伴合作的过程中，还是有一些人际交往的原则和技巧可循的。

基本的原则：共同目标下的相互尊重和真诚。一些实用的小技巧，希望有帮助。

技巧集锦：

第一，始终以创造价值为核心目标。将创造价值视为工作的核心，而不仅仅是为了完成某个任务或项目。

第二，在目标一致的前提下，长期关系比短期结果更为重要。在合作中，摩擦和冲突在所难免，但只要不违背公司的价值观和战略方向，就不要为了追求某个短期结果而损害双方的合作关系。

第三，在解决问题时，遵循“先处理情绪，再关心人，最后处理事”的原则。

第四，始终保持一致性。无论是在公开场合还是私下与员工沟通，都应与业务伙伴保持一致的立场。除非业务伙伴的立场和观点严重违背公司的价值观。

第五，避免“过度承诺”。HRBP 应珍惜自己在业务伙伴那里的信誉，不要轻易承诺，也不要轻易失信于人。

八、章节总结

分析问题“事在前”，解决问题“人为先”。“懂业务”是在事的层面，组织对 HRBP 的期待和要求；“懂”业务伙伴是在人的层面，组织对 HRBP 的期待和要求。

在探讨了诸多关于“懂”的内容之后，我们应如何衡量 HRBP“懂业务”以及“懂”业务伙伴的程度和水平呢？

我们可以依据以下三个层面来评估 HRBP“懂”的水平。

初阶的懂——听得懂。在这一阶段，HRBP 能够与业务伙伴进行顺畅的对话，听得懂业务伙伴的语言。

中阶的懂——讲得清。在这一阶段，HRBP 对以下业务问题有比较清

晰的答案,并能流畅地向第三方介绍公司的业务。这些问题包括:

● 什么因素会影响我们公司未来发展的方向?如果让你描述一下公司未来发展的变化,会是什么?

● 公司今年的战略目标是什么?我们的核心重点工作是什么?

● 公司的业务流程都有哪些?

● 哪些是我们具有竞争优势的关键节点?为什么我们能在这个节点上占据优势?优势的具体表现是什么?

● 哪些是我们的短板和劣势?劣势的具体表现是什么?劣势给我们带来的挑战是什么?

● 我们的竞争对手都是谁?最主要的三家分别是谁?和我们相比,他们的优势和劣势在哪里?是产品比我们好?还是价格比我们低?还是服务体验比我们好?他们的劣势又在哪里?

高阶的懂——信得过。最高阶的懂是当业务伙伴遇到问题时,第一时间想到你。能被业务伙伴信得过的 HRBP,不仅"懂业务",更会让业务伙伴觉得你更"懂他"。

最后,希望每一位 HRBP 从业者既"懂"业务,也"懂"业务伙伴。在业务部门拥有话语权和影响力,真正助力组织、团队和个人效能的提升。

Part 02

提升效能：激活组织、团队和个人效能

提升效能是企业永恒不变的追求。而效能的提升需要组合拳，从组织，到团队，再到个人全面发力。故此部分内容，我们会分成三个章节展开论述：

第三章　提升组织效能

第四章　提升团队效能

第五章　提升个人效能

第三章　提升组织效能

组织是人们为了实现一定的目标，互相协作结合而成的集体或团体。它通常具有明确的使命、愿景、价值观以及业务流程和规章制度等。

组织是一个内外部信息交流互动的系统。在内部，各个子系统之间相互协作，共同创造价值；在外部，组织需持续与环境进行物质、能量和信息的交换。既然组织是一个系统，就不可避免地会面临熵增的问题。因此，为了防止组织熵增，我们必须关注组织效能的提升。

对于 HRBP 而言，若要助力组织效能的提升，应当在两个关键领域发力。

首先，关注流程提效，即协助业务伙伴萃取、优化或改进业务流程。

其次，致力于文化提效，利用文化的力量团结人心，从而提高效能。

第一节 流程提效

流程效率目标是公司战略目标的重要组成部分，因此，助力业务伙伴提炼、优化或改善业务流程是 HRBP 核心职责之一。

那么，HRBP 应如何协助业务伙伴提炼、优化及改善业务流程呢？以下是一些基本的流程步骤，希望能为您提供帮助。

第一步：明确需要提炼、优化或改进的流程范围，并为流程效率提升工作确定具体的目标。

例如，一家专注于企业资源规划（enterprise resource planning，ERP）软件开发的软件公司，随着业务的扩展，客户的需求变得日益复杂，导致产品开发周期延长，并且出现了一些质量问题，如软件功能与客户期望不符、系统稳定性差等。因此，公司决定对研发设计流程进行优化。在此次流程优化工作中，软件公司首先界定了流程范围，包括客户需求收集、软件架构设计、代码编写、测试和产品交付四个流程操作节点。客户公司希望通过此次流程优化工作，达成在 12 个月内将产品开发周期缩短 20%、软件缺陷率降低 30%、客户满意度提升 15% 的目标。

第二步:通过各种途径收集相关信息。

这里的信息包括两类,一类是阻碍流程效率提升的问题信息;另一类是助力流程效率提升的最佳实践信息。

信息收集的渠道主要有三类:

第一类是通过内部资料收集信息。这里的内部资料包括项目文档、需求报告和用户反馈记录等。通过对内部资料的分析,可以发现阻碍流程提效的因素,当然,也会发现助力流程提效的因素。

第二类是通过员工访谈收集信息。我们可以对流程责任人、关键流程节点上的员工、最佳流程实践者进行访谈。通过与他们的交流,发现流程节点上的具体问题。当然,也需要重点访谈相关领域表现出色的员工或长期从事该工作的资深员工。

第三类是通过直接观察员工的工作过程收集信息。既观察有问题的工作场景,也要观察那些高效、高质量的工作场景。观察时注意记录操作步骤、时间安排、工具使用、沟通方式等细节。

第三步:将收集到的信息按照流程步骤进行整理,绘制出详细的流程图。

流程图的绘制要包括每个阶段的输入输出、参与人员、时间估算和各环节之间的依赖关系。这有助于直观地发现流程中各个环节可能存在的问题。

例如,以上述软件公司为例,通过绘制业务流程,我们发现"详细的需求规格说明书"是客户需求收集环节的输出,同时,这又是软件架构设计的输入。正是因为"需求规格说明书"的要求和标准不明确,导致需求收集和软件架构设计之间的衔接不够紧密，从而造成信息传递不畅。

除分析有问题的流程之外，我们还要分析最佳实践或最优流程。分析在每个环节的输入和输出上，是因为做对了什么，从而提升了流程效率。

第四步：萃取或优化流程。根据流程分析结果，进行流程优化。

例如，在上述案例中，为了解决需求收集和软件架构之间因信息传递不畅带来的效率问题，而确定建立标准化的需求收集模板和沟通机制。同时，对于流程中优秀的实践和做法，我们要加以保留发扬。

第五步：对优化后的流程进行小范围的试点验证或者对筛选出的最佳实践和最优流程进行应用验证。

在验证的过程中，通过实际操作，收集反馈意见，观察优化后的流程是否能够达到预期的效果，是否还存在未预见的问题。然后再根据试点反馈，对流程进行必要的调整和完善。

最后，将经过验证和完善的最佳实践或最优流程整合到企业的标准操作程序或管理体系中，或者编撰成便于携带的业务指导手册。同时，要建立相应的培训机制，确保员工能够正确理解和执行这些新的实践和流程。

在流程执行落地的过程中，要持续地跟踪和监控，收集相关的数据和反馈信息，以便及时发现流程运行过程中的问题。

组织如人，流程是组织的血液，文化是组织的灵魂。HRBP 不仅要关注业务流程提效，还要借助文化助力组织提效。

第二节　文化提效

一、文化的定义

谈及文化，我们最先想到的是公司的使命、愿景和价值观，这是公司文化的核心，但是并不直接等同于文化。

对于文化的定义，竹辉特别认同阿里影业首席运营官邓康明曾说过的一段话。他提道："企业的使命愿景，战略选择，商业模式，业务决策，服务谁、不服务谁，什么样的客户，用什么样的方式服务这些客户，以及你要用谁做干部、不用谁做干部，这一系列的行为最后沉淀下来的那个东西就叫作文化。所以很难说，可以设立一个文化部门来做文化，文化是以业务和组织干部为核心，以制度为出发点，不断做决策，最后形成的那个东西。"

这段话告诉我们，文化存在于企业运营管理的点点滴滴之中。管理人员的行为在一定程度上体现企业文化，同时也影响和塑造着企业文化。

尽管文化是一个宽泛的概念，但为了确保读者在阅读本书时不会产生概念和体系上的混同，我们采纳了行业内的普遍共识，将使命、愿景和价值观纳入文化的范畴，并将其视为提升组织效能的关键因素。

同时，我们将团队管理归为团队效能提升的部分，将人才管理视为个人效能提升的重要组成部分。

二、使命

（一）使命的定义及价值

使命回答了企业与世界之间的关系，是企业存在的价值和意义。简单理解，使命就是企业要想清楚“我们的客户是谁”“我们要用什么方式”“为哪些客户”“创造什么价值”。

很多企业虽然没有将使命贴在公司墙壁上，但是从公司诞生的那一刻开始，使命便存在。

虽然使命并非企业成立初期就必需的元素，但明确使命显然会带来诸多好处，特别是当企业处于以下几种情况时，创始人和高层管理者应当投入时间去思考公司的使命究竟是什么。

第一种情形：企业已经初步确定了发展方向和目标，但仍然处于从零到一的起始阶段。此时，资源稀缺，难以为成员提供丰富的物质激励。在这种背景下，围绕共同的使命进行讨论，能够有效地凝聚团队士气。

第二种情形：企业已经成长为行业的领头羊，开始进入“无人区”，前方没有现成的榜样可供效仿。此时，使命共识变得尤为关键，它能够为企业未来的发展指引方向。

第三种情形：对于那些业务发展主要依赖人才驱动，且员工以新生代年轻人为主的企业，使命驱动将会给企业带来意想不到的效果。新生代年轻人对物质的追求相对减少，他们更加重视工作的价值和意义，渴望获得更多的自主权。因此，激发员工的使命感，点燃员工的工作热情将是激励年轻人更有效的手段。

第四种情形：当企业面临业务转型，需要打破传统思维模式时，重新审视并明确使命变得尤为关键。

以微软公司为案例，我们来探讨使命重构对公司业务转型和发展的关键作用。在 1999 年至 2019 年的 20 年间，微软的市值经历了显著变化（见图 3－1）。

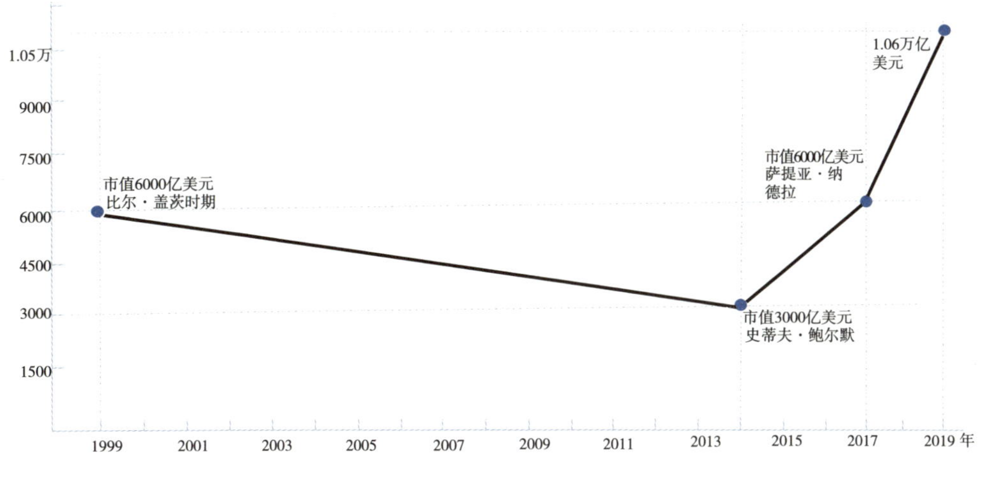

图 3－1　微软市值变化

通过市值变化曲线，我们可以观察到，在比尔·盖茨（Bill Gates）的引领下，微软在 1999 年达到了 6000 亿美元的市值高峰，象征着其辉煌的顶点。

然而，到了 2014 年，在史蒂夫·鲍尔默（Steve Ballmer）担任首席执行官（Chief Executive Officer，CEO）期间，微软的发展面临挑战，其智能手机业务受到苹果和谷歌的威胁，市值一度下滑至 3000 亿美元。

值得注意的是，2017 年 10 月 20 日，微软的市值再次回升至 6000 亿美元，而到了 2019 年 9 月 25 日，市值更是增长到了 10，600 亿美元。

在 2014 年至 2017 年的短短几年间，微软经历了深刻的变革。2014 年，萨提亚·纳德拉（Satya Nadella）担任 CEO，立即启动了组织文化的转型工作。

在这一过程中，他特别注重重构公司的使命，深入挖掘微软存在的价值和意义。1980～2015 年，微软的使命一直是"让每个家庭的每张办公桌上都有一台计算机"。这一使命更像是一项具体的目标，回答了"是什么"（what）的问题。

但是，随着时代的演进和科技的发展，一旦这一目标达成，使命的指导作用便会显著降低，这会让员工感到迷茫，失去前进的方向。因此，在 2016 年，微软将公司的使命提升至新的高度：赋力全球每一个人、每一个组织，成就不凡（empower every person and every organization on the planet to achieve more）。这一更新后的使命在"为何存在"（why）的层面上，清晰地阐释了企业存在的价值和意义。

当员工深刻理解了“为何存在”并以此作为行动指南时，他们在“做什么”以及“如何做”方面便拥有了更广阔的创新空间。这种使命的重塑为探索更高效的经营策略和发展路径开辟了新的可能。由此，在萨提亚·纳德拉的领导下，微软改变了经营策略，结束与苹果的敌对竞争，而转向了合作共赢。

(二)认知层的使命共识

如果公司高层需要达成使命共识，可以围绕以下核心问题展开讨论：

- 这家企业存在的价值和意义是什么？
- 我们为何会走到一起？
- 我们所从事的事业将为社会和周围的人带来哪些积极影响？
- 我们依靠什么核心技术来创造价值？
- 企业的哪些特点令我感到骄傲和自豪？

达成使命共识仅仅表明各方在认知层面上达成了共同的志向，但这并不意味着每个人在内心深处都能真正拥有共同的使命感。

使命本身并不具有驱动力，只有使命感才能真正驱动人的行为。

（三）使命的践行和落地

先给大家讲个合伙创业的小故事：

故事的主角是小张和小李。小张是企业中的一名销售人员，业绩一直相当出色。然而，小张的家庭背景颇为特殊，他自幼与母亲相依为命，母亲是他生命中最重要的亲人。近来，小张的母亲不幸身患重疾，住院治疗，后续的康复费用数目不小。

小李则在一家技术公司担任产品研发与设计的角色，但他在公司的工作并不顺心，感觉自己的潜力未得到充分的发挥。小李也是穷苦人家出身，是通过学习改变命运的代表。现在，小李为了不让孩子输在起跑线，正筹划换学区房。

作为挚友，小张和小李常常借酒浇愁。在一次促膝交谈中，小张意识到小李研发的产品能够解决自己的客户问题，于是二人决定携手创业。他们深信，创业能带来比打工更丰厚的收入。于是，急需资金为母亲治病和迫切需要资金购买学区房的两人携手走向创业之路。在"挣更多的钱"的共同目标驱使下，他们共同努力，公司越做越大。他们信心倍增，甚至设定了 10 年内公司上市的宏伟目标。

小李作为技术领域的专家，对学习充满热情。随着团队规模的扩大，他不仅深入研究技术书籍，还积极参加管理培训，进步显著。与此同时，小张频繁地拜访客户，应酬成了他的日常。随着时间的推移，两人在认知上的差异愈发明显。

某次，VIP 客户赵总提议独家代理公司产品，承诺给予丰厚的利润分成。赵总的客户基础庞大，独家合作将会给公司带来可观的利润，并且能大幅减少客户关系维护的成本。小张对此表示非常愿意。但当小张和小李讨论此事时，他们之间出现了严重的分歧。小李对独家代理持反对意见，他相信尽管短期内公司可能获得利润，但就长期而言，这将导致公司丧失与广大客户直接互动的机会，从而无法更精准地满足客户的需求。此外，独家代理模式可能使公司受限于单一的利益关系，很可能损害公司的利益。相反，小张认为小李对未来的看法过于悲观，并强调公司的存在价值和意义在于营利，这正是他们当初共同创业的初衷。由于观点分歧，两人的关系逐渐变得疏远。

1. 激发使命感

上述创业故事揭示了一个事实：尽管使命是推动企业发展的强大引擎，但在企业起步阶段，团队成员可能并不依赖于共同的使命来相互支持，相反，短期目标能为暂时凝聚团队成员提供有效的助力。

小张和小李因应对各自生活中遇到的挑战而携手合作，他们共同的目标——挣更多的钱。在这一目标的激励下，他们共同努力，实现了业绩增长，促进了公司发展壮大。

在小张和小李合作的过程中，客户愿意为他们的产品买单，这显然说明他们为客户创造了价值，这与“使命即是以某种方式为特定客户创造价值”的定义相吻合。

然而，在这一过程中，他们是否真正体验到了使命感呢？这并不一定！只有当他们在为客户创造价值的同时，获得了客户的认可，并因此激发了内心的价值感和意义感时，他们才真正拥有了使命感。使命感是一种源自内心的体验，而非一种仅受金钱驱动的感觉。换句话说，使命感必须建立在积极主动、自驱自主的基础之上。

个体一旦体验到使命感，便具有了价值创造的持久动力。为了激发个体的使命感，许多公司会倡导员工要“积极主动”，具备“主人翁精神”，并以“今天的最佳表现是明天的最低要求”等准则来指导员工的行为。

除此之外，公司还可以通过打造一个平等、开放、坦诚和透明的企业文化环境来激发个体的积极主动性。以下是一些卓越企业的做法，供您参考借鉴。

第一，去除职级称呼或称谓。

在公司，如果员工有严格的等级观念，他们在上级主管面前，就会变得瞻前顾后、唯唯诺诺，根本谈不上积极主动和自主性。所以，很多公司会在企业内部去职级化，例如，禁止使用职级称呼，比如“某总”“某部长”或“老大”等，鼓励直呼其字，或者推行花名文化。

第二，打造平等开放的办公环境。

管理者拥有独立的办公室、独享资源特权，这种管理行为传递着职级文化，不利于员工平等意识的建立。因此，很多企业会采纳开放式的办公环境设计，无论是主管、经理还是总监，均无独立办公室，而是与团队成员一同工作。

第三,构建多渠道信息沟通机制。

不平等不仅因为职位权力上的差异,而且因为职位权力背后对重要信息的掌控不同。换句话说,信息在哪,权力就在哪。所以,公司想要营造平等的文化氛围,就要构建多元化的信息沟通渠道,确保信息在企业内部有效流通。特别是公司的重要决策信息,应该采用多渠道进行有效传达,例如,除正式的邮件通知之外,还可以通过公司内部的视频会议系统进行详细解释,并设置问答环节,以便及时回应员工的疑问。同时,利用企业内部论坛或社区,鼓励员工分享想法、提出建议。

总之,只有当员工感受到被尊重和平等,才会产生主人翁意识。只有当一个人真正拥有主人翁意识,他才会发自内心、积极主动地为客户创造价值,践行并强化其内心的使命感。

2. 围绕"客户"落地使命

使命主要是以客户为中心,回答三个问题:"我们的目标客户群体是谁?""客户的具体需求是什么?"以及"我们如何有效地满足这些需求?"因此,使命的落地就是要借助各种载体以及有效的策略,持续强化员工对客户的认知。

第一,借助使命故事传递客户价值。

找到能够承载使命的历史性事件,将其整理成感人的使命故事,这是传播使命最有效的方式之一。

使命故事主要源自三个方面：创始人的亲身经历，创始人旨在变革行业、产业乃至全球的宏伟梦想，以及时代赋予的、有利于为客户创造价值的机遇。

（1）使命源自创始人的亲身经历。例如，认养一头牛的使命是"为用户养好牛"。使命故事源自创始人徐晓波的真实经历。徐晓波在为儿子购买奶粉时，经历了长达 4 小时的海关问询，这一经历深深地刺痛了他。这激发了他要做出一杯放心好牛奶的决心，而优质牛奶的根源在于优良的奶牛。因此，他花费了 2 年时间，走访了 7 个国家的 136 个牧场，积累了丰富的经验，并创立了认养一头牛公司。公司将自己的使命定为："为用户养好牛。"

（2）使命源自创始人想要改变行业、产业乃至世界的雄伟理想。例如，三一集团的创始人梁稳根怀揣着改变中国工程机械行业在世界形象的梦想，确立了"品质改变世界"的使命。在这一使命的驱动下，自 1989 年成立以来，三一集团每年将销售收入的 5% 用于研发，致力于打造世界一流的产品，实现了发动机、控制器等核心零部件的自主可控，其专利申请及授权数量均突破万件，成为中国申请及授权专利最多的工程机械企业。三一的混凝土机械稳居世界领先品牌，挖掘机械在 2020 年首夺全球销量冠军等，通过高品质的产品和服务，逐步改变着中国产品在世界工程机械领域的形象，推动了整个行业的发展，并在全球市场上展现出强大的竞争力。

（3）使命源于时代赋予的、有利于客户价值创造的机遇。随着互联网的飞速发展，信息呈爆炸式增长，人们在获取、筛选和理解有用信息的过程中面临诸多困难。搜索引擎技术作为互联网时代的关键技术之一，为解决信息过载问题提供了可能。百度抓住这一技术发展机遇，以搜索引擎为核心业务，通过不断优化搜索算法和提升搜索技术，为用户快速、准确地提供所需信息，从而让用户在复杂的信息世界中更高效地获取知识和解决问题。在此基础上，百度也确立了公司的使命："用科技让复杂的世界更简单。"

第二，借助企业主题色和 logo 传递客户价值主张。

色彩是富有生命力的，它们各自承载着不同的含义。公司应当依据自身的业务属性和客户需求，挑选出最适宜的主题色彩，借以传递公司（客户）的价值主张。

阿里巴巴的主题色是橙色，它象征着温暖、亲切、快乐、健康以及勇敢，这正是阿里巴巴希望向 C 端消费者传达的情感体验。

叮咚买菜的主题色是绿色，它向客户传递出一种生机勃勃、充满希望与健康的信息，这种色彩特别适合医疗健康、食品和农牧业等行业。

海尔的主题色是蓝色，它向客户传递的是专业、可靠和理性的形象，强调的是产品的质量与专业技术，这种颜色非常适合研发和制造类企业。

Logo 或公司吉祥物，作为企业形象的虚拟代言人，是传递客户价值主张的重要载体。

以阿里巴巴的 logo（见图 3－2）为例：

图 3－2　阿里巴巴的公司 logo

首先，阿里巴巴的 logo 是字母"a"的含义。在阿里巴巴的英文名"alibaba"中，"a"是开始，也是结束，象征着阿里巴巴能够有始有终。这体现了企业对于自身发展的一种坚定信念和追求，即无论经历怎样的过程，都要保持初心，将事业持续不断地推进下去。在西方文化中，"a"代表着第一、优秀和卓越。这反映出阿里巴巴的目标是成为行业的领军者，不断追求卓越，为用户提供优质的产品和服务。

其次，阿里巴巴的 logo 是"笑脸形象"的图形含义。从图形上看，logo 整体是一个笑脸的模样。这代表着积极、乐观的态度。一方面，寓意着阿里巴巴希望员工能够快乐工作，以积极的心态面对工作中的挑战；另一方面，也表示要以微笑服务的理念对待客户，让客户在使用阿里巴巴的产品和服务时能感受到愉悦和满意。

最后，阿里巴巴的 logo 是@符号象征。这个笑脸同时看起来像是一个"@"的符号。"@"在互联网中是常用的符号，代表着网络、连接。这体现了阿里巴巴作为一家互联网公司的属性，强调了其在网络世界中的重要地位和连接买卖双方、商家与消费者的桥梁作用。

综上所述，颜色与 logo 是直接反映客户价值的媒介，我们必须依据我们的业务特性以及客户的价值主张来挑选和设计最符合我们需求的主题色、logo 或吉祥物。

第三，借助对员工仪表仪容仪态的期待来传递客户需求。

公司对员工仪表、仪容和仪态的期待应与所服务的客户属性相一致。

通常，专注于服务 B(business)端客户的企业，对员工的着装要求是职业化的装束。这种职业化的着装不仅彰显了个人及企业的专业形象，也满足了 B 端客户对专业性和可靠性的需求。

相比之下，服务于 C(consumer)端消费者的企业，对员工的着装要求较为宽松，只要不是奇装异服就可以。这种自然的着装规范是与 C 端消费者的特性相匹配的。因为只有员工舒服，员工才能以更加舒服的方式对待消费者。

总之，建立共同的使命认知，营造有使命感的组织氛围，并利用各种载体不断强化员工对客户价值的认知和理解，是公司践行使命的关键策略。

三、愿景

愿景是公司发展的长远目标，它描绘了一个既具前瞻性又具激励性的理想发展蓝图。

至于这个蓝图是定位于 10 年后的未来，还是 15 年后的未来，抑或是仅仅 5 年后的未来，这取决于多个关键因素。

首先，愿景展现对技术发展趋势的判断。

以阿里巴巴为例，在 1998 ~ 1999 年，互联网初露锋芒，网站成为最早出现的社会产品。因此，2001 年，阿里巴巴的愿景是“成为世界十大网站之一”，这在当时的技术背景下是切实可行的。

然而，随着技术的飞速发展，原有愿景已经实现。在新的大数据技术背景下，2010 年阿里巴巴的愿景转变为“成为共享数据的第一平台”。总的来说，对技术发展趋势的判断决定了愿景可以想象的空间。

其次，愿景的设定，基于对组织现状能力的分析。

在设定愿景时，公司必须对自身的组织能力有清晰的认识与判断。理想与现实之间需保持平衡，若愿景过于遥不可及，员工可能会将其视为幻想，而非真正的理想。

最后，公司愿景的设定受高层的视野、格局与野心的影响。

公司愿景的设定常常取决于领导者的视野、格局与野心。高层的认知水平往往决定了企业发展的上限。例如，阿里巴巴选择互联网领域，主要源于马云的国际视野。他在出国考察后洞察到商机，迅速抓住机会，将其转化为一系列可实现的长期愿景和短期战略目标，最终成就了今天的阿里巴巴。

愿景，对员工而言，应该具有显著的激励作用。因此，公司在设立愿景时，愿景的表述不能过于简化、抽象或空洞。

一个好的愿景表述需满足以下三个关键特点：

1. 愿景必须具备前瞻性和预见性。

它代表了公司能够预见的未来景象和潜在可能性，因此，愿景中应融入具有前瞻性和预测性的元素。

2. 愿景表述可以激发画面感。

愿景的描述应能激发员工在心中形成关于愿景的生动画面。使用带有情感色彩的形容词和具体数字可以增强这种画面感。

例如,阿里巴巴在其最新愿景中提出:“阿里巴巴不追求大,不追求强,追求成为一家活 102 年的好公司,到 2036 年,服务 20 亿消费者,创造 1 亿就业机会,帮助 1000 万家中小企业盈利。”这里的“好”是一个饱含正面意义的形容词,意味着为客户创造价值、让员工感到满意、为股东带来利润。只有当客户、员工和股东都认同这家公司是“好”的,它才能真正称得上是“好”。这样的“好”能够激发人们内心深处美好的憧憬。而“102 年”“20 亿”“1 亿”等具体的数字,则让这个长期目标变得更加具体和清晰。

3. 保持适度的挑战性。

愿景作为长期目标,必须具备挑战性,但同时也不应过于遥不可及。在制定愿景时,应考虑公司现状,确保挑战性和可行性并存。

使命是企业存在的价值和意义,是企业不变的信仰,而愿景则可以随着企业的成长与时代的变迁而不断更新。例如,阿里巴巴的使命——让天下没有难做的生意,始终没有发生变化,但是公司的愿景(见图 3－3)经历了多次演变。

使命	让天下没有难做的生意
愿景	· V1-2001：企业要活80年，成为世界十大网站之一 · V2-2005：成为全球最大电子商务服务提供商 · V3-2010：分享数据的第一平台 · V4-2014：构建未来的商务生态系统（经济体的概念） · 最新的愿景： 活102年：阿里巴巴不追求大，不追求强，追求成为一家活102年的好公司，到2036年，服务20亿消费者，创造1亿就业机会，帮助1000万家中小企业盈利

图 3－3　阿里巴巴愿景的发展变化

四、价值观

价值观是指个人或群体对什么是有价值的、什么是值得追求的基本信念和判断标准。

故事中的小张和小李之所以选择创业，是因为他们共同相信“创业比打工挣得多”。这一信念不仅成为他们共同的价值观，也成为他们最初走到一起的重要原因。

随着公司的发展，产品逐渐成熟，业务不断扩大，两人在认知上开始出现分歧。小李认为，独家代理受客户限制，缺乏足够的空间进行产品迭代和升级。更关键的是，这可能使他们与消费者的距离越来越远，无法真正解决消费者的问题。而且，从长远来看，这会对公司的发展造成不利影响。

而小张则认为，开公司的根本目的是挣钱，抓住更好的机会快速回笼资金才是最重要的。这种认知差异最终导致了两人的分道扬镳，彼此之间的距离越来越远。

在财富积累的早期阶段，重视短期利益无可厚非，而且是应该的。然而，随着企业的发展，创始人必须提升认知水平，具备“长远的眼光和更高的格局”。

所谓“长远的眼光和更高的格局”，就是要站在更宽、更深和更高的维度看问题，要具备全局性和系统性的视角。有这种认知高度的人，不再仅仅关注单一要素，而会深入洞察要素间的内在联系。能凭借对事物变化规律及人性规律的深刻洞察，作出长期的预测和分析，从而可以超越短期利益的局限，作出更具格局和胸怀的战略决策。

在企业管理中，我们常说，要寻找“志同道合”之人。这里的“志同”指的是共同的志向和事业，是企业的使命。而这里的“道合”，指的是在“道”的层面同频，而“道”指的是事物及人性发展变化的规律。在“道”的指导下，我们会表现出更多爱、利他和长期主义的行为。而这也成为指导公司长期发展的价值观标准。

以“道”为指引的价值观，最核心的外在行为表现是爱、利他和长期主义。在此基础上，又生发出很多不同的表现形式。例如，“爱”和“利他”可以表现为“客户第一”“员工至上”“尊重个体”“以人为本”等；“长期主义”可以表现为“创新”“拥抱变化”“价值至上”“艰苦奋斗”等。

对企业来说，我们可以依据员工在职场中需要处理的五种关系来定义价值观。这五种关系包括与客户的关系、与上级的关系、与同事的关系、与下属的关系，以及与自身的关系。

例如，与客户的关系可以表述为"客户第一""客户至上"等；与上级的关系，可以表述为"坦诚"和"真实"；与同级的关系，可以表述为"合作"、"信任"和"共赢"等；与下属的关系，可以表述为"信任"和"耐心"等；而与自己的关系，落脚点在激发个体内在的力量，可以表述为"今天最好的表现是明天最低的要求""自我驱动""积极主动""内省"等。

本书只是提供一种思考的逻辑框架和参考方向，企业在构建价值观时，并非一定要按照以上五种关系做表述，只要不偏离"爱、利他和长期主义"的核心价值观，表述方式可以因企业而异。

价值观的落地是要借助各种策略和方法，引导员工逐步提高认知，在"道"的层面，顶峰相见。在价值观的落地上，我们提供四种策略供参考：

第一，通过价值观共创来统一认知；

第二，通过改变行为来牵引认知；

第三，通过持续影响和反复强化来塑造认知；

第四，通过触动人心来改变认知。

接下来，我们将详细探讨上述四种策略。

（一）通过价值观共创来统一认知

人们并非不愿意改变，而是不愿意被他人改变。因此，若要改变员工的认知，关键在于让员工觉得改变是他自己的决定，而非外界的强求。换言之，我们不应自上而下地灌输价值观，而应鼓励员工参与价值观的共创。

价值观共创需要经过以下六个阶段：

第一阶段：价值观共创前的准备。

在价值观共创前，准备阶段主要做两件事，分别是组建共创团队和收集背景信息。

价值观共创的团队，应该包括企业高层领导、各部门代表（涵盖不同层级和岗位）、长期员工和新员工代表等。高层领导能够提供战略视角和决策支持；各部门代表能反映不同工作场景下的需求和观点；新老员工结合可以兼顾企业的历史文化和新鲜理念。

在准备阶段需要收集的背景信息包括企业的历史、战略和文化。我们需要了解企业是如何创立的，过去经历了哪些重大事件，目前的战略目标是什么，现有的文化特点有哪些？

除此之外，我们还可以收集一些竞争对手的价值观信息和行业最佳实践做参考。例如，许多互联网公司都会选择“客户第一”和“创新”作为核心价值观。

另外，我们还可以通过问卷调查、内部访谈等方式收集员工对企业价值观的初步想法和期望。例如，设计一份包含开放性问题的问卷，如“您认为企业最应该坚持的三个理念是什么？”来收集员工的宝贵意见。

第二阶段：使命、愿景驱动下的价值观讨论。

团队成员要深入理解公司的使命和愿景，尤其是愿景，共同构想企业未来的发展蓝图。

接下来，团队要一起探讨："哪些价值观能够驱动企业实现愿景？"例如，一家新能源汽车企业的愿景是"成为全球领先的新能源汽车解决方案提供商，推动可持续交通发展"。对于这个愿景，可能需要通过"创新"来推动技术进步；通过"环保"来契合可持续发展理念；通过"客户至上"来满足市场需求。

除此之外，价值观的共创还需要参考企业的战略目标和业务重点，找出与之紧密相关的价值观。如企业战略重点是拓展国际市场，那么"全球视野""跨文化合作"等有可能成为公司的价值观选择。

第三阶段：价值观头脑风暴。

组织价值观共创会议，团队成员围绕价值观进行头脑风暴，鼓励大家提出尽可能多的价值观。

为了确保每个人都能参与进来，且讨论更加高效，我们可以将团队划分为若干小组，每个小组专注于一个特定的价值观主题进行深入讨论。在分享成果时，每个小组都要提供具体的案例，阐述他们为何选择该价值观。

在这个过程中，一定要安排专人负责记录所有提出的价值观提案，确保每个想法都被记录下来。之后，对记录下来的价值观提案进行初步整理，去除重复的内容，将相似的价值观进行归类，形成一个价值观提案清单。

第四阶段：价值观的筛选与评估。

企业要参照一定的标准对价值观进行筛选和评估。这些标准包括与企业愿景和战略的契合度、对员工行为的引导性、是否符合社会道德和法律要求等。我们可以通过设置权重,区分每条标准的重要程度。例如,对于价值观与企业愿景和战略的契合度这一标准,可以设定较高的权重,因为价值观需要为企业的长期目标服务。

参考以上的筛选标准和权重,对价值观提案清单进行逐一评估。可以采用打分(1～10分)的方式,给每个提案进行打分,根据得分情况进行筛选。

经过评估和筛选后,确定一个初步的价值观清单。这个清单中的价值观数量应该相对合理,避免过多或过少。一般来说,企业价值观表述中可以有3～7个核心价值观。

第五阶段:价值观沟通与共识。

将初步筛选出的价值观提案同全体员工进行沟通,例如,召开全体员工大会,详细介绍每个价值观提案的含义、来源和重要性。

同时,提供反馈渠道,例如,以投票、小组讨论等方式鼓励员工对价值观提案提出意见和建议,这样可以让员工有参与感,有利于价值观的落地。

最后,根据员工的反馈,对价值观提案进行必要的调整和完善。

第六阶段:价值观的落地和强化。

把确定的价值观融入企业的各项管理制度中,如在招聘制度上,招聘与企业价值观相符的人才;在绩效考核制度上,对员工的价值观进行考核等。

（二）通过改变行为来牵引认知

心理学研究表明，如果想要改变一个人的认知，就从改变行为开始。当行为发生改变，与行为相一致的认知也会慢慢建立。因此，想要提升员工的价值观认知，就需要首先明确价值观行为表现。引导和强化符合价值观要求的行为，慢慢地就能提升员工的价值观认知。

价值观行为的描述要遵循"动词 + 宾语（从句）"的表达结构。不仅如此，在每条价值观词条下，要明确阐释践行这一价值观的价值和意义。这里的价值和意义包括对个人的价值和意义、对客户的价值和意义以及对组织的价值和意义。

在每条价值观下面，如果能辅以案例对价值观的实施加以阐释，效果更佳。案例应包含具体情境、所面临的任务、采取的行动以及最终的成果。借助案例，向员工展示价值观的践行。

价值观要能被员工所记住，才能被执行。因此，为了便于记忆，我们可以采用具有内在逻辑结构的模型来展现价值观。例如，阿里巴巴的价值观采用稳定的三角形模型（见图 3－4）。

在阿里巴巴的价值观模型中，客户、员工和股东是天，位于三角形的顶端。这条价值观向员工传递的信息是，当我们面临选择，不知道如何决策时，指导我们决策的原则是"客户第一、员工第二、股东第三"。这条价值观彰显了阿里巴巴利他和长期主义的精神。

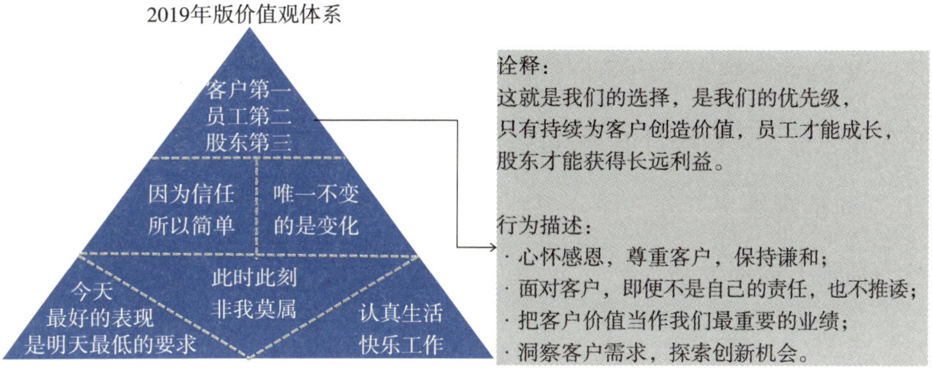

图 3－4　阿里巴巴六脉神剑

模型的中间位置，用以指导员工如何处理自己与外部环境之间的关系以及如何处理与同事之间的关系。在与外部环境关系的处理上，要承认变化、拥抱变化。而在处理与同事之间的关系时，强调信任的重要性，“因为信任，所以简单”。

员工是根，是公司运行的基础，所以，处于模型最底端。只有积极主动、有责任心的员工才能最终迸发出使命感；只有对自己有要求，凡事内求、自驱的员工才能真正成长；只有热爱生活的人，才会热爱工作。因此，阿里巴巴在个人成长上的价值观期待有：(1)“此时此刻，非我莫属”——强调积极主动、责任和担当；(2)“今天最好的表现是明天最低的要求”——强调自驱，自我成长；(3)“认真生活、快乐工作”——强调生活和工作的平衡，工作只是一阵子，生活才是一辈子。

行为可以被改变。公司可以借助价值观考核、奖惩机制等方式直接对行为施加影响，从而引导和强化公司需要的价值观行为，遏制不符合价值观要求的行为展现。

以 2009 年阿里巴巴的价值观考核（见表 3－1）为例。2009 年的价值观体系包括 5 条核心价值观，每条价值观下设 4 个行为项，共 20 项，每项 1 分，对价值观逐一打分。评分规则为：做到 1 分，未做到 0 分，对于做到的行为需附上案例说明。

表 3－1　阿里巴巴的价值观考核

档位	总得分	含义
A	16～20 分	表现优秀，是值得阿里人学习和追求的榜样
B	10～15 分	符合价值观的基本要求，是合格的阿里人
C	0～9 分	和阿里巴巴的价值观的行为要求有明显的差距，需要有明确的改进计划； 出现违纪违规，无论总得分多少，主管可以根据与价值观的相关性直接定为 C 档

在价值观打分时，应遵循以下三个原则：

◇一致性：周围的人对其价值观表现的评价应保持一致，确保其表现具有公信力。

◇一惯性：此类行为不是偶然事件，而是经常表现出与价值观相符的行为。

◇显著性：这些行为应带来积极正向的重大影响。

最后，将价值观评估的总分换算为 ABC 三个档位。主管需详细说明评价，包括表现优秀的方面和需要改进的地方。

按照评估分数，最终划分为不同的价值观层级。

价值观考核是一种短期有效的策略，但在特定情境下，我们建议采用引导而非考核的方法：

情景一：企业处于起步阶段，尚未确立一个令人信服的商业模式，或者缺乏关键事件来支撑价值观的可信度时，建议不要实施考核。

情景二：在企业快速扩张期，企业迫切需要迅速占领市场，这个时候进行价值观考核，容易扰乱军心。此时，最好的方式是从成功战役中萃取价值观案例故事，用案例故事进行价值观引导。

情景三：在团队不稳，人才储备不足的情况下，相较于大规模推行价值观考核，不如专注于管理干部领导力的提升。通过管理干部激活员工的潜力，进而提升员工认知。

（三）通过持续影响和反复强化来塑造认知

想要员工形成新的认知并展现新的行为，应确保这些新认知和行为时刻出现在员工的视野和听觉范围内。

为此，我们可以建设企业文化墙，开展价值观标杆人物的访谈，编撰《价值观指导手册》以及《价值观践行 100 问》等类似宣传素材，并在企业大力宣传。

此外，组织价值观培训。公司所有管理人员，包括 HRBP 都应该承担价值观布道的责任，不遗余力地向员工传递公司的使命、愿景和价值观，直至员工能够对公司的价值观文化倒背如流。

（四）通过触动人心来改变认知

能保证公司长久发展的价值观符合“道”的规律，核心的外在表现是“爱”“利他”以及“长期主义”。这些美好的价值观需要借助美好的载体，润物细无声地渗入员工内心。

这些美好的载体可以是一个故事，也可以是一个充满爱的仪式感。

1. 借助“故事”滋养认知

尤瓦尔·赫拉利在《人类简史》中指出，人类与动物之间最根本的区别在于我们拥有强大的想象力和叙述故事的能力。正是这种能力，使我们能够通过共同信仰的故事实现大规模合作，从而建立复杂的社会结构。例如，尽管我们来自全国各地，但从小耳濡目染的民族英雄和抗日战争的故事，塑造了我们共同的民族信仰和责任感。这种坚定的理想信念与深沉的家国责任感，凝聚成全国人民一致的爱国实践。

对企业来说，讲述“爱”“利他”以及“长期主义”的故事，同样能有效地激活员工内心对爱的渴望，塑造利他和长期主义的行为习惯，最终用这些价值观理念将大家凝聚在一起。

那么，我要如何讲好一个价值观故事呢？

首先，明确要传达的价值观。“爱”“利他”和“长期主义”属于核心价值观。在核心价值观的原则之下，每家企业都会有各自独特表达方式，例如善良、宽容、创新、勇敢和责任等。因此，在策划价值观故事之前，首要任务是明确公司想要传达的价值观是什么。

其次，选择真实的故事素材。价值观是一种信念。只有当事人相信的事物，才能被称为价值观。因此，公司必须挑选真实的素材来讲价值观故事。这些素材可以来自关键战役、创始人的创业经历、客户服务故事和员工故事。总之，真实就好！

最后，构建完整的故事结构。一个好故事要包括以下内容：

背景介绍：故事发生的背景。

问题与冲突：发生了哪些事件，挑战是什么？必须面对的严重后果是什么？面对这些挑战，我们有哪些选择，各自的利弊又是什么？注意，选择的冲突是必不可少的，否则无法体现我们的价值观选择。

策略与行动：我们最终做出了什么选择？采取了哪些措施来解决问题？

影响与价值：最终结果如何？它带来了哪些影响？故事中的角色能够解决问题，是因为他坚持了什么原则，又放弃了什么？

以海尔砸冰箱的故事为例，展现完整的故事结构如何构建。

背景介绍：1985 年，海尔引进了先进的生产设备，但在生产过程中仍出现了部分质量问题。当时海尔内部存在一种错误观念，认为好冰箱应该卖给外国人，质量稍差的冰箱可以卖给中国人。这种观念导致对产品质量的把控有所松懈。

问题和冲突：张瑞敏得知有用户反映海尔工厂生产的冰箱存在质量问题后，突击检查了仓库，结果发现竟有 76 台冰箱质量不合格。对于这 76 台不合格冰箱的处理，厂里的一些干部提出建议，把这些冰箱作为福利处理给本厂的员工。毕竟在那个物资紧缺的年代，别说正品，就是次品也要凭票购买，很多工人也愿意接受质量差一点的冰箱。

策略和行动：张瑞敏坚决反对这种做法，他认为如果放行这批产品，就无法让员工树立起质量意识。于是，他决定开一个全体员工大会，将 76 台冰箱当众全部砸掉，并且要求生产这些冰箱的员工亲自来砸。

影响与价值：这一砸，彻底砸醒了海尔人的质量意识。从此，海尔再没有人敢拿产品质量开玩笑。张瑞敏决定砸冰箱的故事，向员工和社会传递了海尔对产品质量的高度重视和追求卓越的决心。

将故事编写得引人入胜，并制作成宣传手册供员工学习，这是故事应用的场景之一。然而，我们更需要各级管理干部能够讲好价值观故事。

"讲"故事与"写"故事在展现方式上存在差异，讲故事的逻辑结构如下：

背景介绍：首先，介绍故事发生的背景，通常这是一个宁静祥和的场景，或者是大家都能普遍接受的情境。

关键事件：接着，讲述一个与这个背景形成鲜明对比的事件。这个事件的出现打破了我们习以为常的惯性思维，这种强烈的反差能够极大地激发听众的好奇心。

事件阐述：当听众的好奇心被充分调动之后，说明我们是如何应对这个事件的。

影响与价值：最后，探讨我们的行为所产生的影响以及这些行为所体现的价值观选择。

还是以“海尔砸冰箱”的故事为例，如果按照以上逻辑讲故事，听故事的人可能感触不深，所以，我们可以用“讲故事”的逻辑重构这个故事：

背景介绍：1985 年时，市场上冰箱的供给远远不够，简直可以说是供不应求，想买冰箱那都得用冰箱券，而冰箱券可谓一券难求。

关键事件：但是，海尔张瑞敏决定将 76 台冰箱当众全部砸掉，这到底是为什么呢？

事件阐述：这是因为张瑞敏得知有用户反映海尔工厂生产的冰箱存在质量问题，于是突击检查了仓库，结果发现竟有 76 台冰箱质量不合格。对于这 76 台不合格冰箱的处理，厂里的一些干部提出建议，把这些冰箱作为福利处理给本厂的员工。毕竟在那个物资紧缺的年代，别说正品，就是次品也要凭票购买，很多工人也愿意接受质量差一点的冰箱。但是张瑞敏坚决反对这种做法，他认为如果放行这批产品，就无法树立起员工的质量意识。于是，他决定开一个全体员工大会，将 76 台冰箱当众全部砸掉，并且要求生产这些冰箱的员工亲自来砸。

影响与价值：海尔砸冰箱事件就是要强调产品质量意识，希望每个人都保持一颗追求卓越的决心。这次事件之后，彻底砸醒了海尔人的质量意识。自那以后，海尔的员工再也没有人敢对产品质量掉以轻心。

除了故事能够触动人心，那些充满仪式感的时刻同样会让人难以忘怀。

2. 借助“仪式感”滋养认知

《小王子》一书曾写道：“仪式感可以使某一天与其他日子不同，使某一个时刻与其他时刻不同。”仪式感是人们表达内心情感，特别是表达“爱”的最有效的方式。

接下来，我们将通过阿里巴巴最具代表性的仪式活动——“年陈文化”（见图 3－5）来具体阐释这一点。

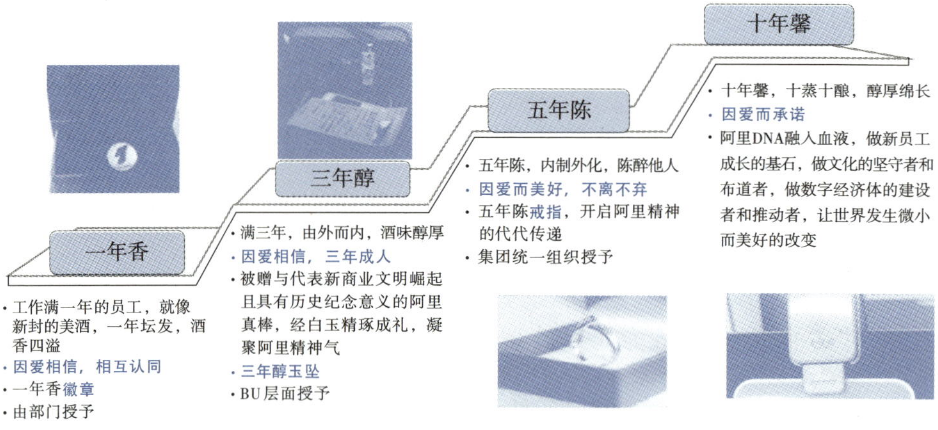

图 3－5　阿里巴巴的“年陈文化”

阿里巴巴的“年陈文化”是依据员工在公司的服务年限，划分为“一年香、三年醇、五年陈、十年馨”四个具有深厚仪式感的纪念日。

一年香：因“爱”相信，相互认同。对于工作满一年的员工来说，他们就像新封的美酒，开始悄悄散发属于自己的芬芳。这时候公司会给员工颁发一枚笑脸徽章。这代表员工经过一年的时间，已经初步融入了阿里巴巴，认同了公司的文化，并且愿意带着微笑面对未来在公司的日子。

三年醇：因“爱”相信，三年成人。工作满三年的员工纪念日被称为“三年醇”。经过三年的沉淀，员工对公司的文化有了更深的理解和认同，如同三年酿的酒般醇厚。工作满三年的员工，温润如玉，光芒凛然于内，心中一片敞亮。这时公司会给员工颁发一个汉白玉雕琢而成的吊坠。这个吊坠的形状类似于阿里十周年过江接力的“阿里真棒”，它凝聚着阿里人的精气神，是对阿里精神的一种传承。

五年陈：因“爱”而美好，不离不弃。员工工作满五年，就如同订了婚一样，与公司相互之间有了更深的认同。公司会为员工定制一枚带有员工自己名字的戒指。这枚戒指象征着员工在阿里巴巴的成长和收获，也代表着公司对员工的认可和信任。除了戒指，工作满五年的员工还会有一场访谈和一场活动。工作满五年的员工被视作能够真正代表阿里巴巴精神的群体，他们有资格成为新员工的导师，将自己的经验和精神传授给新人。

十年馨：因“爱”而承诺。对于在公司工作满十年的员工，他们的工牌会被换成金黄色的，代表着因爱而承诺。这十年间，他们见证了公司的发展、变革，与公司共同经历了风雨，对公司有着深厚的感情和高度的忠诚。这种忠诚不仅体现在持续为公司服务上，还表现在对公司价值观的坚守和传承上。

阿里巴巴通过这种充满仪式感的“年陈文化”，不仅增强了员工的归属感和忠诚度，还向员工传递了满满的爱和力量。

只有内心充满爱与力量的员工，才能以这份爱与力量去帮助他人，服务客户。

五、小节

使命，探讨了公司存在的价值和意义。如果一家公司没有使命，缺少为特定客户创造价值的坚定初心，那么，业务方向可能会摇摆不定。

愿景，勾勒出公司发展的宏伟蓝图，为公司确立了一个长期追求的目标。

价值观，代表了一种更高的认知和格局，能保证企业的长久发展。如果公司没有以“爱”“利他”和“长期主义”为指导的价值观，便很容易被短期利益所吸引，很难获得长期发展。

这三个概念是组织提效的关键。这是因为，使命以客户价值为中心，决定了方向的正确性；愿景以长期目标为核心，展现了激动人心的发展蓝图；价值观以公司长期发展为目标，指导我们在战略选择时、在公司重大事项决策时，有所为，有所不为。

总之，这三个概念合在一起能帮助企业作出正确的战略选择，规避战略决策上的失误。最终保证企业在正确的方向上，以正确的方式高质量前行。

第四章 提升团队效能

在《高绩效团队应该这样带》一书中，马库斯·白金汉分享了他参与的一项全球性劳动人口研究，该研究的目的是深入了解员工真正关切的问题，并探索哪些因素能有效激发员工全身心投入工作。

研究结果表明，员工是否感到自己是团队的一部分，对其工作投入度有着决定性的影响。具体来说，那些认同自己为团队一员的员工，其工作投入度是不认同自己为团队一员的3.3倍。

在对思科公司的调研中，他们发现，当团队业绩从良好转为不佳时，团队成员的离职倾向会显著增加45%。这一发现说明，员工离职的主要原因并非来自公司，而是来自团队。

换句话说，如果你就职于一个普通公司中的优秀团队，你可能会选择长期任职；反之，如果你身处优秀公司中糟糕的团队，你可能会选择离开。

总之，与那些高高在上、难以触及的高层领导相比，身边的同事和所在的团队往往对员工产生更为直接且深远的影响。因此，HRBP 协助业务伙伴打造高效合作的团队，显得尤为重要。

第一节　阻碍团队高效合作的因素及解决策略

帕特里克·兰西奥尼在其著作《团队协作的五大障碍》中明确阐述了阻碍团队成员高效协作的五大核心因素，它们分别是：信任的缺失、对冲突的畏惧、共识的缺乏、对责任的逃避以及对结果的漠视。

围绕上述影响团队协作的五大核心要素，HRBP 可以从以下五个方面入手，协助业务伙伴打造一支高效团队：

1. 个人需求基础上的团队文化建设：从个人需求出发，确立共同的团队使命、愿景和价值观，打造团队文化。

2. 同一业务流程下的利益绑定：梳理并优化业务流程，确保目标相互关联。设置利益绑定机制，激发个人对他人以及团队结果的关注。

3. 以信任关系建立为目标的团队建设活动：创造机会增进成员间的亲密感，促进信任关系的形成。

4. 以强化良好关系为目的的冲突解决：矛盾和冲突本身并不可怕，关键在于我们如何正确处理它们。

5. 以心智升级为核心的关键时刻：HRBP 需要抓住每次团队成员“在一起”的机会，潜移默化地影响团队成员心智的提升。

接下来，我们将对以上五个方面进行详细论述。

第二节 个人需求基础上的团队文化建设

团队文化对成员的影响与公司文化对全体员工的影响同等重要。因此,HRBP 应协助业务伙伴打造团队独特的文化,包括团队的使命、愿景和价值观。

团队的使命定义了团队存在的价值和意义。它需要明确团队主要的服务对象(客户)是谁?服务对象对我们的期待是什么?团队的能力有哪些?我们需要用哪些能力为客户创造价值?

团队的愿景则是团队成员对于团队应该展现出的美好样子的憧憬。

团队的价值观则代表了团队成员共同认同的行为规范和准则,它指明了团队成员需要做什么以及不能做什么。

为了打造团队文化,HRBP 可以协助业务伙伴组织一次轻松愉快的团队研讨会,争取在团队的使命、愿景和价值观方面达成共识。

以下是组织研讨会的具体操作步骤(见图 4 - 1)。

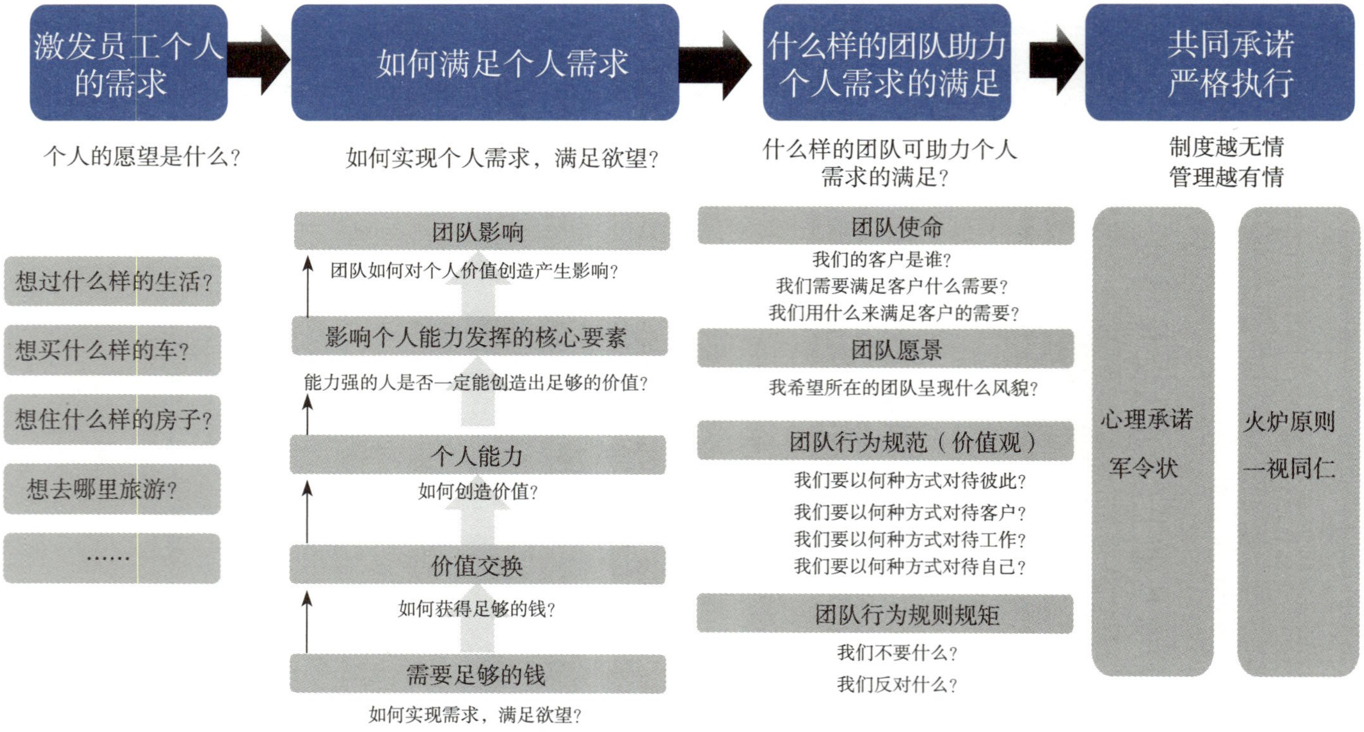

图 4－1　团队文化研讨会流程

第一步:激发员工个人的需求。

世人皆关心自己的需求和利益。因此,研讨会要从激发个人的欲望开启。

我们可以邀请参与者分享他们的人生梦想。例如,他们渴望过上什么样的生活?他们希望开什么样的车?他们希望住上什么样的房子?

这些愿望越具体越好。愿望越具体,对个人的驱动性越强。

第二步:讨论如何满足个人需求。

个人欲望的满足往往需要金钱的支持,可以引导进一步大家讨论如下问题:

- 个人如何才能赚取更多的金钱呢?答案是:获得金钱的关键在于个人要创造价值。
- 如何才能创造价值呢?答案是:价值的创造源于个人的能力。
- 一个能力出众的人就一定能创造价值吗?答案是:不一定,因为在职场,个人能力的发挥受团队环境的影响。
- 怎样的团队环境才会助力个人创造更大的价值,满足自身的需求呢?

第三步:讨论什么样的团队才能助力个人需求的满足。

团队必须要有共同目标,否则便不是团队,而只是群体。为此,我们可以从团队共同的目标展开讨论。

可以让每个人在 A4 纸上写出他们认为的团队目标。根据这些年引导客户共创文化的经验判断，每个人对团队目标的认知是不一样的。正因如此，我们可以借此机会拉齐大家对共同目标的认知。

在团队目标上，我们可以围绕以下问题展开讨论：

- 在整个业务流程中，我们团队的定位和价值是什么？
- 我们的客户是谁？客户更需要我们提供什么价值？
- 我们是靠什么能力或技术来满足客户需求的？

在目标清晰的情况下，引导大家思考："大家最喜欢什么样的团队"或者"什么样的团队对大家来说更有吸引力？"这个时候，可以邀请每个人写出 3 ~ 5 个关键词。这是在想象团队未来的样子，共启团队愿景。

当大家就团队愿景达成共识之后，接下来要就团队价值观达成共识，明确团队的行为规范和准则。

- 想要让我们的团队展现出愿景中的积极风貌，我们要以何种方式对待彼此？
- 我们要以何种方式对待客户？
- 我们要以何种方式对待工作？
- 我们要以何种方式对待自己？
- 如果有一天，我们团队不再展现这些积极的风貌，大家觉得最可能的原因是什么？为此，我们应该规避哪些行为表现？

第四步:共同承诺,严格执行。

对于达成共识的行为规范和准则,每个人都要做出郑重的承诺,且在违反规则时自愿接受相应的惩罚。

在后续执行的过程中,应秉持公正无私的原则,任何违反规则者,均需承担相应的责任与后果。而且,对于违反规则的处置,要遵循及时性的原则,坚决杜绝“秋后算账”这种拖泥带水、易生变数的处理方式。唯有如此,才能让规则真正具有威慑力,让成员不敢轻易逾越雷池。

总之,从员工的需求出发,构建团队文化。借助团队文化,助力价值创造,最终满足员工个人需求。一切始于员工,最终成就员工。只有这样的团队文化才能激发员工个人斗志,提升团队效能。

构建团队文化仅是打造高效团队的第一步,我们不仅需要在思想层面达成共识,激发斗志,更要在利益层面进行绑定,实现“利出一孔,力出一孔”。

第三节 同一业务流程下的利益绑定

HRBP 要协助业务伙伴，与团队成员共画一张业务流程图。通过共画一张业务流程图，每个人不仅可以看到自己在流程上的位置，也能看到自己和他人之间的关系。这对于团队协作是非常重要的。

不仅如此，HRBP 还要协助业务伙伴，在业务流程清晰，各关键环节输入和输出明确的情况下，设计成员之间关键绩效指标的互锁，实现利益绑定。

所谓指标互锁，即在为个人制定目标时，充分考量重要协作方的目标，使个人在追逐自身目标时兼顾协作方，使价值链各环节紧密衔接。

以华为的“前线铁三角”模式为例，在营销项目中设有三个关键角色：客户经理、产品经理和交付经理。

- 客户经理专注于实现销售目标和维护客户关系；
- 产品经理负责制定产品方案、推广产品以及提供技术解答；
- 交付经理则主要关注用户体验、确保产品顺利交付以及后续的安装和售后服务。

在设定这三个角色的目标时，交付经理要对客户满意度负责，同样，也应将客户满意度纳入对客户经理的考核范围。如果对客户经理，仅以销售业绩为考核标准，可能会导致客户经理过度承诺，给交付经理造成不必要的麻烦。但是，如果也考核客户经理的客户满意度，那么，他们在销售过程中会更加关注客户的实际感受。

此外，为了鼓励个体关注团队目标，个体绩效结果应与团队绩效相关联。当团队绩效表现优异时，个人绩效结果可以做上调；反之，即使个人绩效超额完成，也要做下调。

无论是以个人需求为出发点构建的团队文化，还是同一业务流程下的目标互锁，都是在需求和利益上试图将大家凝聚在一起，从而打造团队的战斗力。但是，团队成员之间的关系并不限于利益，还在于信任。

第四节 以信任关系建立为目标的团队建设活动

一、影响信任建立的因素

团队关系的质量在很大程度上取决于信任。一旦建立了充分的信任，即便是天大的事，也能大事化小，小事化了。相反，如果团队成员之间缺乏信任，原本的小事也可能演变成大事，无端增加团队内部的摩擦。

对于 HRBP 而言，在我们的职责范围内，如何帮助业务伙伴增强团队成员间的信任关系呢？

麦肯锡咨询公司曾经提出过一个信任公式：信任 =（可信度 × 可靠度 × 亲密度）÷ 自私度。

可信度主要是指一个人所具备的专业知识、技能和能力，让他人相信你在某个领域是可以信赖的权威。它是基于你的学历、工作经验、专业成就等因素建立起来的。

可靠度指的是一个人能够始终如一地履行承诺，按时、保质量地完成任务。这意味着，一个人的行为和决策是可以被预测的，这个人靠得住！

亲密度是指人与人之间的情感联系和融洽程度，包括相互理解、关心以及在情感上的共鸣。它是通过良好的沟通、共同的兴趣爱好以及积极的人际关系建立起来的。

自私度衡量的是一个人在考虑问题和采取行动时，是以自我利益为中心，还是会兼顾他人的利益。自我中心程度越低，越能考虑到他人的需求和感受，就越容易获得他人的信任。

可信度、可靠度和自私度主要与个人的成长和自我修为有关。在第六章中介绍的个人效能提升的方式方法，有利于提升个人的可信度和可靠度，增强利他意识。

亲密度与人际关系有关，HRBP 可以协助业务伙伴为团队创造"在一起"的机会，从而增进彼此之间的亲密度。

如何增进彼此之间的亲密度呢？我们先来看一个人际关系模型——"乔哈里沟通视窗"（见图 4－2）。

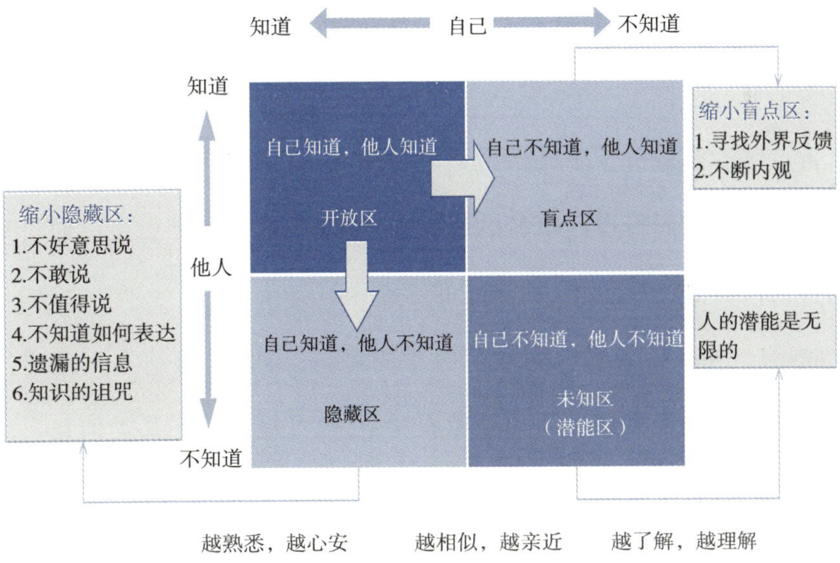

图 4－2　乔哈里沟通视窗

乔哈里沟通视窗是一种用于理解和改善人际沟通的模型，由美国心理学家约瑟夫·勒夫（Joseph Luft）和哈里·英格拉姆（Harry Ingram）在 20 世纪 50 年代提出。这个模型主要分为四个象限，每个象限分别代表自己和他人的信息状态。

开放区（open area）：开放区包含的是自己知道且他人也知道的信息。这些信息包括个人的基本资料，如姓名、职位、工作内容等，还包括在人际交往过程中主动透露的想法、感受、经历等。

在团队关系中，成员之间开放区越大，彼此就越了解，彼此之间的亲密度和信任度也更容易建立。

盲点区（blind area）：盲点区是自己不知道但他人知道的信息。这可能包括一些个人的行为习惯、说话方式或者性格特点等方面的信息。例如，你可能有一个不自觉的口头禅，但自己没有意识到，而周围的同事却很清楚。

盲点区的信息对于个人来说是隐藏的，但对他人却是可见的。我们可以通过他人对我们盲点区信息的反馈，更好地认识自己。也可以通过写日志的方式每日复盘反思，认知自己的盲点区。

隐藏区（hidden area）：隐藏区包含的是自己知道，但他人不知道的信息。这些信息既可能是个人的隐私或秘密，也可能是以下几类信息：

1. 不好意思说的信息：由于羞愧、忧虑、自卑等情感因素，个人难以表达的信息。例如，小张误会了小李，还对小李说了不该说的气话。事后小张很后悔，一直想向小李道歉，却始终没有勇气开口。

2. 不敢说的信息：这是指个体因恐惧或出于自我保护而认为不宜透露的信息。例如，在面对超出自己能力范围的任务时，员工可能担心被视为无能，而选择隐藏自己的困难，不和主管进行坦诚的沟通。

3. 不值得说的信息：例如，在客户组织的一次裸心会上，核心高层表示对公司未能按预期上市感到有些失望，想听听董事长怎么说，但董事长对此只字未提。董事长听后感到很意外，因为在董事长的认知里，上市并不重要，所以与上市相关的信息不值得重点去说。

4. 不知道如何表达的信息：表达是一种能力，当我们对自己的表达能力缺乏信心的时候，会选择沉默。例如，虽然内心深处非常关心朋友，却不知如何恰当地表达这份关心，最后选择了沉默。此时，你的关心就变成了只有自己知道的信息，而对方并不知道。

5. 遗漏的信息：在当今这个信息泛滥的时代，人们的注意力极易被分散，我们经常会遗漏一些重要的信息或忘记一些重要的沟通。由于信息未能及时传达，造成很多不必要的误会和麻烦。

6. 知识的诅咒：当一个人掌握了某些知识或技能后，便难以理解其他人因为缺乏这些知识而产生的困惑。在知识的诅咒下，我们常常误以为我们知道的信息，对方也应该知道，然而现实情况是，对方可能对此一无所知。这种现象严重影响了双方的沟通与交流。

上述信息都处于自己知道，而别人不知道的隐藏区。

HRBP 和业务伙伴要做的事情是找到更好的方式打开隐藏区，扩大开放区，增强团队成员之间的亲密度。

未知区(unknown area)：未知区是自己和他人都不知道的信息。这些信息可能包括个人潜在的能力或未被发掘的性格特点等。未知区是一个有待开发的领域，其中存在着无数的可能，所以也叫潜能区。这也提醒我们不要随便定义自己，也不要随便给他人贴标签。你相信你是谁，你就可能成为谁！

为增强团队成员之间的信任度，HRBP 和业务伙伴共同努力的方向是借助有效的管理方式，缩小彼此的隐藏区和盲点区，不断扩大开放区。这些有效的管理方式包括裸心会、吐槽会，以及基于共同兴趣爱好的团队活动。

二、裸心会

裸心会，顾名思义，是一场旨在让参与者敞开心扉、促进交流的聚会。其核心目的是通过营造一个心理安全的环境，帮助参与者卸下防备。在这样的氛围中，大家可以坦诚分享那些因种种原因而未曾表达的想法和人生故事，通过这样的坦诚交流与沟通，加深对彼此的理解，拉近彼此之间的关系。

例如，在一个团队中，团队成员对某位同事过于挑剔的行为感到不满。在一次裸心会中，大家了解到他曾经因为自己不够细心，操作失误而经历过一次安全生产事故，命悬一线。这段经历改变了他的做事风格，让他变得更加谨慎和细致。听了他的故事，团队成员对这位同事的挑剔多了几分宽容和理解。

想要借助裸心会达到预期的目的,需要对裸心会进行精心的设计。

(一)裸心会的设计

1. 裸心会会前的准备工作

在裸心会启动之前,建议向参与人员发送一些裸心会的相关资料,以便他们提前进行学习。

这些资料应涵盖:裸心会的定义、价值、裸心会的主题以及在裸心会期间应遵守的规则,例如,相互尊重、不打断他人发言,以及保密原则等。

2. 裸心会环境的布置

裸心会对环境的要求比较高。我们可以选择一个温馨、安全、光线柔和的环境,并且在其中添加一些温馨的装饰,如绿植、团队照片墙等。柔和的灯光能营造出放松的氛围;绿植可以增添生机;团队照片墙则可以唤起团队成员的共同记忆,增强归属感。

如果我们想要增强心理安全感,可以在显眼的位置张贴一些轻松有爱的标语,如“允许你成为自己”“在这里,没有批判,只有爱”等。

裸心会以舒服和放松为主,因此,我们可以选择舒适的座椅、沙发或软椅,尽量避免使用过于正式的会议桌椅。

在位置上,可以选择“围坐”的方式,大家围在一起,这样的位置安排不仅没有主次之分，还能正面看到彼此，更有利于开放的交流。

此外，音乐最抚慰人心。因此，我们可以选择一些轻松、恬静的音乐，帮助参与人员快速进入放松的状态。但是，如果裸心会的目的是分享成长故事，加深参与者对彼此的了解，我们可以选择一些略带忧伤的音乐。因为，人在忧伤的状态下，更愿意袒露心声，寻求来自他人的支持和温暖。

3. 时间的选择

尽量选择一个参与人员都能全身心投入的时间段，最好的时间是晚上。这是因为经过一天的紧张工作之后，人的防御心理会下降，人更容易进入放松状态。

裸心会的时长建议控制在 2 ~ 4 小时，这样既能保证有足够的时间进行深入交流，也能避免参与者过于疲劳。

（二）裸心会的引导和主持

选择一位能够胜任的主持人，对裸心会来说至关重要。主持人的主要职责有：

第一，营造安全氛围，鼓励积极发言。

为营造安全的氛围，在引导过程中，主持人需要不断强调并以实际行动展示裸心会对参与者无批判和尊重的原则。并且，在引导过程中，给予每个人充分的关注，鼓励成员积极发言，对他人的发言作出适当的反馈。

例如："你的经历非常有代表性，感谢你的分享。"

第二，觉察、处理和引导裸心会上出现的各种情绪。

1. 主持人要敏锐地觉察情绪信号。

主持人需具备敏锐的情绪觉察力，通过成员的言辞、面部表情、身体语言等细节，迅速捕捉到参与者的各种情绪。

在这一过程中，特别要关注那些不擅长表达的成员，他们可能不会直接表达自己的情绪，但通过非言语的线索，我们也能洞察他们的情绪状态。

2. 主持人要善于为有情绪的成员创造一个安全的情绪表达空间，且能深度共情。

当发现成员有负面情绪的时候，主持人要停下正在进行的环节，接纳成员的情绪，并鼓励他们放心表达，例如"我能感觉到你现在有些不好的情绪，这是很正常的，在这里你可以放心地表达出来"。

通过这样的引导，也是在向其他成员强调，在今天这个场景中，负面情绪是被允许和接纳的。

3. 主持人要善于做情感升华。

以竹辉曾经服务过的一家企业为例，该公司在经历一次重大的业务转型后，团队成员几乎全部更换，新旧交替之际，士气低落，团队凝聚力也显得格外脆弱。

在一次会议中，一位资深员工因触及内心深处的情感而动容，他回顾了公司成立以来的种种艰辛与不易，分享了自己亲身经历的感人瞬间。当回忆起那些刻骨铭心的时刻，他声音颤抖，眼含热泪，那一刻的情感流露真挚感人。我当时立刻对这位员工表示了深度共情，并做了情绪的升华引导。我表示此时的自己也被触动到，感受到了来自老员工对公司的那份沉甸甸的爱和期待。并对在座的其他人说道："我相信，在座的每一位成员都曾怀揣着同样的梦想加入这家企业，在与公司共同成长的过程中，我们一定有过不满、困惑，有过无数次想要放弃的念头，但最终我们选择留下来，这说明，我们都愿意与公司一同面对挑战。只要我们能够团结一心，就没有什么困难是我们无法克服的。"那次会议之后，整个团队仿佛被注入了新的血液。许多老员工纷纷表示，他们已经很久没有体验过当初创业时的那种激情和动力了。

总之，主持人在裸心会中应善于捕捉和放大积极情感，通过这样的方式，点燃团队的激情和战斗力。

第三，引导善念，激发力量。

曾经有学员向竹辉咨询，在他们组织的裸心会上，一位员工袒露自己不喜欢奶奶，甚至还并流露出对奶奶的敌意。听到这样的袒露之后，学员表示自己对这位员工产生了不好的印象。

学员的问题是："裸心会不是为了通过坦诚交流，拉近彼此之间的心理距离吗？类似这样的坦诚，并没有让我觉得关系拉近了，反而让我对这个员工产生了不好的评价，应该怎么办呢？"

上述问题出在主持人的引导上。世上没有无缘无故的爱，也没有无缘无故的恨。如果主持人在那时追问一句"为什么？"并邀请对方分享童年往事，也许大家能发现一个员工未曾向任何人诉说过的小时候的故事。在这个故事里，一定会有矛盾和冲突，而员工也许就是那个躲在角落里被矛盾和冲突伤害过的孩子。

如果主持人能够引导大家深入挖掘这些细节，就不会让参与者对分享者产生负面评价。相反，有效的引导会唤醒参与者的悲悯之心。

第四，积极分享，开放坦诚。

主持人作为裸心会的核心，首先自身要足够开放和坦诚，让自己成为这场心灵之旅的能量源泉。

在会议初期，当参与者尚未完全投入时，主持人可以通过积极的自我袒露来鼓励大家敞开心扉，积极参与。相较于简单的言语鼓励，这种身先士卒的做法更能有效地调动现场气氛。

同理，为了提升参与度和积极性，提前安排一两个“托儿”来引导现场氛围也是有必要的。

（三）裸心会的注意事项

裸心会能起到拉近关系的作用，但是并不是所有的裸心会都能起到同样的效果。如果，我们在开裸心会时，忽视以下内容，则可能收效甚微。

首先，精心设计的裸心会，其效果存在性别上的差异。精心准备的裸心会更适合女性偏多的团队，不太适合男性为主的团队。在男性成员较多的团队中，如果想要实现袒露心声，拉近关系的目的，与其选择精心设计的裸心会，不如带兄弟们出去喝个小酒，气氛一到，心自然就打开了。

其次，裸心会的效果很大程度上取决于团队的文化氛围。若团队文化较为严肃和拘谨，裸心会可能无法达到预期的效果。

最后，如果团队问题较多，急需解决，与其选择裸心会，不如选择吐槽会。

三、吐槽会

吐槽会是一种让大家释放压力、表达不满情绪的会议，同时也是发现问题并解决问题的会议。想要开好吐槽会，也需要做精心设计。

（一）会前准备

1. 做好会前准备

首先，要明确会议的目的，确定吐槽会想要解决的问题，比如，吐槽某个工作流程，或吐槽团队长的管理方式等。

其次，制定清晰的吐槽规则。如吐槽要基于事实，避免人身攻击；每人每次吐槽时间控制在一定范围内，比如 3 ~ 5 分钟；要提出建设性的改进方向，即使只是初步想法等。这些规则可以提前通过邮件或团队通信工具发送给参会人员。

2. 选择合适的时间和地点

在时间上，可以选择一个参与者能够放松心情且不会被工作任务频繁打断的时间段。例如，安排在一周工作任务较轻的某一天下午，时长控制在 1 ~ 2 小时，避免过长让大家产生疲惫感。

在地点上，选择一个相对舒适、宽松的环境，如带有舒适座椅的会议室、公司的休闲区等。要确保场地空间足够，良好的通风和适宜的温度，能够让大家在比较轻松的氛围中进行吐槽。

3. 根据吐槽的主题确定参与人员

如果是关于部门内部的工作问题，那么部门成员参加即可；如果涉及跨部门协作，就需要邀请相关部门的代表。例如，要吐槽项目进度问题，项目组内的成员以及与项目进度相关的其他部门接口人都应该参加。

（二）会议开场

1. 营造轻松氛围

主持人可以以轻松的团队游戏或活动开始会议，帮助大家放松心情。比如玩“接力讲故事”游戏，一个人说一句话来开始一个故事，然后其他人依次接着往下编。这个游戏可以活跃气氛，打破僵局，让成员在欢乐的氛围中进入会议状态。

2. 再次强调目的和规则

主持人可以再次强调会议的目的。然后详细讲解规则，并且可以在会议室的白板上简单列出规则要点，让大家时刻牢记。

（三）会议主体

1. 轮流吐槽环节

可以按照一定的顺序（可以是座位顺序或者事先安排好的顺序）让参会人员轮流吐槽。例如，从团队中比较活跃的成员开始，这样可以更好地带动氛围。

在成员吐槽过程中，主持人要确保他们遵守规则，引导他们详细描述问题。比如，成员吐槽工作任务分配不合理，主持人可以问："你觉得不合理的具体表现是什么？是任务量过多还是任务难度不匹配呢？"

2. 记录问题要点

安排专人负责记录大家吐槽的问题。可以使用白板、电子文档或者专业的会议记录工具。记录内容包括问题描述、涉及的环节或人员、初步提出的改进建议等。

3. 互动讨论环节

在每个人吐槽完后，留出一定的时间进行互动讨论。其他成员可以提问、分享类似经历或者对提出的问题进行补充。

例如，一位成员吐槽了文件共享系统不好用，其他成员可以分享自己在使用过程中的具体困难，或者提出可能的替代工具。

在讨论过程中，要鼓励大家积极发言，但也要注意避免讨论过于发散，偏离主题。

（四）会议结尾

1. 总结问题和建议

主持人对会议中大家吐槽的主要问题和提出的建议进行总结。可以按照问题的类型总结，也可以按照所涉及的业务领域进行分类汇总。

同时，对有价值的建议进行重点标注，如“针对沟通问题，大家建议建立统一的信息平台和定期跨部门沟通会议”。

2. 明确后续行动并积极结尾

根据总结的内容，借助“5W2H”确定后续的行动计划。并以积极的态度结束会议，感谢大家的参与和真实的反馈。

(五)后续跟进

在会议后，落实大家提出的意见和建议，并定期回顾吐槽会的成果。这样的跟进不仅有利于问题的解决，也能向员工传递公司对员工的尊重和重视。

四、基于兴趣爱好的非正式活动

不知道你是否有这样的感受：每天与同事交流的都是工作上的事情，彼此之间的关系总是感觉少了些温度。但是，如果我们和同事之间还有一些共同的兴趣爱好，非工作时间还能约着一起读书、打球或 K 歌，那么，与同事生硬的职场关系就多了润滑和温度。

人，只有玩到一起，才能工作在一起。在阿里巴巴，这种理念得到了充分的实践。最具代表性的是“阿里十派”，这些派别并不是正式的组织结构，而是基于员工的兴趣、爱好和特长自发形成的团体。这些团体，不仅为员工提供了丰富多彩的业余生活，还促进了员工之间的交流和合作。

因此，HRBP 可以协助业务伙伴，从员工的兴趣爱好入手，利用下班时间组织各种活动。无论是打球，还是一起去酒吧听音乐，都是不错的选择。此外，团队还可以策划一些团队建设活动，例如，登山、远足、羽毛球比赛等。

虽然团队建设活动极具价值和意义，但是也存在一些需要规避的坑，因为如果思虑不全，可能会削弱团建的效果。

1. 众筹式活动：顾名思义，这类活动需要成员自行出资参与。不论我们的初衷如何，这种需要成员自掏腰包的众筹式活动，应尽量减少。

2. 开会式活动：在活动开始之前，先进行工作总结和汇报。这种设计往往难以让员工全身心参与活动。

3. 休息日活动：未经员工同意，强制在休息日组织活动。这种活动变相剥夺了员工陪伴家人的时间或私人时间，非常容易引起员工的反感。

4. 唯上式活动：活动内容完全根据主管的个人喜好来决定，而没有考虑员工的偏好。例如，业务主管喜欢跑步，就组织团队一起跑步。

无论是裸心会、吐槽会，抑或因共同兴趣爱好而自发聚集的非正式团体，它们都有一个共同的目标：不断扩大彼此之间的开放区，增进了解，从而缩短心理距离，构建成员彼此更加信任的团队关系。

第五节　以强化良好关系为目的的冲突解决

有人的地方就有冲突。在团队合作中，出现矛盾和冲突是常态。没有矛盾和冲突，反而令人担忧。团队成员之间有冲突，至少说明大家想要解决问题，并且关心个人及团队的发展。面对团队的冲突，关键在于，HRBP 或业务主管应如何有效地引导和解决这些矛盾和冲突。

首先，我们需要明确冲突和矛盾的性质，是关系冲突还是任务冲突。

关系冲突是由人际关系的问题产生的冲突，这种冲突往往具有恶性特征，并且不易被察觉。而任务冲突则是在工作中，团队成员对任务的目标、内容、执行方式和优先级等方面存在不同的理解和看法，从而引发的矛盾和分歧。

对大多数人来讲，工作是为了更好地成长和生活，而不是为了卷入不必要的"办公室政治"。因此，大多数情况下，人与人之间的冲突，最初都是任务冲突。但是，如果这些任务冲突没有得到妥善的解决，就可能会升级为关系冲突。

一、有效处理团队成员之间的矛盾和冲突

当我们发现团队成员之间有冲突和矛盾时，应当积极面对问题，寻找解决方案。切勿寄希望于矛盾会自行消解，或试图通过“和稀泥”的方式，让各方各退一步，维持表面的和平。

为此，我们可以采取以下方式妥善处理团队成员之间的冲突。

第一，冲突公开化和程序化处理。

当团队成员产生矛盾和冲突时，可以特意为他们搭建一个冲突解决平台。例如，建议他们在部门例会上表达对彼此的不满，甚至可以“大吵一架”。然而，在表达不满时，必须遵循以下规则：

1. 可以表达情绪，但不能情绪化地表达。

例如，张三满脸通红，拍桌而起，对着李四大声斥责：“你就是故意拖延项目进度，最终导致我无法向客户交代。”这是情绪化的表达。相反，如果张三冷静地对李四说：“我现在感到非常生气，甚至有些愤怒。我觉得项目延期是因为你不重视这个项目，这已经给我带来了很大的困扰。”这是表达情绪。

2. 遵循对事不对人的原则。

吵架之前，双方应做好充分的准备，提供足够的客观事实和数据支持自己的观点。

3. 吵架表现要接受团队其他成员的评估。

两人“吵架”的时候，团队的其他成员要对双方的表现评估打分。评估的标准包括情绪的稳定性、是否对事不对人、是否坦诚地听取对方的观点以及吵架最终是否产生了有价值的结果等。

第二，引入第三方解决冲突。

例如，在一个软件开发项目中，项目经理认为应优先优化用户界面，而技术团队负责人则认为应先解决性能问题。在这种情况下，可以引入用户参与机制，让用户来判断优先级，从而避免任务冲突演变为关系冲突。

第三，人为制造冲突，揭示潜在的内耗。

当我们感觉到团队氛围不自然，表面上看似和谐，实则存在暗中较劲的情况时，可以有意制造一些矛盾和冲突，促使潜在的问题显现出来。

例如，阿里巴巴早期从外部引进了许多高管，每位高管都带有自己的价值观认知，对于阿里的价值观并非立刻接受且认可。所以，在新老阿里人之间就存在一股互相不认可的较量。对此，马老师在湖畔学院组织了一场新老员工之间的价值观辩论赛。通过公开辩论的方式，使潜在的问题和冲突浮出水面，进而使潜在的问题得到正视和解决。

在管理中，一方面，我们要妥善处理团队成员之间的矛盾和冲突；另一方面，作为 HRBP 和团队一号位，在团队成员发生矛盾和冲突的时候，也要警惕自己成为破坏团队信任关系的助推者。

二、警惕自己成为团队关系的破坏者

在团队管理中，经常会出现这样一种场景：成员之间有矛盾，但是彼此不直接沟通和解决。其中一方会直接向上级主管汇报，希望上级主管能够介入并解决问题。在这种情况下，如果上级主管处理不妥，很可能会对团队关系造成进一步的损害。

案例分析：

一家专注于制作各类微短剧的公司，公司员工大多是一些充满活力的年轻人。业务主管老李下面有两个员工，小周和小王。小周是后期制作部的特效师，工作认真负责，对特效细节有着极高的要求。小王是拍摄部的摄影师，性格直爽，注重拍摄效率和现场效果。在一部古装玄幻微短剧的制作过程中，小周负责后期特效制作，小王负责拍摄前期的画面素材。小周在处理特效时，发现小王拍摄的一些画面不符合他预期的特效添加要求。小周对此感到很不满意，他认为小王没有考虑后期制作的需求，这会增加他的工作难度，甚至可能影响整个特效的质量。然而，小周没有直接和小王沟通这个问题，而是选择向主管老李反映情况。

小周对老李说："小王拍摄的素材完全不考虑我们后期的需要，这样下去，这个仙侠剧的特效根本做不出我想要的效果，观众肯定不买账，这对我们整个项目都有很大的影响。”

如果你是老李，你会如何处理这个事情呢？你可以先思考一下解决方案，然后阅读接下来的分析。

在给出答案之前，让我们先了解一下人际关系理论中的一个重要模型——“百慕大三角”模型（见图 4－3）。

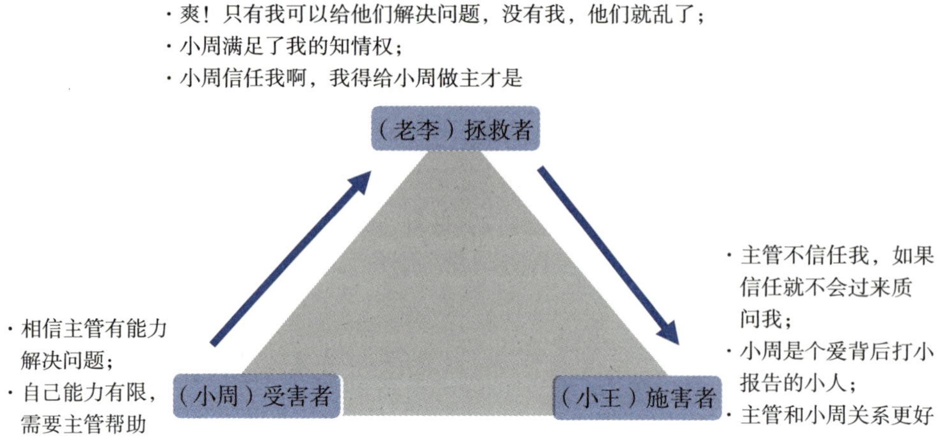

图 4－3 “百慕大三角”模型

“百慕大三角”模型描述了人际互动中常见的三种角色：受害者、施害者和拯救者。

在本案例中，当小周向老李求助，声称小王的行为导致了问题，此时，小周成了关系中的受害者，而小王则变成了施害者，老李则自然而然地成了拯救者。由此，形成了一个典型的三角关系。

在小周寻求老李帮助的那一刻，至少传递了两个信号给老李。分别是信任信号（相信主管有能力解决问题）和示弱信号（自己能力有限，需要主管帮助)。这两种信号非常容易激起管理者强烈的责任心和侠士精神,会想立即帮助对方解决问题。而一旦管理者采取行动,比如向另一方了解情况,三者之间的关系将进一步恶化。

在老李找小王了解情况的那一刻,老李也同时向小王传递了两个信号,分别是不信任信号(主管不信任我,如果信任我,就不会过来质问我了)和小人信号(小周是个背后打小报告的小人),甚至还可能让小王觉得主管老李和小周关系更好。业务主管老李,在仅听取小周的一面之词后,便单独找小王了解情况。这样的做法除能听到小王的辩解之外,几乎无法获得有价值的信息。

在职场,业务主管不是裁判员,而是协调员。员工亦非孩子,而是成熟的成年人。在处理矛盾和冲突时,孩子与成年人之间最大的差异在于:孩子们倾向于将矛盾和冲突交给家长或老师来裁决,而成熟的成年人则会选择直接面对问题,寻求解决方案。

在这个案例中,老李的最佳策略是避免直接介入,而是引导小周和小王直接沟通解决问题。老李可以直接询问小周是否已与小王直接沟通了,如果尚未沟通,建议小周直接找小王当面解决问题。如果小周和小王直接沟通后仍然无法解决问题,老李可以将两个人拉到一起,引导双方思考团队的共同目标是什么,以共同目标为指导来解决问题。在整个过程中,老李应保持中立,避免先入为主地判断任何一方,确保处理公平公正。

正像一个苏格拉底的故事所讲的那样:

对于前来打小报告的学生,智慧的苏格拉底常常会用三个问题来引导对方思考："你稍等一下，我先问你几个问题，然后你再决定是否要说。第一个问题，你想告诉我的是关于那个人的好事情还是坏事情？"学生回答说是关于那个人的坏事情。苏格拉底接着问："你说的这件事情能确保是百分之百的事实吗？"学生愣了一下，回答说不太确定，因为是听别人说的。苏格拉底继续问道："你说的这件事情对我有好处吗？"学生想了想，觉得对老师并没有什么好处。于是，苏格拉底总结道："既然你说的这件事情不是好事情，对我也没有好处，而且你还不确定它的真实性，那你就别说了。"

在实际的管理实践中，面对团队成员间的矛盾和冲突，许多业务伙伴倾向于刻意回避、不直面矛盾和冲突，转而将这些难题推给 HRBP，寄希望于我们能提供解决方案。

鉴于 HRBP 在团队中的权威和影响力，在这种情形下，HRBP 不仅要参考上述处理方法，还要学会借力：

1. 邀请业务伙伴共同参与。

在处理矛盾和冲突时，应邀请业务伙伴共同参与矛盾双方的问题解决，而不是独自一人拉矛盾双方解决问题。

2. 利用部门例会公开解决。

如果认为单独处理双方的矛盾和冲突过于显眼，可以利用部门例会的机会，在进行业务回顾和分析时一并解决这些问题。这种方法不仅能够有效防止当事人之间的矛盾冲突被过度放大，还能为团队树立一个公开透明处理矛盾和冲突的典范。

最后,在矛盾和冲突得到妥善处理之后,务必对整个事件进行回顾和总结,提炼出处理类似问题的长效机制,类似问题再发生时便能轻松应对。

综上所述,评估团队关系优劣或衡量团队关系质量的关键不在于团队中是否存在矛盾和冲突,而在于面对矛盾和冲突时,当事人是否能够高效地解决问题,并且在解决之后,团队成员关系是否能得到进一步的巩固和深化。

第六节 以心智升级为核心的关键时刻

在团队这个有机的整体里，团队力量犹如一把火种，一旦被成功点燃，成员就好似紧密相连的链条，相互影响、彼此带动，积极向上的状态会迅速在团队中蔓延开来。在此氛围之下，个体也更容易被感染，进而表现出积极乐观的心态。与之相反的是，当团队士气低落时，就仿佛被阴霾笼罩，即便团队中原本有积极乐观的成员，也会如同置身于冰冷的泥沼，难以独善其身，不可避免地受到消极氛围的侵蚀，最终变得垂头丧气。

为此，HRBP 要协助业务伙伴不断点燃团队士气，靠团队力量激活团队中的每个人。团队成员在一起的时刻很多，但是有三个关键时刻是我们一定要重点关注的，分别是项目开始或将要结束之际、团队业绩不佳士气低落时和项目复盘时。

一、项目开始或将要结束之际

常言道，万事开头难。因此，在项目启动之初，HRBP 和业务伙伴能否点燃第一把火，显得尤为重要。

在项目初期，应持续认可团队取得的每一点进步，并为这些小成就举行庆祝活动。在激励团队时，一定要将注意力引向已取得的成就，而非还未完成的工作。例如，在某项目启动一周后，业务主管在周例会上兴奋地指出："迄今为止，我们已经完成了 20%。"而不是强调"我们仍有 80% 的工作尚未完成。"通过这种积极向上的语言来鼓舞团队士气。

此外，在项目接近尾声时，团队可能会出现动力不足的情况，我们需要助力团队冲刺至终点。为此，我们可以让团队清晰地看到即将完成的目标，并且激励团队成员："我们距离完成目标仅剩 20%，胜利触手可及！"

二、业绩不佳士气低落时

实现预期结果，甚至超越目标，当然是理想的状态。但是，现实是，没有人，更没有团队能够保证凡事心想事成，次次都能成功。

当整体市场行情不佳，业务面临增长乏力，团队成员士气低落时，HRBP 和业务主管要学会重新定义成功（见图 4－4），以营造积极向上的团队氛围。

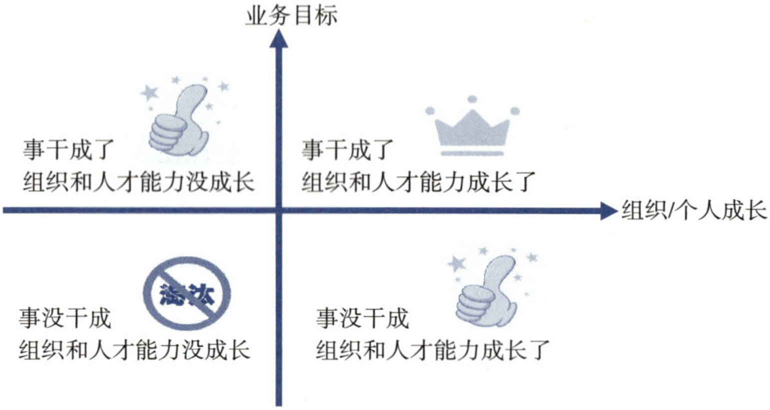

图 4-4 重新定义成功

第一,转换参照物,重新定义成功。即便未能跑赢自己,也应审视是否跑赢了大盘或竞争对手。例如,即便我们未能达成既定目标,但只要我们跑赢了市场大盘,也是一种成功;或者,即便没有跑赢自己,只要我们跑赢了竞争对手,也同样可以视作成功。关键在于,要找到一个能够重振团队信心的参照物。

第二,转换视角,重新定义成功。当我们无法取得增长成绩时,可以看看是否在其他方面为公司创造了价值。比如,我们可以评估团队在"节流"上是否对公司有贡献。例如,去年我们的市场费用占 10%,而今年这一比例降至 5%,从而节省了 5%,这是一种成功;去年团队亏损 20 万元,而今年亏损减少至 10 万元,这同样也是一种成功。

第三,关注成长价值,重新定义成功。成长价值主要指的是过程性目标的完成。这些过程性目标包括业务推进中的过程性目标,比如成功锁定

3 个 VIP 客户，也包括组织和个人能力成长方面的目标，比如，阿里巴巴当年推出的“来往”项目并未成功，但是却积累了线上通信产品的宝贵经验，最终在钉钉业务上取得了显著成就。

总之，实现业务目标是成功，没有实现业务目标，但是组织和个人能力得以提升，也是一种成功。

三、项目复盘时

复盘不仅是总结业务经验、沉淀业务能力的关键时刻，更是塑造团队心智的关键时刻。引导得当的复盘，不仅能够培养员工积极开放的心态，还能提升团队的思维认知，更能强化信念和价值观。如果，复盘运用得当，还能成为打造学习型团队的关键时刻。

（一）借助复盘，塑造团队积极开放的心智模式

复盘，“复”的是事，而“修”的则是组织和人。复盘提问的方式不一样，塑造的团队心智模式不同。在复盘过程中，我们应该努力塑造团队积极乐观的心智模式。

为此，在复盘时，将追问团队“为什么没有……”“为什么不……”转为讨论“如何可以……”“如何能……”以此将团队的注意力从过去转移到未来，从问题导向转变为机会导向，从而塑造团队积极乐观的心智。

当我们用“为什么没有……”或“为什么不……”来追问员工时，例如，为什么我们未能达成既定目标？为什么我们没有拓展更多客户？为什么我们的制度未能及时更新？员工会开始回忆过去并开始为失败找借口，或者开始归责于别人，最终，复盘演变成一场批斗会或推责会。

相反，当我们使用“如何可以……”或“如何能……”进行复盘提问的话，则会将团队成员的思维引向更为积极乐观的方向，大家会开始积极寻找问题解决的方案，从而塑造团队积极乐观的心智，进而激发团队的活力。

（二）借助复盘，提升团队的思维认知水平

成功的复盘绝不会仅仅停留在问题表面，也不会流于形式，而会深入挖掘问题背后的原因，并形成对类似问题的系统性思考。

一般来说，仅限于问题表面的复盘会主要是在“是什么”（问题是什么）和“如何做”（如何解决这个问题）两个层面进行讨论的。

而深度复盘不仅在“是什么”和“如何做”两个方面讨论，更主要的是在“为什么”层面深究。不仅如此，还要复盘问题带给团队的成长是什么，以及在未来，遇到类似的问题，如何可以做得更好。

总之，仅仅围绕某个问题做复盘，解决完特定的问题之后，可能会触发更多问题；而深度复盘问题背后的原因，则可以解决系统性的问题，从而降低未来类似问题发生的可能性。

(三)借助复盘,强化信念和价值观

复盘是强化价值观的关键时刻。我们要借助复盘引导和强调团队要什么和不要什么。

竹辉整理了一些触及价值观认知的问题,供参考:

✓我们做对了什么?是哪些信念驱使我们采取了这样的行动或作出了这样的决策?

✓我们做错了什么?是因为忽视了哪些关键要素或细节,从而导致了错误决策?

✓我们为何会忽略这些细节?这些细节是否重要?如果它们重要,为何重要?如果它们不重要,为何我们会认为它们不重要?

✓设想一下,如果我们能够取得更加理想的结果,那将是一幅怎样的图景?为了达到这样的理想状态,我们还有哪些应该做但尚未做的事情?

✓应该做但我们尚未采取行动,是因为我们相信什么,不相信什么?

✓在这个过程中,是否存在一些我们本不应该做却做了的事情?我们为何会选择去做这些事情?

以上问题旨在深度挖掘团队的集体价值观，虽然比较耗费脑力，但是绝对值得深度思考。除非我们一直希望依赖制度和指令来管理团队，而不是通过共同的信念和价值观来指引团队。

(四)借助复盘，打造学习型团队

复盘是团队成员共同成长的关键时刻。在每次团队复盘时，安排一次主题学习分享，这将有利于打造学习型团队。

在分享的时候，时间无须过长，但内容必须集中。主题内容最好源自最初目标分解、策略共创时所探讨的议题。例如，我们如何有效地触达潜在用户？我们如何链接更多的获客渠道？这不仅是策略共创时需要讨论的问题，更应该成为员工学习和研究的主题。让员工带着问题投入工作。之后，通过复盘进行总结思考，通过分享不断成长。

为了确保分享的有效性和连续性，我们应当确立明确的分享标准，并构建一套完善的分享保障体系。

在分享标准方面，我们可以要求每次分享都应包含案例分析、深入思考、知识沉淀和流程优化。为了保证分享的有效性，我们可以将成员分享与个人职业发展相结合。

此外，在年终复盘时，每位成员都要展现一年内参与分享的次数、分享的内容、沉淀的流程以及对团队成员的帮助和指导情况。

这样的分享机制，不仅可以促进个人成长，还能让员工认识到自己对团队的独特价值,从而加深对团队的认同感和归属感。最终,塑造一个积极进取、互助合作、乐于分享的学习型团队。

团队和组织犹如一个紧密协作的精密仪器,员工便是这个精密仪器的关键部件。每个部件的良好运行是确保整个系统高效运转的基石。

在接下来的章节里,我们将聚焦于最基本的单元——员工个体。我们将探讨如何提升个人效能,助力每位员工成就最好的自己。

第五章　提升个人效能

提升个人效能，简言之，就是提高人力资源的投入产出比。我们可以通过两个方面来提升个人效能：一是通过延长工作时间来提升个人效能；二是通过增强个人能力和改善工作状态来提升个人效能。

在工业时代，人才效能提升通常是通过延长工作时间来实现的。这种管理的底层假设是工作时间越长，产值越高。但是，这种假设成立的前提是人的单位功率保持不变。但事实是，人并非机器，个体在不同的时间段，受到各种因素的影响，其单位功率是变化的。

更多的研究表明，个体产值不仅受时间的影响，更受个体工作能力和心理状态的影响。关于个体心理状态，一个广为人知的概念是“心流”，它描述了这样一种状态——当一个人的内在能量被激活时，会忘却时间与周遭的一切，工作效率和质量会得到显著提升。

由此可见，对于个人而言，若要提升个人效能，不仅需向时间要成果，还要向个人能力、能量和状态要成果。

本章内容主要聚焦于个人能力的提升和个体内在力量的激发。人是一个复杂的存在,对人才的管理不仅需要技术,更需要艺术,准确地说需要智慧。

关于人才管理,希望能与您达成以下共识:

第一,“人”可以管,但是,“人才”很难靠“管”,只能靠“激”。如果个体没有太多的智慧和才能,只具备基础的操作执行能力,我们可以为其设定标准化的操作流程,靠管理,提升效能。但是,如果我们的员工属于知识型员工,最好的管理方式不是“管”,而是“激”,即需要借助外在的力量,激发员工内在的动力。

第二,对人才管理要乐观。人具有内在的成长动力,因为,人都希望被认可,希望找到人生存在的价值感。人才管理要做的事情是找到引爆员工内在力量的燃点,助力员工自驱动、自成长。

第三,人才管理,选择大于努力。每个人成长的背景不同,这造就了个体不同的底色。有的人是火种,很容易被激发和点燃;有的人是湿木,不仅不能被点燃,还可能会散发出浓厚的烟雾;而更多的人,处于两者之间,需要管理者有些耐心,更需要个人有悟性。“有教无类”并不适合商业世界,因为,企业不是学校,管理不是教育。作为管理者,不要试图改变所有人,我们只能尽力而为,无愧于心即可。我们要为企业选聘更合适的人,这是更为关键的事情。

本章节内容,主要分为四大模块,五个小节。分别是:

第一大模块是第一节,主要分析个体的人生底色、底色形成的原因和底色的发展变化等。

第二大模块包括第二节和第三节，主要分享人才驱动和激发的管理策略，包括投其所好，激发欲望；赋能员工，爱上工作；赋权员工，给予空间；认可欣赏，点燃自信以及对员工的行为进行正确引导与塑造。

第三大模块是第四节，主要论述人才分类管理。这是人才管理的结果，也是人才管理新的开始。

第四大模块是第五节，主要论述人才选聘。选人比培养人更重要，选的人不对，所有的人才管理效果都会打折，甚至还会给公司带来巨大损失。因为，人才选聘如此重要，所以，我们单独将其作为一节进行论述。

第一节 洞察个体的人生底色

"人生底色"主要指个人的基本色调或基本特征。世界观、人生观和价值观是人生底色的基本元素。

世界观回答了"我与世界的关系是什么"这一根本问题,涉及一个人如何理解世界以及自我与世界之间的联系。

人生观则探讨个体与自身的关系,关注如何认知和定义自己,以及当前和未来希望成为怎样的人,想过怎样的人生。

价值观是在世界观和人生观的影响下形成的个人信条,反映了个体所相信的事物、重视的内容,以及优先考虑的事项。

世界观塑造了人生观,而人生观又进一步决定了价值观,价值观最终要通过价值观行为得以展现。价值观行为展现出个人在面对不同选择时,他们认为什么最重要,什么不重要。

我们将个体三观分为两种形态,第一种形态是原生态三观,指的是个体在步入社会之前的三观。这个时候的三观主要受原生家庭和学校教育的影响,特别是家庭教育中亲子依恋模式对原生态三观有着关键性的影响。第二种形态是后天成长型三观。指的是个体步入社会，接受社会历练、生活洗礼以及职场磨炼之后形成的三观。

一、原生态三观的起点

亲子依恋关系是个体原生态三观的起点。

根据心理学家埃里克森的个体发展阶段理论，0～1.5 岁被称为婴儿期，是个体与外界建立信任的关键时期。

在这个阶段，如果抚养者能给予婴儿及时的关爱和回应，婴儿便能建立起对这个世界的信任——相信这个世界是有求必应的。加之，这个阶段的婴儿没有主客体分离的概念，他们认为自己就是世界，世界就是自己。所以，这个阶段所建立起来的对世界的信任，也是对自我力量的信任。

在 1.5～2 岁，个体的自我意识首次觉醒，他们意识到自己与抚养者是彼此互相独立的个体。自我意识的觉醒后，孩子开始探索世界、认识世界，感知自己和外部世界之间的关系。自此，世界观开始萌芽。

在孩子与外部世界的关系中，最重要的是亲子依恋关系，即孩子与抚养者之间的关系。

在孩子与抚养者互动的过程中，如果孩子的需要能得到及时且恰当的回应和满足，他们将体验到来自抚养者无条件的爱与呵护，这有助于他们建立安全型依恋关系。

在安全型依恋关系中，抚养者不仅不会过多干预和限制孩子的选择，还会鼓励孩子积极探索外部世界。因此,安全型依恋关系下成长起来的孩子,更愿意积极主动探索外部世界,拥有更多机会选择自己喜欢的事物。

相反,如果在照顾孩子的过程中,抚养者总是害怕孩子磕着、碰着,给予孩子过多的保护和限制,这不仅会给孩子传递外界不安全的信号,还会打击孩子积极探索外部世界的主动性,更会打击孩子的自信。过度保护下形成的亲子依恋关系,被称为焦虑型依恋关系。焦虑型依恋关系下成长起来的孩子,面对未知的外部世界,更容易感到焦虑不安,缺乏积极探索的精神和勇气。

与焦虑型依恋关系相对应的是回避型依恋关系。在回避型依恋关系中,孩子的需求经常被抚养者忽视。当孩子的需求一直得不到抚养者的回应时,孩子便会放弃对爱的诉求,久而久之,便形成比较孤僻和冷漠的性格。

回避型依恋关系下成长起来的孩子,他们内心极度缺爱,更为冷漠和孤僻,常常自信不足,容易自卑。

亲子依恋关系为个体的世界观、人生观和价值观奠定了基础,成为个体原生态三观的起点。

在安全型依恋模式下长大的个体,他们自信、乐观、勇敢,视自己为人生活的强者,会积极追求自己喜欢的事情,努力主动掌控自己的命运。他们更容易与他人建立良好的关系,因为他们从小不缺爱,内心有爱。

在心理学研究中,焦虑型和回避型个体统一被划归为不安全型依恋。在不安全型依恋模式下成长的孩子,他们感知到的爱都是有条件的。必须满足一定的条件，才能换来抚养者爱的回应。例如，必须乖乖听话（条件），妈妈才会抱（爱的表现），"乖乖听话"是"妈妈抱"的条件。所以，孩子长大后成了一个听话的孩子；又如，只要考第一（条件），爸爸就带你去游乐园（爱的表现），"考第一"是"爸爸带去游乐园"的条件。所以，孩子长大后在各个领域都想要争第一。

不安全型依恋模式下长大的个体，一生都在不断寻找能与爱交换的条件。这些条件或者是财富，或者是社会地位，又或者是在某个领域取得的成功。不同个体会表现出不同的价值观选择，因为，在他们的成长过程中，对这些外在条件的认知和重要性排序不同。在贫寒家庭中长大的个体，大概率会认为财富更重要，因为，财富可能曾经让他看到过父母幸福的笑容，从而感受过爱的温暖；一个别人家的学霸孩子，大概率会认为成功更重要，因为学业上的成功曾经让他感受过来自父母的认可。

安全型依恋模式下长大的个体，其行动力源自内在，而不安全型依恋模式下长大的个体，其行动力源自外在。

在这漫漫一生中，相信自己有能力获得想要的财富、名誉和地位，且认为自己值得或配得上这些美好的外在，已属人类中的佼佼者。还有一部分人，长大后常感心力不足，视自己为弱者，期待有更强大的救世主解救自己于困境之中。他们常常"等""靠""要"，这或许是因为，在他们的成长过程中，经常遭受来自他人的贬低，或者资质平平，一直未找到能力优势。

亲子依恋模式受家庭经济水平、父母文化水平等诸多因素的影响。虽然，父母对我们的爱不容置疑，也从未缺席，但是，因为表达爱的方式各不相同，最终导致我们形成不同的世界观、人生观和价值观。

二、不同的三观类型

不同依恋模式下长大的个体，大体会形成三种不同的（三观）认知模式，分别是无力型、专家型和影响型。但是，对个体来说，这三种认知模式并非固定不变。随着个体融入社会，不断学习和成长，个体的认知模式会升级，甚至会生发出更高阶的认知模式——领袖型认知模式。

无力型认知模式：这类个体常常有种无力感，认为自己在世界面前无力且渺小，所以，遇到事情，他们倾向于退缩和忍耐，认为只要自己足够隐忍，生活便能保持平和。他们深信，只要遵循既定的外部规则，就能获得安全感；只要获得强者的庇护，便能生活顺遂、事业无忧。因此，他们可能会将“遵守规则”视为至关重要的事情，或将“伺候好领导”视作职业生涯平稳的关键。“安全、稳定”是其人生的信条。

专家型认知模式：这类人群虽然承认外部世界的强大，但并不否认自己的能力。他们坚信“天生我材必有用”，深信通过自己的努力总能在特定领域内作出贡献，并最终蜕变为被社会认可的、有价值的人。

他们认为付出理应获得相应的回报，信奉“没有功劳也有苦劳”。然而并不是努力就一定会成功，也不是付出就一定会有立竿见影的回报，更不可能仅凭苦劳获得想要的认可和价值肯定。所以，他们常陷入心理内耗，常感“怀才不遇”。

我们绝大多数人都处于这个分类之中。我们的人生课题就是超越专家型认知，进阶至影响型认知。

影响型认知模式：影响型认知的个体做事有格局和胸怀。这些卓越的品质可能源自他们在成长过程中所获得的充足的关爱或后天优质的教育，抑或在成长过程中认知不断升级的结果。

具备这种认知模式的个体能够洞察事物和人性发展变化的规律，其认知已然达到"道"的水平，符合公司价值观标准。他们掌握事物和人性发展变化的规律，能够对未来的趋势作出精准的预测和分析，所以，他们更容易选择放弃眼前短暂的利益，以追求更长远且持久的收益。这种决策之下的行为，更多展现的是爱、利他和长期主义。

当一个人的行为持续展现利他和长期主义时，这个人必然被他人所敬重和欣赏，周围的人也会被其强大的正能量所激发。这些积极正向的反馈会彻底点燃个体内心爱和利他的能量，促使个体从"理性利他"转向"感性利他"，并最终成为拥有强大社会使命感和责任感的个体，从而进阶到领袖型认知模式。

领袖型认知模式：这类个体怀揣宏伟的志向和强烈的使命感。他们的爱与利他主义源自心灵深处，并展现出不可小觑的力量。这类人拥有卓越的号召力、影响力以及人格魅力，能够吸引并聚集杰出人才，共同为社会创造更大的价值。

因为拥有领袖型认知模式的个体很少，仅少数企业家能够达到这一认知层次，所以，本书不会将重点放在此类认知层级上。我们大多数人穷尽一生,也难以实现向这一认知层级的跃迁。

人才管理的核心价值在于激发并引导那些无力型或专家型的个体,帮助他们完成从“外驱”到“内驱”的转变,实现从“要我做”到“我要做”的质的飞跃,最终将他们的认知提升至影响型认知模式,成为公司志同道合的伙伴。

那么我们要如何驱动员工呢?

第二节 从外驱到内驱

丹尼尔·平克在《驱动力》一书中将人类的驱动力分为三种，分别是生物性驱动力、外在动机驱动力和内在驱动力。

生物性驱动力，也被称为驱动力 1.0，这是最基本的一层驱动力。它源自人类的生物本能和生存需求。例如，饥饿驱使人们寻找食物，口渴促使人们获取饮用水。

在工作场景中，如果员工的基本生理需求得不到满足，如恶劣的工作环境或匮乏的休息时间，那么这一层驱动力会促使他们努力争取满足这些基本需求。

外在动机驱动力，也被称为驱动力 2.0，它强调通过奖励和惩罚来激励行为，即“胡萝卜 + 大棒”的管理模式。例如，员工为了获得工资、奖金、晋升等外部奖励，或为了避免被批评、罚款和降职等惩罚而努力工作。

这种驱动力在一定程度上可以促使员工完成任务，但也存在一些弊端。过于依赖外在的奖励和惩罚，可能会导致员工忽视工作本身的意义与价值，并削弱他们的内在动机。

内在驱动力，也被称为驱动力3.0，这是一种更为高级的驱动力，与内在动机密切相关。它包括好奇心、热情、学习欲望和探索欲望等。当人们基于内在驱动力去做一件事情时，完成任务本身就对他们就很有吸引力，无须依赖外部的奖励或惩罚。

要让工作唤醒个体的内在动力，则个体从事的工作必须具备以下三个特点：(1)工作应是个人自愿选择的结果，而非外部强加的；(2)在工作过程中，个人应拥有自主权，能够自行决定任务的执行方式和方法，而不必事事请示；(3)在工作过程中，个人应能持续体验到任务完成带来的成就感和力量感，进而不断加深对工作的热爱。

本部分内容的安排是以人才管理的核心价值(引导个体从"外驱"转为"内驱"，从"要我做"转为"我要做")为指导，结合工作自主性的特点而作的布局：

第一，投其所好，激发欲望。

这是引导员工对工作产生兴趣的第一步。为此，我们必须深入了解员工，识别他们目前最迫切的需求。即使对方没有强烈的需求，也要创造机会，激发个人对事业或生活的欲望。

第二，赋能员工，爱上工作。

虽然，工作对员工来说有吸引力，但是，员工的工作积极性不高，这可能是因为，他们能力不足，无法胜任工作；或者他们从事某项工作的时间太久，热情已经被消磨殆尽；又或者是因为工作枯燥乏味，员工出现了职业倦怠。因此，我们可以通过提升员工的专业技能和业务能力、赋予工作更多的价值和意义、探索工作更多的乐趣等方式来提升员工的积极性。

第三，赋权员工，给予空间。

在重大事项的决策上，尊重员工的知情权和参与权，在工作任务上给予员工自主决策权，这既是对员工的尊重，也是对员工的认可，更是激励个体积极主动的有效策略。

第四，认可欣赏，增强自信。

在管理中，当员工取得工作上的成就，或表现出积极正向的行为时，我们要给予及时的反馈和认可，因为希望被爱、被认可和欣赏，是我们人类最原始的需求，是绝大多数人内心最强的渴望。爱、认可和欣赏能增强对方的自信，激发对方强大的内在力量，从而变得更加积极主动。

一、投其所好，激发欲望

人们工作是为了满足自我的需求和欲望，而不是为了帮助老板实现上市的梦想，也不是一开始就为了改变世界。这些欲望，可能是购房购车，也可能是追求个人成长，或者是为父母提供更优质的生活。

想要深入了解员工的真实需求，除掌握员工的个人基本信息外，平时应该多与员工一起聊天、吃饭。也可以在业务部门中寻找一些值得信赖的同事，担任“知心大姐”或“知心大哥”的角色，及时了解员工的动态。

管理中，最容易被激发的员工是那些敢于向我们提需求的员工。敢于向我们提需求的员工，表明他们有上进心，对生活和工作有更高的追求。

我们要做的不是去打压和否定员工的需求,而是应该与员工共同探讨,如何协助他们实现这些需求。例如,员工提出加薪的需求。这时,我们要和员工讨论,如何能实现加薪这个目标?要实现这个目标,需要做什么?做到什么程度?如何做?为了帮助员工实现加薪这个目标,我们可以为其提供什么资源支持?

以员工个人需求为出发点,在实现路径清晰,又有资源支持的情况下,员工必然干劲十足。最终的结果是员工和企业的双赢。这难道不是每家企业和每位管理者所期待的吗?

正是基于对人性的深刻洞察,优秀的管理者不仅会关注员工的动态和需求,还会利用团队建设等活动有意识地激发员工更大的需求,例如,打高尔夫球、体验五星级酒店的高档服务等。他们深知,探究并满足员工的个人需求是人才激励和管理的起点。只有内心有欲望和需求的人,才更有可能迸发出强大的工作动力。相反,如果员工无欲无求,你拿什么来激励他们呢?

但是激发欲望,要掌控尺度和分寸。特别是物质激励,如果使用不当,反而会极大损伤员工工作的积极性。

分享一个"聪明老人与调皮孩子"的故事:

在一片宁静的院落中,居住着一位老人。不幸的是,一群邻近的孩子们经常前来捣乱,他们以恶作剧的方式向老人的院中投掷石子。

每当老人因此感到愤怒时,孩子们便四散逃开,但到了第二天,他们又会回来,继续他们的"游戏"。

经过一段时间的反思，老人认识到愤怒并不能解决问题，于是他决定改变应对方式。

有一天，当孩子们再次在院子外投掷石块时，老人和颜悦色地出现在他们面前，并微笑着说："我独自一人住在这里，时常感到寂寞。你们投掷的石块为我带来了些许乐趣。从今天开始，我会给每个扔石子的孩子 10 元作为奖励。"孩子们听到这个消息后异常激动："原来做这样的事还能赚钱！真是太好了！"

第二天，他们又来到老人的院子外，继续投掷石块，每人如愿以偿地得到了 10 元。

几天后，老人告诉他们："现在我手头不那么宽裕了，只能给你们每人 5 元。"

又过了几天，老人只给每人 2 元。

孩子们注意到他们获得的金钱逐渐减少，开始感到不满和沮丧。

最终，老人甚至不再外出，也不再提供任何金钱。孩子们愤怒地喊道："我们辛辛苦苦地扔石子，他却不给我们钱，我们再也不扔了！"

这个故事启示我们：原本"扔石子"这项活动本身就能给孩子们带来快乐，然而，当外部奖励，如金钱介入时，活动本身便失去了乐趣。

在心理学领域，一项著名的"德西效应"实验进一步证实了物质激励的有效性，以及它对事物本身价值的影响。

实验背景：在 20 世纪 70 年代，心理学家爱德华·德西（Edward Deci）开展了一项研究，旨在探究外在奖励对人们内在动机的影响。

实验过程如下：

第一阶段：德西邀请了一群大学生参与实验。作为研究对象，他们被安排在独立的房间内解答一系列有趣的智力难题。在这一阶段，所有学生均未获得任何奖励。他们在解决问题的过程中展现出一定的兴趣和投入，自由地探索与思考。

第二阶段：学生被随机分为两组。A 组的学生每解决一道智力题，便能获得 1 美元的奖励，而 B 组的学生则继续在无奖励的情况下参与实验。在这一阶段，A 组学生因获得金钱奖励而表现出更高的积极性，他们为了获得更多的报酬，加快了解题的速度并增加了题目数量；与此同时，B 组学生尽管没有奖励，仍旧保持着对解题的热情和兴趣，按照自己的节奏继续进行。

第三阶段：实验人员告知所有学生可以自由休息，房间内有各种杂志、书籍和娱乐设施供他们选择。当然，学生也可以选择继续解答智力题，但这一阶段不再有任何奖励。结果显示，B 组中许多学生在休息期间仍然主动解答智力题，因为他们已经对解题本身产生了兴趣与内在动机。而 A 组学生在失去金钱奖励后，大多数选择休息或进行其他娱乐活动，对解题的兴趣显著下降。

实验揭示了一个有趣的现象：**在人们从事某项活动时，若施加外部物质奖励，短期内或许能提升他们的参与热情，但长期而言，却可能削弱他们对活动的内在兴趣和动力。**

物质激励不仅会削弱工作本身所带来的愉悦感，而且激励效果呈现边际效应递减的趋势。例如，今年 10 万元的奖金可能让员工高兴一个月，但明年的 10 万元奖金或许仅能让员工高兴一周，而第三年的 10 万元则可能无法让员工感到兴奋和快乐，他们甚至会觉得 10 万元奖金太少了。

综上所述，尽管我们可以投其所好，利用物质激励来吸引和驱动员工，但是不能仅靠物质激励来长期驱动员工，毕竟欲望是无止境的！我们更需要思考如何让员工爱上工作，从外驱转为内驱。

二、赋能员工，爱上工作

如果问你："你热爱工作吗？"相信很多人都会摇头。最近有个特别形象的词来指代职场人，那就是"牛马"。从"牛马"二字就能直观感受到职场人对工作的抵触情绪。

但实际上，"劳作"和"工作"是人类的原始需求。大约在两岁时，孩子们便开始展现出对外部世界的好奇，渴望探索未知。然而，在诸多外在因素的影响下，人们的好奇心被抑制，主动性逐渐减弱。我们的许多行为是基于外界压力不得不做出的被动选择。工作，首当其冲成为受影响的重灾区。

如果你对此有所怀疑，不妨回想一下疫情期间，我们被迫留在家中时，有多少人急切地希望重返工作岗位；再观察一下那些退休在家、无所事事的老人，与工作时的状态相比，他们是否显得更加衰老？在心理学中，有一种治疗方法叫作森田疗法，其中有一个环节是让来访者躺在床上，什么都不做，许多人对此感到难以忍受。这充分说明，人类并不排斥工作。

人们之所以对工作产生抗拒，或者是因为缺乏做好工作的专业能力，或者是因为缺乏工作的动力。导致动力匮乏的原因又包括看不到工作更深层次的价值和意义，从而感到工作枯燥乏味以及员工感觉自己没有自主权，从而“躺平摆烂”。

为此，想要提升员工的工作动力，让员工爱上工作，我们要做好以下三个方面的工作：辅导员工提升专业技能；赋予工作更多的价值和意义；赋予工作更多的乐趣。

（一）辅导员工提升专业技能

提升员工专业技能的方法多种多样，本书将重点介绍两种能够与日常工作紧密结合的技能提升策略：十六字辅导方针和费曼学习法。

策略一：借助十六字辅导方针，不断提升专业技能。

对于一些侧重操作技能的工作，我们可以借助十六字辅导方针提升员工的技术能力。十六字辅导指的是“我说你听，你说我听，我做你看，你做我看”方法。

“我说你听”指的是管理者要从“是什么”、“为什么”和“怎么做”三个层面清晰地向员工阐述工作任务。首先，明确告知员工具体需要完成的任务；其次，向员工阐明执行任务的理由，清晰地传达任务对个人、团队乃至整个组织的重要性与价值，以此激发他们的工作积极性；最后，详细阐述完成任务的流程和步骤。在这个过程中，我们要整理工作流程，分解任务，突出重点，并指出可能遇到的风险及其应对策略。

“你说我听”指的是管理者阐述完毕后，邀请对方复述要点，确保他们对细节有准确的理解。在这一阶段，我们可以通过提问来评估对方的理解水平。例如，可以询问：“如果客户有意拒绝我们的拜访，我们应如何应对？”同时，鼓励对方积极分享自己的见解，针对他们提出的问题，给予及时的反馈与解答。

“我说你听”和“你说我听”这两个步骤非常重要。日本便利店 7－11 的创始人铃木敏文曾分享，他在布置完任务后会要求下属重复三次。首次讲解完毕后，要求下属复述要点，这一步是为了及时检验下属初次接收信息后的理解程度，让下属迅速梳理任务关键，确保信息初步被记忆。转身离开之际，他会再次聆听下属的复述，此时下属经过短暂的自我消化，复述能反映出他们进一步的思考深度，也能再次强化记忆。一段时间过后，也许是几个小时后，也可能是下次碰面时，铃木敏文还会要求下属再次完整重述任务内容，看下属是否清晰记得任务要点，有没有随着时间推移出现理解偏差或遗忘。这样可以保证从任务布置伊始到执行完毕的全程，信息精准传递，进而使执行不偏不倚。这种看似冗余的重复对于员工理解和记忆至关重要。然而，许多管理者认为这是无效的唠叨，期望员工能够一次性完全理解自己想表达的意思。事实证明，期待下属一次便理解，这是不切实际的。

“我做你看”指的是管理者要亲自演示一遍，让成员在一旁观察并学习。在演示过程中，应遵循精确的流程和步骤，确保成员能够清晰地观察并掌握正确的操作方法,进而培养其良好的工作习惯。

“你做我看”是一种让员工亲身体验,而管理者则在一旁观察并提供即时反馈的培训方法。在提供反馈时,应避免两个极端:一是不断反馈,频繁打断员工的操作流程;二是对员工的操作持“差不多就行”的态度,即使员工遗漏了某些动作,只要不影响最终结果,管理者就选择忽略。

以上两种做法都是不恰当的。我们应当及时记录下观察到的问题,并在事后进行集中反馈。反馈的内容包括员工的优异表现、需要改进的地方以及具体的改进措施。在反馈时,应该多关注员工的行为和动作,少对其能力或人品进行评价,同时鼓励员工进行自我评估,而不是由管理者作出评判。

策略二:将费曼学习法融入工作实践,用输出倒逼输入。

对于一些侧重脑力的知识型工作或认知技能型工作,我们可以将费曼学习法引入工作实践,本着“干中学”和“以输出倒逼输入”的初心与方法,不断提升员工的业务能力。

步骤一:分析员工业绩未达标的原因,明确需要提升的业务技能,并以技能提升后预期的业绩成果为核心,为员工规划工作与学习任务。

例如,经过分析后发现,员工成交率低的原因是不善于与 VIP 客户沟通,对此,我们可以给员工设定“服务 VIP 客户、提高成交率”的工作和学习任务,并明确目标,如“在三个月内与 A 客户成功建立合作关系并签单”。

步骤二:围绕主题,让员工设计技能型小课,并在团队例会上分享。

员工要围绕设定的主题，设计一门技能型小课，并以通俗易懂的方式向团队其他成员讲解如何服务 VIP 客户。

在分享的过程中，不仅需要清晰地阐述工作流程、每个流程中可能遇到的风险以及应对这些风险的方案，还要接受同事的提问，回答大家的问题。

如果在分享中无法清晰解答大家的问题，这表明该名员工对相关内容的理解仍存在不足，需要重新思考。通过这样的准备，不仅能够增进员工对该领域业务的理解，还能提升他们的工作自信。

步骤三：启动执行并每日复盘。

员工应制订明确的行动计划并付诸实施。在此过程中，员工需每日进行复盘，复盘内容涵盖以下几个方面：

- 今日最大的成就是什么？
- 有哪些事项值得为今日的自己点赞？
- 若今日的事务需重新执行，存在哪些改进的余地？
- 今日工作中遭遇的问题是否在预期之内？若不在预期之内，是由于我们忽视了哪些细节？当时为何未能考虑到这一点？这一事件对我们当前或未来的工作有何启示和价值？

步骤四：项目总结与分享。

项目完成后，必须重新审视整个流程，并与团队成员分享。除介绍项目的具体步骤和在每个阶段遇到的挑战以及应对策略外，还应与最初的预期计划进行对比分析，探讨我们在预期计划中预见到的和未预见到的内容，以及未预见背后的原因，这样可以有效提升我们做计划的预测能力。

通过以上四个步骤，将费曼学习法应用于实际工作中，这不仅有助于提升个人的专业技能，还可以进一步增强员工内观反思、复盘总结的能力。

（二）赋予工作更多的价值和意义

先给大家讲个“三个工匠砌砖”的故事：

有三个工匠师傅在砌砖，路过的人问他们在做什么？

第一个师傅说：“没看到吗？我在砌砖呢，累死了。”

第二个师傅说：“我在砌砖，建一座房子。”

第三个师傅说：“我在建设美好的家园。”

第一个师傅觉得工作辛苦且没有成就感；第二个师傅因为有了建房子的目标，工作起来更有方向和动力；而第三个师傅由于赋予工作更高层次的意义，内心充满热情和自豪，工作起来也更加积极主动。

十年后……

第一个师傅依然是一名普通的工匠，埋头苦干，默默砌砖；第二个师傅已经成为建筑工程师；而第三个师傅则逆袭为这座城市的设计师，在他的规划下，这座城市变得愈加美丽。

工作本身并没有价值和意义，是我们对工作的定义和解读让工作有了价值和意义。正像这三位匠砌师傅，从事相同的工作，但他们对工作的定义却截然不同，最终他们各自的人生轨迹也就不同。

随着时间的推移，任何工作都可能变得单调乏味，关键在于我们能否不断地拓展和深化工作的价值，并在看似枯燥的工作中寻找到新的意义。

1. 拓展工作的价值和意义

拓展工作的价值和意义指的是扩大工作影响的人群范围，思考工作还可以为哪些人带来价值和意义。

当员工出现职业倦怠，工作积极性降低时，我们可以引导员工准备一张 A4 纸，围绕以下问题进行讨论和思考：

首先，我们可以问对方："为什么选择这项工作？"

接下来，拓展工作覆盖的人群范围。思考这项工作还可以与哪些人相关？工作成果对不同人群有何价值和意义？他们将如何评价我们的工作成果？讨论结束后，让员工将这些问题的答案记录在 A4 纸的一侧。

然后，继续探讨，事实上，这项工作是否为这些人提供了他们想要的价值？提供了哪些价值？还有哪些价值暂未提供？请将答案记录在 A4 纸的另一侧。

如此，A4 纸的一半记录了我们还可以提供的价值；另一半记录了我们实际提供的价值。两者之间的差距，正是需要拓展的价值空间，也是我们接下来要继续努力的方向。

2. 深化工作的价值和意义

除拓展工作的价值和意义之外,我们还可以进一步深化工作对个人成长带来的影响。

例如,很多前台工作人员,将工作内容限定在来访接待、端茶倒水、收发资料等简单事务上。员工每天重复这样的工作,时间一久,必然会出现职业倦怠。

但是,如果我们站在更高的维度重新审视前台工作,就会发现,前台是公司内部信息交流的重要枢纽。前台人员与公司各个部门的人员都有接触,能够结识不同职位的同事。这种广泛的内部联系有助于前台人员更好地了解公司内部的关系网络,也能为日后在公司内部的职业发展打下良好的人际关系基础。

而且,前台工作每天都要接待公司的供应商、客户和合作伙伴,通过与这些人的友好交往,前台工作人员有机会建立起自己的外部人脉资源。

总之,一些工作只是看似单调无趣,其意义价值有待发掘,需要我们提升认知层次重新认识它。HRBP 和业务伙伴的价值在于,帮助员工重新解读和发现工作背后更深远的价值和意义,丰富工作内容的层次。

除在认知层面引导员工看到更深层次的工作价值之外,我们还可以通过赋予工作更多的乐趣来激发员工的积极主动性。

（三）赋予工作更多乐趣

研究新生代年轻人喜欢的工作方式很重要，因为他们是未来职场的主力军。

作为互联网原住民的新生代年轻人，他们深受互联网多元性、即时性、互动性以及创新性的影响。因此，他们对单调乏味、循规蹈矩的工作模式感到难以忍受。相反，他们更倾向于寻找那些既有趣味性又富有创意的工作，甚至期望工作能像游戏一样充满乐趣。

为了满足新生代年轻人的需求，我们必须思考如何将工作与娱乐融合，打造一个既有趣又充满活力的工作环境，从而提高员工的积极性和工作效率。

接下来，我将分享一些公司的实战案例，希望能为您的探索之旅提供一些启示。

案例 1：趣味化的工作内容

一家广告公司希望提升团队的创意能力，于是设计了创意营销团队的"电影之夜"项目。团队每月选定观看一部经典电影，围绕电影的主题进行创意营销项目设计。例如，观看《大话西游》，团队可以围绕"时间旅行"这个主题设计营销活动，激发团队的创意思维。通过这种方式，团队成员不仅能享受看电影的时光，还能从中获取灵感，增强团队的凝聚力。

案例 2:故事化工作流程

将工作任务融入一个引人入胜的故事情节中,员工可以成为“任务英雄”,通过完成不同的任务推进故事的发展。

一家游戏开发公司希望提升员工的参与感和创造力,于是设计了“角色扮演工作日”。在每月一次的“角色扮演工作日”中,员工可以选择自己喜欢的角色,如游戏中的英雄、电影角色等,在工作中融入这些角色的特点,进行任务和项目的推进。这种方式让员工在轻松愉快的氛围中工作,在增强团队互动和合作的同时也激发了员工的创意。

案例 3:轻松化学习——企业的“学习午餐”

一家咨询公司希望提升员工的技能和共享知识,于是每周安排一次“学习午餐”,员工可以在午餐时间自愿分享自己的专业知识或个人兴趣,内容可以是与工作相关的技能,也可以是个人的爱好(如摄影、烹饪等)。这种非正式的学习方式不仅提升了员工的知识水平,还增强了团队成员之间的沟通与合作,营造了多元化的文化氛围。

案例 4:游戏化的培训与发展

一家金融公司希望提升员工的市场分析能力和团队协作能力,于是举办了一场“模拟交易大赛”。员工分组在虚拟环境中进行股票交易。比赛设置了不同的市场条件和挑战,团队需要制定策略并实时调整。这种游戏化的培训方式让员工在实践中学习,增强了对市场动态的理解,提升了团队的合作精神。比赛结束后,表现优异的团队还会获得奖励,这也进一步激励了员工参与。

案例 5：加入游戏元素的工作激励

一家大型企业希望提升员工的工作效率与积极性，于是设计了一款移动应用，员工可以在上面发布日常工作任务，并设定完成任务的时间。完成任务后，员工可以获得积分，这些积分可以兑换成礼品或内部奖励。通过这种游戏化的工具，员工在完成工作任务的过程中感受到乐趣，提升了工作动力和团队协作能力，形成了良好的竞争氛围。

总之，没有谁规定工作就必须要认真严肃。如果可以"快乐工作"，为啥非要"没苦硬吃"呢？况且，人不是因为成功才快乐，而是因为快乐才更容易成功。

让我们一起探索更多好玩有趣的工作内容和形式，在开心快乐中实现个人与企业的双赢吧。

新生代年轻人，不仅希望工作好玩有趣，更希望公司可以给予自己更多的自主空间，体验主人翁的感觉。为此，如何赋权员工，给予员工更多自主空间，也成为信息化时代迫切的人才管理需求。

三、赋权员工，给予空间

越来越多的企业正在积极探索如何在组织机制层面赋予员工更多的自主权，同时鼓励管理者合理授权，以激发员工的主动性和创造力。这不仅是因为员工期望公司能提供更多的自主空间，更是因为员工积极主动，自驱自主是效能提升的关键。

(一)组织机制上的赋权

在组织机制层面,很多公司通过机制改革,赋予员工更大的自主决策权,以增强员工的自主意识。

例如,全球知名的互联网科技巨头谷歌,允许员工将20%的工作时间投入个人感兴趣的项目中。这种自主决定时间分配的机制激发了员工的创新精神,孕育了诸如谷歌邮箱(Gmail)和谷歌新闻(Google News)等创新项目。

日本著名的丰田公司(Toyota)推行"精益生产"(lean production)模式,该模式赋予员工优化工作流程的权利,鼓励员工在生产线上积极提出改进建议。这种机制不仅提高了生产效率,还激发了员工的主动性和创造力。

在国内,知名火锅连锁企业——海底捞,也采取了有效的员工赋权措施。在海底捞,员工具有自主决策权,可以根据顾客需求主动推荐菜品、调整服务方式、处理顾客投诉等。这种赋权策略使员工能够根据现场情况和顾客反馈迅速作出调整,从而提高服务的灵活性和及时性。

除在组织机制层面赋予员工更多自主权利之外,员工自主性的激发更需要管理者合理授权。

（二）管理者的合理授权

“授权，给予员工更多自主空间”这句话听起来简单，但在实际操作中却充满挑战。挑战在于，每个人都希望对外界事务有掌控权，而授权的过程也是直接主管放弃掌控权的过程。此外，授权的边界往往难以把握：如果授权过少，员工会觉得只是走过场，激励效果不足；而如果授权过多，直接主管又会担心员工的方向可能偏离预期。

为了解决这些问题，竹辉整理了授权的关键内容，希望助力 HRBP 在掌握授权关键要点的基础上协助业务伙伴做好有效授权。

1. 简单归类，初步授权

在正式授权之前，业务伙伴需对手头的工作进行细致的整理和分类，随后，依据员工的优势、喜好和需求进行有效的匹配。

工作分类方面，我们可以依据工作的重要程度和风险等级，将其划分为四类，见图 5 - 1，分别是重要且风险高、重要且风险低、不重要且风险高、不重要且风险低。

评估工作重要性的标准主要涵盖以下几个关键维度：

（1）目标贡献度。工作对实现部门目标的影响力越大，重要性越高。

（2）所需能力水平。工作所需要的知识、技能、经验和能力要求越高，重要性越高。

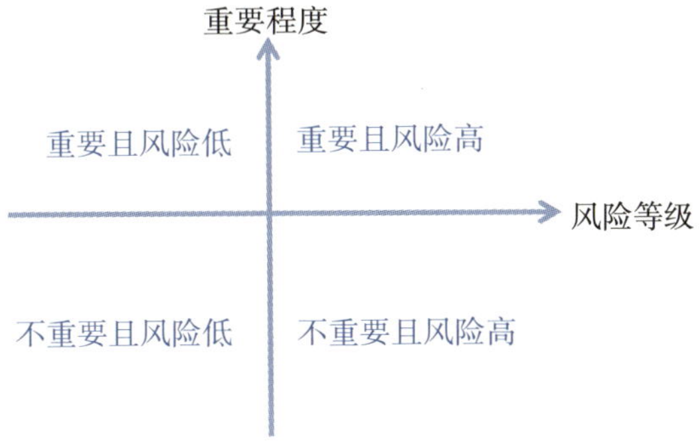

图 5－1　工作分类标准

(3)工作在业务流程中的价值。在业务流程中所处的位置越关键,重要性越高。例如,在产品制造企业中,质量检测是确保产品合格的关键环节。若质量检测执行不力,将严重影响后续的产品包装、销售等环节,甚至可能引发产品召回等严重后果。

(4)工作的影响范围。工作影响的人群越广泛,其重要性越高。

(5)与关键合作伙伴的关联性。工作内容与关键外部合作伙伴的联系越紧密,其重要性越高。

(6)后果的严重性。工作失误带来的后果(如法律责任、重大经济损失、人员伤亡)越严重,重要性越高。

评估工作风险等级的标准主要涵盖以下几个关键方面:

(1)是否有可以借鉴的过往经验?在评估工作风险时,过往经验具有重要的参考价值。若一项工作拥有丰富且成功的历史经验,这意味着许多潜在的问题与挑战已被前人所识别并解决,完成该项工作可以“按图索骥”,风险程度较低。反之,若某项工作缺乏过往经验,其风险便会较高。

（2）是否存在可借鉴的标杆案例？当有可借鉴的标杆案例时，我们可以沿着已被验证的成功路径前行。但如果找不到合适的标杆案例，我们就需要自行摸索全新的模式与方法，这可能会带来许多试错成本，风险较高。

（3）是否具备充足的资源？充足的资源可以降低工作风险。工作推进中，组织提供的资源越充分，项目抵御外在风险的能力越强，否则，项目将面临不可预测的潜在风险。

在依据上述标准对工作进行二维象限分类后，接下来可以执行初步的工作分配：

✓将那些不重要且风险较低的任务，如日常性和重复性的工作，放心地委托给新员工或经验尚浅的团队成员；

✓将那些重要但风险较低的工作分配给有希望在今年晋升的明星员工；

✓对于重要且风险高的任务，管理者要亲自把关，同时邀请将要重点培养的员工共同参与，借此提升他们的能力；

✓至于那些不重要且风险较高的工作，可以考虑暂时搁置。

2. 识人用人，精准授权

根据工作的重要性和风险程度对工作进行分类，然后结合员工的资质进行任务分配，这只是初阶授权。在初阶授权的基础上，还需要根据员工的优势、兴趣与需求，结合工作内容进行精准授权。

(1)识别优势，寻找员工擅长的领域

寻找员工擅长的领域，并不意味着需要员工在某个领域达到行业标杆或专家级水平，而是指在面对问题时，他们本能地想要去做，并且能够做得比其他人好的领域。一般来说，员工擅长的领域也是员工的优势领域。

我们可以借助以下方式挖掘员工擅长的领域和自身优势：

方法一：分析员工的成功案例。

识别员工的优势，不能仅仅听对方的自我评价，而是要深入分析员工的成功案例，围绕成功案例进行深入分析。例如，一位员工自认为擅长创新，但经过深入交流后发现，他实际上更擅长在创新团队中高效执行。又如，员工自认为擅长沟通，但深入了解后发现，他只是“喜欢说话”而已。

方法二：询问员工最难以理解和接受的他人行为有哪些。

根据能力阈限的透明性悖论，我们擅长之事会形成隐形的能力阈值，当他人行为低于此阈值时，你会觉得不可思议且难以接受，这往往也意味着此处暗藏着你未被充分认知的竞争优势。就像数学家看见错误公式时的本能不适，本质是其专业认知系统在捍卫知识边疆。当我们擅长的事情被他人处理得一团糟时，我们往往会感到莫名的愤怒和不解，甚至会困惑：“为什么这么简单的事情，他却做不好呢？”例如，一个善于察言观色且人

际敏感度高的人，可能无法理解和容忍那些对他人情绪变化毫无察觉、说话不经思考的人。

因此，我们可以通过询问员工："在工作中，哪些同事的哪种行为会让你感到烦躁、生气或不解"来了解员工的优势。

方法三：询问周围人对员工优势的评价。

通过询问同事对员工优势的评价，可以帮助我们更准确了解员工的优势。

方法四：管理者的观察总结。

管理者可以回顾员工的表现，根据自己以往对员工的观察，总结员工的优势。

首先，准备一张纸和一支笔，写下你认为的员工的 N 个优点，并按优先级顺序从 1 到 N 进行排列。

其次，为优点寻找行为证据。针对每个优点，寻找具体的行为案例。如果无法找到具体的实例，那么返回第一步，将该优点从清单中移除。

通过这种反复的思考验证，明确员工擅长的领域和优势。

(2)探索兴趣，寻找喜欢做的事

绝大多数人其实并不清楚自己真正喜欢什么，而只知道自己不喜欢什么。即便是找到了自己喜欢的工作内容，也不过是因为这份工作可以为我们带来物质上的丰厚回报或精神上的短暂愉悦。即便如此，在分析员工的兴趣和喜好时，我们仍应将这部分内容视为员工兴趣和喜好的关键。

此外,我们还可以通过以下问题来分析员工内心真正热爱的事情:

✓“有没有什么事情是你愿意不计成本也要去做的?”

✓“假设你已经实现了财务自由,没有任何生活压力和负担,你最想做的事情是什么?原因何在?”

✓“想象一下,你已经退休在家,经济无忧,你最想做的事情是什么?原因何在?”

✓“回顾你的过往经历,有没有一个人是你希望变成的样子?原因何在?”

需要指出的是,我们寻找的是那些与工作需求相关的兴趣和爱好。至于那些与工作无关的兴趣和爱好,我们可以在团队建设活动等非正式场合为员工提供展示的机会。

(3)关注员工需求基础上的授权

在本书前面章节中,我们分析过,激励员工的第一步是投其所好,满足其最迫切的需求。

大多数人不会因为你有困难或你需要帮助而主动行动,只会因为某事对他有益而愿意主动为之。因此,想要让员工积极主动地接受任务,我们就需要思考:授权出去的任务对个体而言有什么好处?可以满足对方什么需求?

例如，市场运营部经理老张对小李说："小李，10 月的线下沙龙活动方案你来做一下吧，我最近太忙了。"小李回应道："张总，我没有处理线下沙龙的经验，担心无法胜任……"

以上案例便是一个糟糕的授权。从老张的表达中得知，老张之所以将任务委托给小李，是因为他自己太忙，没有时间做，而不是出于培养和信任小李。这种"我不想做、不能做、不愿做，因此交给别人来做"的态度，通常会引起员工的抵触情绪。

一个好的授权应该突出任务能给员工带来的价值和意义。老张可以这样告诉小李："小李，你在公司这么多年了，我一直对你寄予厚望，希望你未来能够负责整个业务板块的运营。现在线上运营这块，你表现得非常出色，我想让你尝试一下线下活动的运营，这对于全盘运营能力的提升非常有帮助。不知道你是否有兴趣承担 10 月的线下沙龙活动？"

这种考虑员工需求的授权，不仅能让员工感受到信任与支持，还能激发他们对管理者的感激之情。

（4）综合分析做匹配

在完成上述分析之后，我们便能够依据员工的优势、偏好以及个人需求，结合工作需要，实施精准授权并合理调整工作内容。

在匹配过程中，我们可以借助一个由"优势"和"喜好"两个维度组成的四象限矩阵工具来进行人岗匹配分析（见图 5-2）。

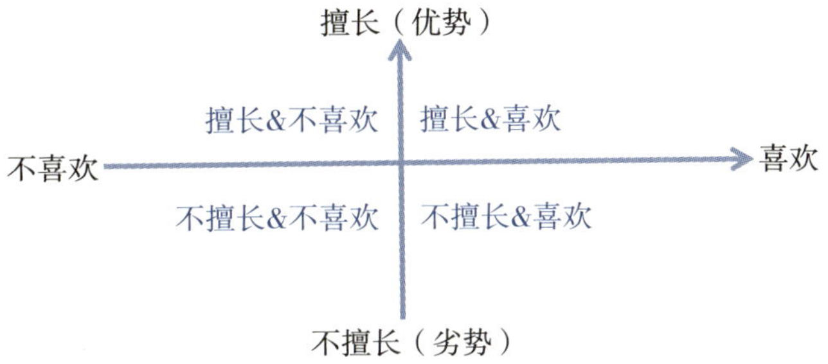

图 5－2　人岗匹配四象限

如果一份工作既是员工所擅长的，又是他们所热爱的，那该名员工无疑是这份工作的不二人选。然而，现实是，员工擅长的事情未必是他们所热爱的，而他们热爱的又未必擅长。

以员工小 A 为例，他以稳健可靠著称，人品卓越，始终将客户需求放在首位，因此赢得了很多客户的信任和青睐，无疑是一位杰出的销售人员。然而，小 A 本人性格内向，其实并不喜欢频繁的人际交往，因此对销售工作缺乏热情。每次完成客户拜访后，他都会感到精疲力尽。

那么，小 A 是否应该坚持在销售领域发展？

为了回答这个问题，我们必须参考“员工需求”这一要素。假设由于生活压力，小 A 需要这份工资颇高的销售工作，那么，我们可让小 A 继续从事销售工作，并与其沟通，期望他能培养出一位接班人。在此过程中，帮助小 A 在企业内部寻找更合适的、薪资持平的工作机会。在接班人胜任之后，为小 A 调整岗位。

反之，如果销售工作带来的好处并非小 A 的生活必需。那么，我们应迅速为小 A 调整工作，选择一些适合小 A 的工作机会。否则，此类员工极易流失。

而对于那些不擅长但喜欢的任务，HRBP 需要与业务伙伴一起分析，完成工作所需要的能力是否具有可培养性。如果可以培养，就应为员工提供培训和项目历练的机会；如果不可培养，即使员工本人喜欢，也不应轻易将其委派给员工。

最后，对于那些员工既不擅长又不喜欢的工作，切勿强迫他去做，否则容易两败俱伤。

3. 授权过程中的“五给”

在进行工作任务的授权和分配时，务必确保员工具备完成任务的能力且能够承担责任，作为主管，要对员工的工作内容和节奏保持适当的跟进。为此，我们需要实践“五给”原则。

(1) 给目标和方法

在将工作任务分配给员工时，不仅要和员工达成一个清晰的任务目标共识，即“在什么时间之内，在哪些事情上，做到什么程度”，还要共同探讨实现目标的操作流程，帮助员工理清思路。

(2) 给责任和压力

在分配任务时，要清楚地告知员工，这个工作任务对团队的价值，借此激发员工的团队责任感。同时，也需要让员工清楚，如果没有完成目标，可能会给团队带来哪些影响，员工将要承担何种后果。

需要提醒 HRBP 的是，在主管分配任务时，观察主管是否不经意间背上了员工的“猴子”。有些管理者为了给员工安全感，常常会和员工说“放心去做，出了问题我来负责”，这句话看似爱员工，实则害员工。当责任不在员工身上时，面对困难，他们更易选择退缩和逃避。更重要的是，这样很难培养出有责任感的员工。

在员工和业务主管的职责分工上，下属应对“分配的任务”负全责，而业务主管则需对“员工”负全责。业务主管有义务指导下属，提供必要的资源和支持，协助他们成功完成任务。

（3）给资源和支持

倘若我们仅给予员工责任，却不提供相应的权利、资源及支持，即便他们明确目标以及达成目标的策略和方法，也会感到巨大的压力，从而对工作产生畏惧，这对目标的实现是不利的。因此，我们必须赋予员工相应的权利，并提供资源支持与帮助，以减轻他们的畏难情绪。

例如，业务部门主管老张在向员工小李授权某项活动时，首先向小李阐明了该活动对个人成长、团队协作以及公司发展的重要价值和意义。

随后，老张明确指出，10 月 31 日将举办一场面向 50 位 VIP 客户的沙龙活动，这将是小李 10 月的核心任务。小李需在 10 月 10 日前提交活动的可行性方案，这是对工作内容和责任的具体说明。

同时，老张通知团队其他成员，每个人都应全力协助和配合小李筹备此次活动。在小李需要支持和帮助时，无论团队成员多忙，都必须提供必要的协助。若有团队成员不配合，小李可以直接向老张寻求帮助，确保任务的顺利推进。

此外，老张还告知小李，老赵在组织线下活动方面拥有丰富的经验，并已与老赵沟通好，在活动筹备过程中，小李可以随时向老赵咨询，寻求解决方案，这为小李提供了额外的资源支持。

通过这样的授权沟通，员工不仅清楚了工作的价值和具体的工作内容，而且能感受到来自团队和直接主管的支持，会更加有动力完成工作。

(4) 给权利和界限

业务主管对目标负责，监督目标的完成情况。但是，应将“完成目标的具体方法”授权给下属。

为了维持授权和风险之间的平衡，业务主管要尽量将大目标细分为小目标，下属在小目标的执行范围内，有权自主选择完成任务的方法，并对其有效性负责，不必完全遵循主管的指示。主管针对这些小目标提供及时的反馈。同时，在执行任务的过程中，业务主管需要明确告知员工，哪些事项可以自主作出决策，哪些事项必须向自己汇报。

(5) 给信心和助力

在任务分配的过程中，我们经常发现，即便做了充分的沟通，员工仍可能对自己的能力缺乏信心，这阻碍了他们有效迈出工作的第一步。

面对以上情况，HRBP或业务伙伴可以通过下述引导方法，激发员工的自信。

首先，我们可以鼓励员工回顾那些令他们难忘的成功经历。在回忆的过程中，询问员工在这些经历中具体做了什么，并尽可能要求他们详细阐述。

其次，引导员工分析成功的原因。将成功归因于个人的能力和特质等相对稳定的因素，这样的激励效果会更加持久。

最后，引导员工思考如何将自身的优势转化为当前工作的积极成果。同时，鼓励他们想象实现目标后的美好情景，描述他们的所见、所闻以及体验到的美好感觉。

通过这些步骤引导，可以让员工有效启动工作的第一步。在接下来的工作推进过程中，当员工取得成就，或展现出积极的行为时，我们还要不断地给予员工认可和欣赏，让员工收获源源不断的能量，真正点燃员工内心的自信，从而由外驱转为内驱。

四、认可欣赏，点燃自信

对员工表达认可和欣赏，就可以点燃员工内心的自信吗？答案是肯定的！

甚至有时候，来自外界的认可和欣赏比物质激励带来的效果更加持久和明显。因为，被爱是人类与生俱来的原始需求，是人内心最强的渴望。

而对外界功名利禄的追求不过是对爱的诉求的异化而已。

（一）被爱是最原始的需求

“生”是人类的本能，“被爱”是伴随本能而生的最原始的需求。所以，当你接收到自己被爱的信号，比如被认可、被欣赏和被接纳的时候，你会感到开心和快乐，从而能量满满；相反，当你接收到不被爱的信号，比如指责、批评、否定和拒绝的时候，你会感到紧张和不安，能量消耗殆尽，立马缩回自己的心理安全区。

我们内心渴望被爱、被关注、被认可、被欣赏，因为，我们都是普通人，终其一生都无法超脱生死。但是，在我们成长的过程中，“被爱”需要条件，爱被异化。自此，我们对爱的需求变成了对财富、社会地位等一些外在功名利禄的追逐。

人才管理要做的事情就是要透过那些条件性需求，看到员工内心对爱的渴望，给予其充分的认可和欣赏，提高自信，激发能量。

（二）认可和欣赏，重启员工自信

根据员工在职场所建立的关系网络，我们可以把来自外界的认可分为四种类型，分别是来自组织的认可、来自上级主管的认可、来自同级的认可和来自客户的认可。

对员工来说，仅仅考虑职场中的认可是远远不够的，更要考虑员工身边的亲戚朋友对其工作和公司的认可。一份既体面又有社会地位的工作，一份能赢得亲戚朋友羡慕的工作，以及一份得到家人支持和认可的工作，对员工来说，可能更为关键。

最后，所有外在的认可都不如员工的自我认可重要。助力员工自我认可，才是认可的终极目的。

1. 来自组织的认可

在组织层面，公司可以采取多种方式来表达对员工的认可。

策略一：定期的敬业度或组织氛围调研。

我们可以定期进行员工敬业度或组织氛围调研，收集员工对组织的看法和建议，并对这些反馈作出迅速的回应。当员工感觉到自己的声音被倾听，需求被重视的时候，他们便能感知到来自组织的认可。

策略二：成功经验分享会。

HRBP 可以协助业务伙伴定期安排成功经验分享会，鼓励员工积极展现自己的工作成果，分享成功经验。

策略三：建立员工“成就墙”。

在办公区域设立一面展示墙，每当团队成员实现销售目标或完成特定挑战时，他们的照片和成就将被展示在墙上，被大家共同看到。

这种可见的成就展示能极大鼓舞员工士气，同时促进积极向上的团队文化。

策略四：职业发展规划。

关注员工的成长和发展，是对员工最深沉的爱和认可。我们应该基于业务发展的需求，建立任职资格体系和职业发展通道，并结合员工的个人优势、需要和兴趣等因素，为员工提供职业发展的建议和指导，给员工提供学习成长和晋升发展的机会。

2. 来自上级主管的认可

HRBP 应该协助业务伙伴将认可和欣赏融入管理的细节之中。

在日常管理实践中，有两种特别关键的认可方式，对员工而言至关重要，它们分别是赋权和及时反馈。

赋权指的是赋予员工在重大决策中的参与权或建议权。在关键项目中，邀请员工加入决策流程，并尊重他们的观点和建议，这实际上是对员工能力的一种无形认可。此外，我们还可以激励员工主动提出项目方案，并将其付诸实践，从而向员工传达对他们能力的信任与肯定。

及时反馈，指的是在员工取得成就的时候，要给予及时有效的积极反馈。这种反馈不仅是对员工能力的认可，也能强化员工的积极行为，助力员工成为最好的自己。

在反馈过程中，HRBP 和业务伙伴必须掌握一个关键的技能——夸人。或许是因为国人内敛的性格，许多管理者，包括 HRBP，往往在“夸人”方面显得有些许笨拙。甚至，有些管理者因为不擅长“夸人”而选择了沉默。而另一些管理者知道“夸人”很重要，也会尝试对员工表达赞扬，但也仅限于“你真棒”“你真厉害”“你太优秀了”等表达，总让人有种“被敷衍”的感觉。

那么，应该如何有效地表达对他人的赞扬，既能让对方感到舒服，又能强化员工积极的行为呢？**我们可以套用“认可行为＋表达感受＋肯定品质/能力”的结构来表达赞扬。**

例如，员工小李昨天在例会上的汇报做得非常出色，这时你可以对小李说：“小李，昨天你在公司例会上的汇报非常精彩，汇报中运用了具体案例和数据，直击问题要害（认可行为）。听完你的汇报，我对新业务有了全新的理解，深受启发（表达感受），你真是一个不可多得的深度思考的人才（肯定品质/能力）。”

除此之外，我们还可以在上述结构的基础上作一些调整。例如，**顺应每个人都希望自己比他人优秀的人性特点，强调其行为的差异化优势。**你可以这样称赞员工：“我接触过许多来自知名企业的同事，但只有你，在工作中表现得非常接地气（差异化优势）。你没有空谈理论，而是深入业务一线，亲自了解实际情况（认可行为），这种务实的工作态度让我感到非常舒心（表达感受），你确实是一个值得信赖的人（肯定品质/能力）。”

同时，我们**也可以顺应人性中天然的喜欢寻找同类的倾向，强调身份认同，给予员工安全感。**例如，新员工小张在公司例会上的表现，让你很满意，你可以对小张说：“你刚才面对财务总监的质疑，在应对的时候，有理有据，不慌不乱（认可行为），这让我想起了自己当年的样子（身份认同）。看到今天你的表现，我感到很欣慰（表达感受），我没有选错人！年轻人，你很有冲劲和魄力（可能性品质/能力），继续努力吧！”需要提醒的是，此处所提及的“这让我想起了自己当年的样子”，除表达了身份认同之外，也是在有意将自己塑造成员工学习的典范。员工只会向自己认可的人学习，如果作为典范的个体并非员工所认可和信赖的，那么这句话在这个地方不仅起不到积极的效果，还会挫伤员工的积极性。

赞赏他人不仅可以激励员工，进而强化其积极的行为，而且能有效引导员工积极分享优秀经验，沉淀和提升团队能力。**我们可以参照“认可行为＋肯定能力＋归于身份＋强调价值＋讨论期待”的方式来表达赞赏。**

例如，员工小张成功搞定一个 VIP 客户，并得意洋洋地向上级主管汇报，这时，我们一定要抓住这个难得的机会对小张表达赞赏。

我们可以对小张说：“小张，大家都无法搞定的客户（差异化优势），你坚持了三个月，跑了不下六次，终于签下了订单，真是太棒了！（认可行为）”——**差异化优势＋认可行为。**

“这充分展现了你强大的耐力、抗压能力，以及出色的资源整合和客户谈判能力。”——**肯定能力。**

“你是我见过的最优秀的销售人员，是我们团队的骄傲和大家学习的榜样。”——**归于身份。**

“今年，这个订单至少能给我们团队带来 10% 的业绩，对团队意义很大。”——**强调对团队的价值。**

“在这个过程中，你肯定有很多收获和感受，下周团队周会上，给大家分享一下实战经验，也让团队其他人好好学习学习，带带其他人，一起进步。”——讨论期待。

总之,作为管理者,应当慷慨地给予员工认可与赞赏。夸人夸得好,团队氛围好。而且,你只需要动嘴,员工便能开开心心地动腿,何乐而不为呢?

3. 来自同级的认可

有人说,职场中无朋友。这句话有一定的道理,职场中的确不应该有朋友。朋友关系是靠感情维系的,如果职场关系中掺杂太多情感因素,便容易在很多事情上有失客观,不利于业务目标的实现。但是,职场中应该有合作伙伴。与合作伙伴有共同的目标,为了实现共同目标,彼此在能力上需要互补,在性格上需要包容,在情感上需要经常表达对彼此的认可和欣赏。

为此,HRBP 可以协助业务伙伴在团队中建立“互夸”机制,营造赏识氛围。例如,在每次团队例会中,每位成员都要表达和分享同事对自己的帮助,并表达感激之情。

还可以在团队中建立互助小组,成员间相互扶持,共同成长。这样的互助小组能够显著提升团队成员间的认可和欣赏。

这种互夸机制不仅能让员工感受到同事的认可和欣赏,还能培养员工善于发现他人优点的能力。

4. 来自客户的认可

客户的认可是员工价值最直接的体现。当员工收到来自客户的认可时，他们内心深处被点燃的不仅仅是工作的热情，更是对所从事事业的坚定信念。

为了保证客户的认可和欣赏能及时且有效地被员工接收，我们应该搭建起有效的沟通桥梁。

策略一：客户反馈的收集及展现。

我们可以定期收集客户的正面反馈，并及时分享给员工。例如，一家软件公司，不仅收集来自客户的正向反馈，并将其分享给员工，还会把用户的好评、点赞等信息打印出来，贴在员工休息区的墙壁上，这极大激励了员工。

策略二："爱"要当面说出来。

我们可以邀请客户到公司与员工进行面对面的沟通，使员工的价值得以直观展现。例如，在一家通过电话筹集社会捐款以资助贫困大学生完成学业的慈善机构中，员工出现了职业倦怠，工作效率下降，电话筹款的数量也显著减少。为了解决这个问题，他们接受了心理学家亚当·格兰特的建议，安排受资助的大学生与慈善机构的员工进行了 10 分钟的电话交流。1 个月后，员工的工作效率显著提高，电话工作时间增加了 142%，捐款金额也增长了 171%。

阿里巴巴也曾经如法炮制，在客服小二出现职业倦怠之时，邀请客户到客户体验事业部分享他们的故事,表达对阿里客服团队的感激之情,这同样再次点燃了客服小二的工作热情。

策略三:分享与客户之间的故事。

如果缺乏条件邀请客户来公司与员工进行面对面的交流,那么可以邀请团队成员分享他们与客户之间感人至深的故事。例如,一位客服代表分享了她是如何通过耐心沟通,成功化解了一位愤怒客户的问题,并且使客户转变成公司的忠实支持者,最终赢得了客户的认可和赞赏。通过聆听同事的故事,员工也可以感受到客户对其岗位价值的认可。

来自客户的认可,不仅可以帮助员工看到自身的价值,也能点燃员工对工作的热情,更能助力员工建立使命感。

5. 来自家庭的认可

西方管理学强调职业化,希望员工将工作和生活分开。在员工激励方面,更是极少考虑家庭因素对员工的影响,甚至会把家庭因素定性为员工的隐私,尽量避开!

然而,员工更好的工作表现,始于其对美好家庭和生活的向往与追求。员工的工作被其家人所理解、支持、认可和欣赏是很重要的。家人对员工工作的态度,既可能成为其勇往直前的动力,也可能成为消磨其斗志的枷锁,故照亮员工的生活愿景与家庭期待,才是激发其工作潜能的不竭源泉。

让我与你分享一个真实的小故事。张总有一位下属,之前表现很好,但是最近状态不太稳定。于是,张总决定与其进行一次深入的交流,试图找到激励员工的方法。在交流了很久之后，张总始终未能触及员工的需求。于是，张总直截了当地问下属："你究竟想要什么？"员工沉默片刻后说："我希望家人能够认可我的工作。"这个回答让张总既惊讶又困惑，他表示："我尝试了各种激励员工的方法，却几乎从未考虑过通过员工的家人来激励员工。"

那么，我们要如何通过员工的家人来激励员工呢？

策略一：举办家庭日活动。

组织员工家庭日活动或开放日活动，让员工的家人了解公司的文化和工作环境，增加他们对员工工作的认可和支持。例如，在阿里巴巴，每年 5 月 10 日是集团全体员工的节日，被称为"510 阿里日"，也被称为"亲友日"。在这一天，员工可以邀请亲朋好友走进公司，亲身感受公司的文化，了解他们的工作日常；在这一天，员工可以带着宠物上班、穿着睡衣上班，甚至可以带着孩子上班。

这样的活动不仅增进了员工的家人和朋友对其工作的了解，也增强了他们对员工工作的认可和支持。

策略二：邀请家人共享员工成就。

对于获得表彰或在项目中作出重大贡献的员工，可以邀请他们的家人一同参加公司的表彰大会。让员工的成就被家人看到，让家人因她/他而骄傲。这种方式有助于增强员工在家庭中的地位，并获得家人的认可与欣赏。

策略三:来自公司的一封家书。

公司可以每年向员工的家人邮寄一封家书。详细描述员工在过去一年中的工作表现以及公司对其成就的认可。同时,感谢家人对员工工作的支持:没有家人的支持,就没有员工的成就。

当企业用心地去践行这些管理策略时,就如同在员工与其家庭之间编织起了一张温暖而坚韧的情感网络。员工在家庭的认可与支持下,能够以更饱满的热情和更坚定的信念投身于工作之中;而家庭也会因企业的用心关怀,对员工的工作多一份理解与尊重。

组织、上级主管、同事、客户乃至家人的认可都来自外在。然而,外在的认可和欣赏本质上是不能持久的。管理的终极目标之一是引导员工从追求外在的认可转为自我认可。

6. 来自自我的认可

爱自己,才能爱别人;认可自己,才能真正地从内心认可别人。这是我们每个人的人生必修课。

那么,我们要如何修炼自我,认可自我呢?

策略一:借假修真。

现在,请静下心来,闭上眼睛,想象一下自己成功后的样子。你看到了什么?感受到了什么?记住这一刻美好的自己。

然后,请回答以下问题:为了变成自己想象中美好的样子,我需要给自己设定的五年目标是什么?当下的目标是什么?我需要在多长时间内,在哪些方面，做出哪些改变，取得怎样的结果？为了变成最美好的自己，当下我需要表现出哪些积极的行为？

从此刻开始，请以这些积极的行为要求自己。每做出一个积极的行为，都要在内心深处给自己点个大大的赞！在完成一个阶段性的目标时，不要忘记奖励自己，如买一件自己心仪的小物品或享受一次美食等。

也许，一开始，这些行为是刻意（假）为之的，但是时间久了，便成就了真正美好的自己（真）。

策略二：每日反思。

养成每天记录工作的好习惯。主要记录每日的成就、解决掉的问题以及获得的认可。一天结束后，回顾当天的工作内容，包括完成了哪些任务、取得了哪些成就、在哪些方面有所成长，以及哪些做法值得点赞，为什么值得点赞。

通过每日复盘总结，可以帮助自己看到每日工作的价值，并感受到自我的成长。

策略三：积极自我对话。

请对自己说“好”话，说积极正能量的话，例如“我有能力完成这项任务”“我在不断进步”“我是最勇敢的”“我一定可以完成这份工作”等。语言是有力量的，积极的暗示必然带来积极的能量；相反，那些消极的语言，只会潜移默化消耗你的能量，例如“我好辛苦啊”“我好累啊”“我好烦啊”等。

策略四：与积极正能量的人在一起。

能量是相互激发的，和优秀的人在一起，更容易看得到自己的优点。可以选择参加培训、行业沙龙或兴趣小组。对自我成长有要求的人，一般会更有能量。

五、小节

从对员工需求的满足，到赋能赋权员工，再到认可和欣赏员工，这些人才激励的方式，最终是希望助力 HRBP 或业务主管引导员工从外驱转为内驱，从对外界功名利禄的追逐，转为对工作本身的热爱。

一个人，只有在职场中找到自己真正热爱的事业，才更容易聚焦于自我，不再被外界事物所干扰，个人才能发挥出最高效能。

第三节 关注过程，塑造行为

我相信人性的底色是积极善良的，不过，偶尔会冒出些许恶意，犯点小错。对于刚刚萌芽的恶意或小错误，如果我们引导得当，便能防患于未然。但是，如果我们放任不管，甚至激发恶意，便可能会错失良机，甚至助长不良行为或风气。

一、引导善念，激发善意

我们要如何有效引导，避免员工做出某些不当行为呢？

先给大家讲个小故事。

从前，有一位老师父，他有两个徒弟。一天，小徒弟在厨房洗碗时，不慎打碎了一个刚清洗干净的碗。恰巧，大徒弟目睹了这一幕，心中怒火腾起，立刻跑去向师父报告："师父，师弟刚才又打碎了一个碗，他总是那么粗心大意。"

师父听完，微微闭上眼睛，回答道："我知道了，你师弟又打碎了一个碗。我能感受到你现在有些生气，还有些失望，是吗？我相信，如果换作是你，一定不会打碎碗，对吗？你今天来告诉我这件事，想必是希望师弟以后能更加认真、仔细，珍惜来之不易的炊具，是这样吗？我相信，日后你也会尽力帮助师弟，让他做得更好，是吗？”

大徒弟听完师父的一番话，深感惭愧，顿时醒悟。

师父的话不仅展示了管理者应具备的倾听与反馈技能，还彰显了激发善意的能力。

在回应大徒弟的过程中，师父首先确认了事实：“我知道了，你师弟又打碎了一个碗。”这句话不仅承认了客观事实的存在，更是向大徒弟表明自己有认真倾听他的话。

接着，师父说：“我感到你现在有些生气，还有些失望，是吗？”这是师父在向大徒弟表达共情，师父承认并关注大徒弟的感受，同时允许这些情绪存在。

在职场中，具备与他人共情的能力，并且能够识别和接纳对方的情绪，是引导和管理他人情绪的关键技能。很多时候，我们难以走进他人内心，或者不经意间成为话题终结者，往往是因为过分专注于自己的观点，急于表达个人感受，而忽略了对方的情感需求。

例如，当员工小李向你抱怨直接主管难以相处，脾气暴躁时，最恰当的回应是反映对方的感受：“上级主管的行为让你感到愤怒和烦躁，对吗？”反之，如果你回应：“我认为你的主管其实不错。”或者“我们应该学会接纳和适应领导的风格，这样才能更好地适应职场”，这样的表达可能会导致双方关系疏远，甚至激起对方的防御心理，对解决问题毫无帮助。

师父继续说道："我相信，如果换作是你，一定不会打碎碗，对吗？"通过这句话，老师父智慧地回应了大徒弟内心渴望获得师父认可的需求，同时表达了对徒弟能力的坚定信任。

接下来，师父引导道："你今天来告诉我这件事，想必是希望师弟能更加认真，珍惜来之不易的炊具，是这样吗？"这句话是老师父有意激发和引导大徒弟的善念。

小徒弟打碎碗是客观事实，大徒弟却主观地认为小徒弟"总是粗心大意"。基于这样的主观判断，大徒弟决定将情况报告给师父。大徒弟的行为可能出于多种动机：或许是希望师父对小徒弟进行惩戒，或许是期望师父能够帮助小徒弟改正错误，又或者两者皆有。

此时，大徒弟的真正的意图并不重要，重要的是师父如何解读并引导大徒弟后续的行为。

如果师父的回应是："徒儿，你做得对，应该告诉我，小徒弟真是冥顽不化，我要好好教导他"，这样的反应可能会加深大徒弟对小徒弟的反感，并可能导致他在师父不知情的情况下对小徒弟采取打压行为。

如果师父回应："小徒弟就是不如你，只有你能做好"，这可能会加剧师兄弟之间的紧张关系。

师父的智慧在于，他将大徒弟的行为解读为一种出于希望小徒弟能更加细心的善意，这是一种积极的引导。

最后，师父说："我相信，日后你会尽力帮助师弟，让他做得更好，是吗？”这既是对大徒弟未来的期望，也是在激励大徒弟积极行善。

总之，当我们面对他人的负面情绪时，要保持对善念的觉知，表达客观事实，与对方共情，并进行积极正向的激发和引导。

二、塑造行为，对事不对人

在他人恶意萌芽之初，我们就应当对其进行积极的解读与引导，防患于未然。然而，我们必须承认，人无完人，每个人都会犯错。当员工已经表现出不当行为时，我们又该如何应对呢？

一些管理者可能会直接指出员工的问题，例如，粗心大意、态度散漫、能力不足，等等，这种上升到个人品质或能力的评价，极易激起员工的不满，导致双方不欢而散。而有些管理者选择视而不见或避而不谈，久而久之，因为员工业绩太差或给团队带来严重影响，业务主管不得不予以辞退，最后以“公司赔钱，员工走人”结束关系。

其实，只要我们抱持一颗与人为善的真心，掌握引导技巧，及时对员工的不当行为进行引导纠正，不仅不会激起员工的逆反或不满，反而会赢得他们的感激。

技巧一：对事不对人。

“对事”指的是客观陈述事实；“对人”则涉及对个人的评价。“对事不对人”强调的是在与员工沟通的过程中，要专注于事实本身，避免对个人的能力或品质进行评判。

例如，业务主管老张对下属小李说："你这个人太粗心了，完全没有风险管控意识；但凡你认真仔细一点，都不会把事情搞得这么糟。"在这里，"太粗心了""没有风险管控意识"是对员工这个"人"的主观评价，是"对人"。没有人喜欢被评价，尤其是负面的评价。

但是，如果业务主管老张采用不同的表达方式，对小李说："小李，客户信息的录入至关重要，我已在团队中多次强调这一点，是吗？回想上周三，我要求你在中午 12 点之前将客户信息，包括客户的基本信息、所在区域、所购产品名称，以及后续回访信息等录入系统。但是，到了当天下午 4 点，你仍未完成客户信息的录入工作。这直接导致前端销售人员在礼品配发时的失误，进而引起了客户对我们的投诉。在这方面，我们没有做好，你觉得呢？"这样的表述是在陈述客观事实，而不是对人进行评价，即"对事不对人"。

综上所述，"事"指的是客观存在的事实，沟通时对事通常不会激起员工的反感或反驳。相对地，对人的主观评价则容易激起员工的逆反心理和防御行为。因此，如果希望通过辅导和沟通来纠正员工的不当行为，我们必须学会区分客观事实与主观观点。坚持"对事不对人"的沟通原则，多谈客观事实，少谈主观评价。

技巧二：少些套路，多些真诚。

在纠正员工的不当行为时，许多人倾向于采用"三明治"式的沟通方法。

这种方法包括三层：最上层是积极的肯定，中间层是需要沟通的核心内容(可能是建设性的反馈、批评或待解决的问题),最下层则是再次给予积极的鼓励。

简言之,就是先"表扬",接着"但是",最后再"表扬"。这种沟通策略看似巧妙,却往往给员工带来如过山车般的情绪波动,许多员工将其视为主管沟通的套路。有些员工在听到"但是"时,会觉得主管前面的肯定都是虚伪的。更有员工希望主管能够直接表达"但是"后面的内容。"三明治"式的沟通方式本身并无不妥,关键在于我们要如何灵活运用。

竹辉总结了一些实战经验,您不妨一试。

首先,"夸"要夸得具体,内容要丰富,态度要真诚。甚至要夸到员工不好意思为止。这是通过"夸"这个动作,给予员工力量。

其次,在提出建设性意见时,建议将"但是"替换为"同时"。请注意,"同时"之后,接的是对客观事实的陈述,而非主观的判断。

最后,在结束对话时,应该以员工的自我评估和对目标的自我承诺来结尾,而不是以我们对员工的评价和建议结尾。

技巧三:改变从细微处着眼。

在纠正员工的不良行为,助力良好习惯养成的过程中,切忌急于求成,而应采取不贪多、不求快,循序渐进、"小步慢跑"的策略。在取得成果后,及时给予员工鼓励和认可。

至此,提升个人效能的方式方法已告一段落。通过上述人才激励措施,有的员工被激发,有的员工维持现状,有的员工不仅没有被激发,其业绩可能还下滑了。然而,无论结果如何,都需要参照业务目标、个人成长目标、团队目标等多个维度，对员工的既往成绩和行为表现进行总结和评估。基于业绩成果和行为表现，对员工进行人才分类，并制定差异化的后续管理方案，启动新一轮的人才发展周期。

第四节 人才分类管理

人才管理需要“先分类,后管理”,而分类则需要标准。本书人才分类的标准是业绩和价值观。

关于业绩:业绩是企业的命脉,缺乏业绩,企业将无法维持生存,更遑论发展。当然,这里的“业绩”特指长期的业绩表现,通常以一年或更长时间的业绩为基准。之所以要选择长期业绩是因为长期业绩更能体现员工的真实能力水平,而短期业绩易受市场波动和临时因素的干扰。

关于价值观:价值观,本质上是一种认知!人与人之间价值观上的差异主要是认知高度、深度和宽度上的差异。人类的价值观模式主要分为无力型、专家型、影响型和领袖型。

职场中多数人的价值观模式属于专家型。只不过,受个人成长经历的影响,每个人看重的事物不一样,在生活中就形成了不同的价值观选择,有的人爱财,有的人爱名,有的人看重事业,有的人看重家庭。不仅价值观选择不一样,由于每个人对事物和人性发展规律的认知水平不同,在追求自己想要的事物的路上,所采用的路径和方式也不一样。

当我们的认知水平比较低的时候，我们会更看重短期利益、即时回报，会在某些事情上斤斤计较，偏重个人利益。一旦个体达到对事物和人性规律的认知，便会表现出更多爱、利他和长期主义的行为，成为公司期待的“道”合之人。个体的认知模式也会从各种价值取向的专家型跃迁至影响型。

本书以个体认知模式为主要的分类标准，将员工分为不同业绩表现的三大类（见图 5－3）。未采用长期业绩作为分类标准，是因为长期业绩仍然具有极大的不稳定性，受内外部各种因素综合作用的影响。相反，个体认知模式虽然也在变化，但是变化过程相对缓慢，具有一定的稳定性。

一、影响型人才

影响型人才主要指的是图 5－3 格子⑦、⑧和⑨中的员工。

很多公司中并不存在格子⑨中的员工，这类员工认知水平高，具有广阔的视野，关心他人并富有利他精神，在团队中具有强大的影响力。如果他们担任管理者，他们所带领的团队，战斗力和凝聚力会很强。即使他们不在管理岗位上，也能够积极影响团队成员，成为团队的实际领导者。

对于影响型人才而言，如果他们业绩表现不佳，公司不应该从员工身上找原因，而应该从公司自身找原因。我们要问反问自己：“我们是否为此类员工提供了价值发挥的空间和平台？”或“我们在哪些方面没有做好，以致员工没有拿到好的绩效结果？”

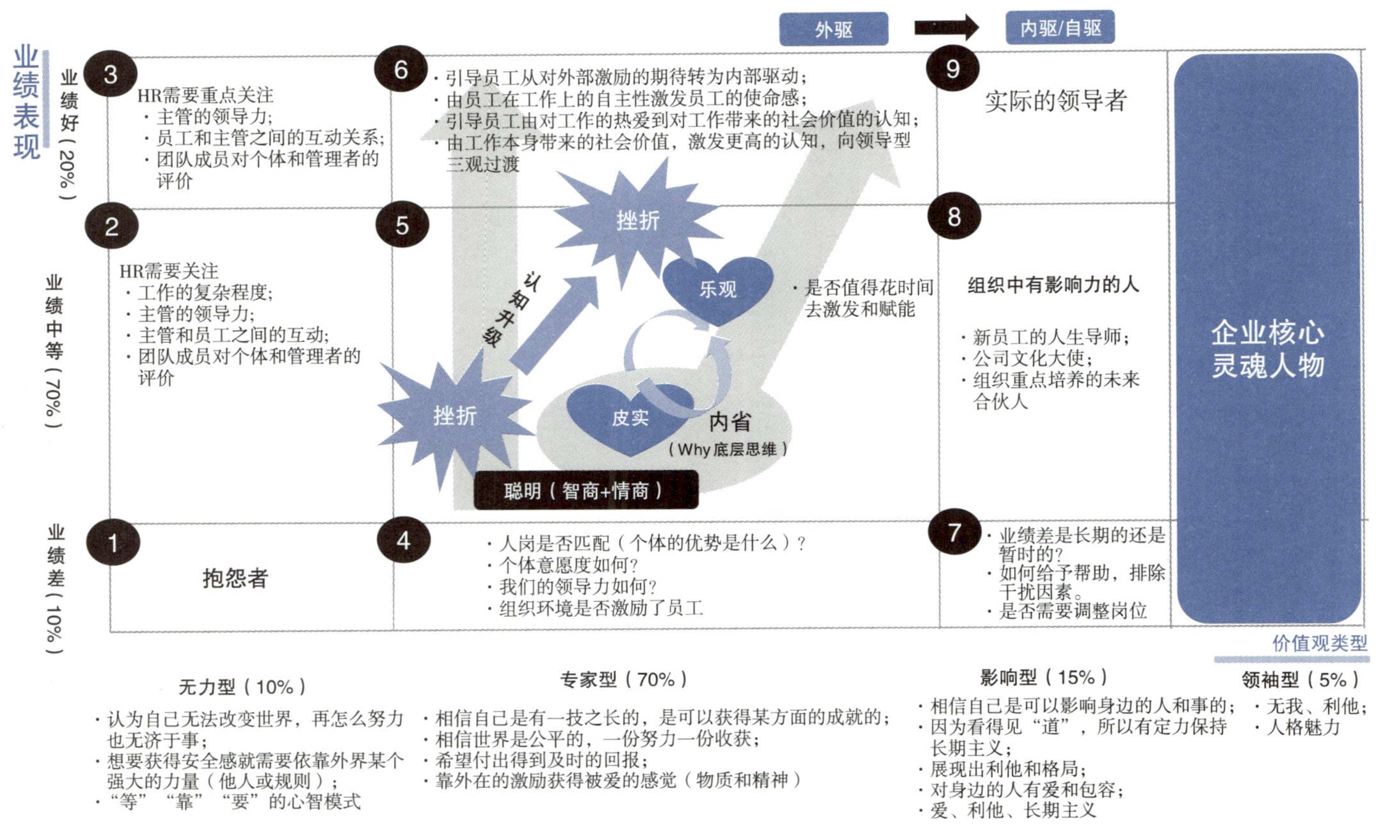
外驱
内驱/自驱
业绩表现
业绩好（20%）
业绩中等（70%）
业绩差（10%）
3
HR需要重点关注
· 主管的领导力；
· 员工和主管之间的互动关系；
· 团队成员对个体和管理者的评价
6
· 引导员工从对外部激励的期待转为内部驱动；
· 由员工在工作上的自主性激发员工的使命感；
· 引导员工由对工作的热爱到对工作带来的社会价值的认知；
· 由工作本身带来的社会价值，激发更高的认知，向领导型三观过渡
9
实际的领导者
企业核心灵魂人物
2
HR需要关注
· 工作的复杂程度；
· 主管的领导力；
· 主管和员工之间的互动；
· 团队成员对个体和管理者的评价
5
挫折
认知升级
挫折
乐观
皮实
内省
（Why底层思维）
聪明（智商+情商）
· 是否值得花时间去激发和赋能
8
组织中有影响力的人
· 新员工的人生导师；
· 公司文化大使；
· 组织重点培养的未来合伙人
1
抱怨者
4
· 人岗是否匹配（个体的优势是什么）？
· 个体意愿度如何？
· 我们的领导力如何？
· 组织环境是否激励了员工
7
· 业绩差是长期的还是暂时的？
· 如何给予帮助，排除干扰因素。
· 是否需要调整岗位
价值观类型
无力型（10%）
· 认为自己无法改变世界，再怎么努力也无济于事；
· 想要获得安全感就需要依靠外界某个强大的力量（他人或规则）；
· "等" "靠" "要"的心智模式
专家型（70%）
· 相信自己是有一技之长的，是可以获得某方面的成就的；
· 相信世界是公平的，一份努力一份收获；
· 希望付出得到及时的回报；
· 靠外在的激励获得被爱的感觉（物质和精神）
影响型（15%）
· 相信自己是可以影响身边的人和事的；
· 因为看得见"道"，所以有定力保持长期主义；
· 展现出利他和格局；
· 对身边的人有爱和包容；
· 爱、利他、长期主义
领袖型（5%）
· 无我、利他；
· 人格魅力

图5-3　人才分布宫格

一个认知水平比较高的影响型员工，如果在一家企业感受不到自我价值，很快会去寻找更适合自己的机会和平台，这将成为组织最大的损失和成本。

(一) 如何看待影响型员工的流失

很多公司为了保留业绩和价值观都优秀的影响型人才，会为其提供具有市场竞争力的薪酬待遇，实施荣誉激励机制，提供晋升机会以及赋予其更多的自主权等。这些策略无疑具有一定的效果。但是，对于影响型人才来说，他们更关注公司的长远发展以及个人的成长空间。换言之，影响型人才流失的真正原因是他们可能并不看好公司的发展前景或他们在公司的长期发展空间。又或者，他们认为其他企业拥有更长远的未来，能够为自己的发展提供更广阔的机会和平台。

许多管理者认为员工离职是对企业的不忠，将离职行为简单归因为员工忠诚度问题。然而，我们应如何定义忠诚呢？员工小 A，尽管仍在职，但其工作态度敷衍，甚至在外界对公司进行诋毁，这能称为忠诚吗？反观员工小 B，尽管已经离开公司，但在其任职期间，他全力以赴，恪守职责，在外极力维护公司的声誉，这样的行为难道称不上忠诚吗？

衡量员工忠诚度的标准并非离职与否，而是其在任职期间是否忠于职守，是否全力以赴地为公司创造价值，是否对公司怀有感激之情，并积极维护公司的声誉与形象。

员工与公司之间是一种合作关系，这种合作要建立在价值互补和相互需要的基础上。若公司的发展无法满足员工的需求,员工有权选择离开,寻求更好的发展机会;同样,若员工的能力无法满足公司的需求,公司也会选择终止劳动合同,这些均是职场中的常态。

优秀的影响型员工是企业的活广告,是公司最珍贵的资产。当这些优秀员工决定离开时,我们应当遵循"happy come,happy go"的原则,与员工好聚好散。

(二)挽留优秀员工

真正的优秀员工,一定是猎头或竞争对手关注的对象。面对优秀员工可能被挖走的情况,我们应如何挽留呢?

正如前文所言,优秀人才的流失主要由于他们对企业未来缺乏信心,以及在企业发展中看不到自己的价值和成长空间。因此,对于这类人才,我们必须向他们展示企业的未来发展蓝图和战略规划,为他们描绘企业更广阔的成长前景。

我曾有幸聆听营销专家高建华老师的课程,他分享了个人职业生涯中的一段故事:因为看到与自己水平差不多的同事都获得晋升,做了销售的区域经理。一想到自己和他们的能力差不多,却没有得到发展,心里很是不爽。那时,正好外面有一家外企找到他,他就开始动摇,觉得做市场营销只是一个配角,做销售才是主角,所以就想离职。

为了挽留高建华老师,公司老总和高老师谈公司的未来和前景,表示对他的认可和欣赏。

HRD 用市场营销中的“供求关系”给他算了一笔账。现在公司做销售的有 50 ~ 60 人，做市场营销的只有 5 人，这个范围再扩大一点，在全北京的外企里面做销售的会有上万人，做市场营销的可能会有几百人。HRD 就问高老师，你觉得是在上万人的竞争中成功的可能性更大，还是在几百人的竞争中成功的可能性更大呢？最终，高老师被 HRD 的这段话说服，选择留下来。

综上所述，相较于短期及眼前的利益，明星员工更倾向于关注公司的长远发展以及个人的成长空间。如果我们在这些方面做出的努力不够，那么，那些稀少的优秀人才极有可能被“你是要改变世界，还是要卖一辈子糖水”的宏伟愿景吸引而离开。

二、专家型人才

这类人才主要是图 5 - 3 格子④⑤⑥中的员工。他们是组织重点赋能和激发的对象，是管理的重点人群。

然而，正像本书前文所述，即便我们的人才激励机制非常完善，也无法确保每个人都能被激发。我们必须承认，很多时候，合适的人才是被选出来的，而不是培养出来的。况且，业务伙伴和 HRBP，也处于不断成长的过程中，我们可能并不具备足够的能量和能力去激活每个人。加之，公司不同于学校，我们也不可能不计成本地投入资源去激发和成就每个人。因此，为了实现人力资源效率的最大化，我们应当优先选择那些具有潜力且值得培养的人才，为他们提供更多的发展机会，重点培养。

(一)选择有潜力的员工重点培养

一个有潜力且值得培养的人才需要具备聪明、韧性、内省和乐观四个特点。

聪明：人才应具备卓越的学习能力、强大的逻辑思维以及灵活的思考方式，能够主动提出创新的想法，并擅长分析和解决工作中的难题。

聪明是智商的一种表现，我们可以通过智力测试来评估一个人的聪明程度。教育背景也是衡量个人聪明水平的一个重要指标，毕竟国家的教育体系已经在这个维度上为我们进行了初步筛选。

韧性指一个人内心深处的坚持与韧劲，仿佛不屈不挠的“小强”。即便遭遇困难和挫折，依然能够展现出逆转局面的勇气与力量。

拥有一技之长的专家型人才，在认知不够的时候，往往表现出清高、傲慢或自负。因此，专家型人才在职场遭遇人生挫折是必然的。这些挫折或者来自棒杀，或者来自捧杀。棒杀指的是遭受他人的贬低、否定、批评或指责。而捧杀，指的是受到他人不切实际的赞美，“欲使之灭亡，必先让其疯狂。”捧杀是一种更隐蔽且杀伤力更强的人生挫折。一个人只有跌入低谷，体验心如刀割的绝望与痛苦，才有可能迎来真正的觉醒。正所谓：“心不苦则智不开，身不苦则福禄不厚。”但是，并不是所有的人在面对困难和挫折时都能经得住考验，从而涅槃重生。一些人可能被逆境彻底击垮，选择屈服。另一些人可能会将责任归咎于外界，抱怨命运不公。而只有内心坚定，有韧性的个体才会积极主动寻找解决问题的方法和策略。

韧性代表了个体面对逆境的勇气，但是，这并不意味着个体开启了成长之门。一个人的成长始于内省。

内省是一种遇事不归责于外，而追求内在成长的能力和意识。内省的内容不同，成长的速度和方向也会有所不同。

例如，面对同样的困境或发展上的瓶颈，员工小A，小B和小C，对困难的向内归因不同，最终发展的方向也不同。

小A将困境归因于自己的努力不够、专业能力有待提高，因此，他会在“事”的层面上，在自己的专业能力提升上努力。由此，从图5-3中格子④跃升至格子⑤或格子⑥，成为某一领域的专家。

小B将困境归因于自己对人的关注不够，缺乏同理心，因此，他会在人际关系方面努力，最终升级至格子⑦或格子⑧。

小C将当前发展上的瓶颈同时归因于“处事”和“为人”两个方面，致力于在“事”和“人”两个层面进行系统性提升，最终升级到格子⑨。

总之，聪明是一个人逆风翻盘的认知基础，能帮助一个人快速学习新知识和技能，并进行深度反思；韧性是一个人不下战场的勇气和胆量；内省是支撑一个人成长的重要能量来源。在具备以上三种特质的情况下，个体能快速摆脱困境，走出人生低谷，再次感受到成功和快乐，慢慢形成积极乐观的人生态度。所以说，乐观不是一种天生的品质，而是行动后的一种结果。当乐观变成一种习惯,个体更容易发现身边的机会,让自己的人生不断形成正循环。

(二)关注人才的异动

专家型人才经常对自己有更高的期待和要求,同时也期待公司给予相应的认可。这种认可既包括物质上的奖励,也包括精神上的表彰。如果他们感受不到被认可,就可能萌生离职的念头。

对于有培养潜质的人才,我们必须密切关注他们的职业动态,并及时捕捉异动信息。这些异动信息有助于我们在员工正式提交离职申请之前,及时进行沟通和干预,尽可能地挽留他们。

这些异动信息主要包括:

- 工作积极性的下降——员工对工作的热情减退,表现为缺乏主动性,完成任务的动力不足;
- 频繁请假或缺勤——员工请假次数突然增加,可能是为了寻找新工作或参加面试;
- 社交行为的改变——员工在工作中的社交活动减少,比如与同事交流的频率降低,不再参与团队活动等;
- 外部求职活动——员工在社交媒体或招聘网站上更新简历,或者频繁与招聘人员联系;

- 关注其他公司的动态——员工可能会对其他公司的招聘信息表现出浓厚兴趣，或询问同事有关其他公司的情况；
- 对公司变动信息的消极反应——员工对公司政策、组织变化或管理决策表现出不满或消极态度；
- 对职业发展的关注减少——对培训、发展机会或职业晋升的兴趣减弱，表现出对未来发展的漠不关心；
- 与管理层的沟通减少——员工可能减少与上级的沟通，不再主动汇报工作或寻求反馈；
- 不再参与团队讨论——在团队会议中变得沉默，可能不再积极参与讨论或分享观点。

这些迹象并不必然预示着员工的离职，但它们可以提示员工有异动，需要引起组织的重视。如果我们对员工的异动缺乏敏锐度，很容易错失挽留人才的关键时刻。一旦员工提交了离职申请，挽留他们的可能性就会大大降低。但如果我们可以及时察觉并采取有效的措施，或许就能将员工要离职的念头扼杀在萌芽状态。

（三）挽留谈话

面对能给团队创造价值的潜力员工，即使员工还有很多待提升和改善的地方，但是当你看到对方所提交的辞呈时，想必第一反应也是尽力挽留吧。虽然挽留未必能成功，但是不挽留，他们必然会离开。

那么，我们应该如何与员工沟通，提高挽留的成功率呢？希望竹辉的案例对您有启发。

竹辉曾经有一位工作能力还不错的下属。忽然某一天，他找到我，表示想和我谈谈。我们便找了个会议室坐下，开始交谈。

经过一番支支吾吾，他最终表示自己打算离职，因为他找到了一个更好的发展机会。那一刻，竹辉还是很惊讶的，心想："我对你不错啊，上个月才给你加薪。平时汇报工作，也带着你一起，可没少让你在老板面前表现自己啊。而且，在老板面前从未吝啬过对你的表扬。现在正是业务人员招聘的紧要关头，怎么能选择在这个时候离开呢？接下来工作怎么办？而且，这家公司的发展前景还不错，给员工的待遇也不错，你这小子是不是太冲动了？"尽管我心里这么想，但这话可不能这么说，否则只会加速员工离职的步伐。

为什么呢？

如果我说"我待你不薄，给你加薪，带你汇报，所以，你不应该离职。"这便成了道德绑架。传递给员工的信息是：我对你好，你就理应回报我，否则你便是一个忘恩负义的人。

如果我说："现在正是招聘最忙的时候，你走了，工作怎么办？"这句话所传达的信息是：在关键时刻，你选择了离开，你缺乏责任感。

如果我说："公司平台很好，薪酬待遇也不错，你不应该这么冲动"，这暗示员工缺乏判断力，无法作出明智的选择，实际上是在质疑员工的决策能力。

上述假设的挽留谈话，除可能短暂性地激起员工的一丝内疚感外，几乎毫无价值，甚至可能带来不良后果。人们为了减轻内疚感带来的不适，会选择启动自我防御机制，重新定义和解读过去发生的事情。例如，他们可能会重新定义加薪事件，认为“加薪只是为了让我承担更多工作，而并非真正为我着想”。又或者，他们可能会贬低所获得的回报，认为“加薪的幅度根本配不上自己的付出”。显然，这样的重新解读会加速他们离职。即使员工因为内疚而选择留下，这种勉强的态度也会给今后的工作带来消极的影响。

面对提交离职申请的员工，我们的挽留谈话可以参考以下操作：

首先，与员工进行深入沟通，充分收集信息，以了解他们的真实需求。直接向员工询问离职原因，了解他们是否遇到了什么困难。尽管，员工可能会给出一些表面的、应付性的答案，但不要因此气馁，要多追问几次，尽可能全面地了解对方离职的原因。

在这个过程中，管理者的核心任务是不加评论地听，不仅要听员工说了什么，还要关注他们的情绪和肢体语言。通常，人们在提到真实原因时，他们的情绪会更加激动，肢体语言也会更加丰富。

特别要注意的是，如果离职原因涉及薪酬问题，应详细询问外部提供的福利待遇和薪资涨幅。因为，如果真的希望留住员工，我们需要根据外部薪酬水平进行相应的调整。

其次，探测和确认对方的需求，并探讨可能的内部解决方案。

在确认员工的需求后，评估如何协助满足他们的这些需求。如果员工希望涨薪，可以帮助他们分析如何实现涨薪的目的；如果员工在职业发展上遇到“瓶颈”，我们应承担起职业发展规划导师的职责，从他们的需求、兴趣和擅长领域入手，帮助他们制订职业发展规划，并分析内部有哪些机会能够满足他们的期望。

总之，在能力范围内，尽力帮助员工解决问题。

在我所经历的那个案例中，员工一直强调自己的工作太琐碎，缺乏价值。

我和员工的对话如下：

我：我注意到你提到目前的工作太琐碎，缺乏含金量。我能感受到你对自己有很高的要求，能否和我分享一下你的职业发展规划？

员工：我希望能做一些自己喜欢且具有挑战性的事情。

我：能具体说说你喜欢的、具有挑战性的事情是什么吗？

员工：我一直想晋升，至少希望能担任主管，独立负责某块业务，拥有自己的团队和话语权。

我：太棒了！俗话说，不想当将军的士兵不是好士兵。你认为一个好的管理者需要具备哪些能力和行为表现呢？

员工：做管理当然需要决策能力，敢于承担责任，能够管理好下属，带领团队取得成绩。

我：很好！管理者需要综合分析信息，最终作出决策判断，还需要有勇气承担责任，识别和管理人才，并设定目标，带领团队取得结果，你说对吗？

员工：对，没错。

我：那么，你觉得在我们公司，或者在你目前的岗位上，还可以做些什么，来提升自己的管理能力呢？

员工：……

我：现在正值业务部门最忙的时候，我正好需要组建一个组织能力攻坚项目小组，并寻找一位负责人。这个负责人需要制订方案、进行规划和落地，整合和协调各方资源。如果你能全权负责这个项目，一定能显著提升作为管理者所需的能力，不知道你是否有兴趣尝试一下？

除倾听员工的需求，帮助员工寻找解决问题的办法之外。以下三种挽留员工的技巧，实测有效，不妨一试。

首先，努力唤醒员工对公司的好感。你可以询问员工："如果给想要离职的程度打分，1～10 分，你会打多少分？"需要注意的是，这个分数不重要，无论员工打多少分，你都要给予积极的回应："哇，真不错！没想到你还有几分想留在这里，能否分享一下，是什么原因让你还想继续留在公司？"通过这样的提问，重新唤起员工对公司的美好记忆。

当然，如果员工对于自己想要离职的程度打出了满分，我们应当深刻反思，究竟是我们做错了什么，让员工那么渴望离开我们？这个时候，自我检讨估计效果会更好。

其次，帮助员工分析，如果选择新公司，可能需要承担的隐性成本和风险都有哪些。如果员工选择跳槽到新公司，他们将不得不重新适应新的工作环境和文化,与新团队进行磨合。如果没有成功落地,可能会面临再次寻找工作的风险。更关键的是,他们可能会错失在当前公司进一步发展的机会。

最后,如果我们的沟通挽留见效,员工决定留下,请务必确保获得员工的工作承诺。例如,员工承诺继续在公司努力工作,或至少在一年内不考虑离职等。

挽留谈话不仅是为公司和员工提供一次彼此重新选择的机会,而且体现了对员工的尊重与肯定,同样传递了公司对人才的态度。

当然,挽留未必成功。如果最终无法留住员工,应尽量与他们协商一个合理的离职交接期,以减少员工离职对团队的影响和损失,也为我们寻找接替者争取更多时间,力求实现无缝衔接。

(四)挽留的最高境界是不留

很多企业错误地认为,我们是想要留住人才。其实,我们不是想要留住人才,而是想要留住人才身上所具有的能力!因此,当我们打造人才保留机制的时候,我们的关注点不应该仅仅停留在"人"身上,而应该聚焦于"能力"。我们要思考的不是留住某个人,而是如何萃取和沉淀这个人身上所具有的能力,让这种能力成为"组织营盘"的一部分。

为此,我们需要萃取和提炼绩优者的最佳实践、激励绩优者主动分享知识技能、建立师徒培养机制、搭建内部知识和能力分享平台、营造积极利他的组织文化氛围、打造学习型团队等。我们还可以进一步将员工主动分享的数量和质量、所培养徒弟的数量和质量以及对内部知识分享平台的贡献等纳入绩效考核体系和晋升体系。在晋升上坚持“不分享，无明星”的晋升原则。这些机制组合在一起，便形成了生产人才的机制。这正印证了华为创始人任正非曾经说过的一句话，“我们最重要的不是人才，而是生产人才的机制”。

总之，判断 HRBP 工作是否到位的重要标准不在于我们是否留住了专家人才，而在于我们是否帮助企业打造了有效的人才生产机制以及知识与技能传承机制。

（五）实现认知的自我提升

专家型人才向影响型人才的升级，需要经历一个认知提升的过程。但是认知的提升，仅仅依赖外部激励和赋能是远远不够的，关键在于员工个人是否愿意主动自我提升。

在这个过程中，如果 HRBP 和业务伙伴能够掌握一些自我提升的方法和技巧，将有助于在关键时刻为员工提供有价值的建议和引导。

经过与众多优秀人才的深入交流，竹辉总结并提炼出以下自我提升的方法和策略，期望能为读者提供参考，并希望能为企业的人才培养提供借鉴：

方法一：保证跨领域知识的大量输入和输出。

广泛阅读跨领域类的书籍是提升认知最有效的方式之一。

如果你工作太忙没有时间阅读，可以尝试听书。听书，不受时间和空间的限制，早晨洗漱的时刻、做饭的时刻、超市购物的时刻等，这些碎片化时间都可以用来听书。

对竹辉而言，最佳的听书时刻是在出差途中，如高铁上、地铁上等。听书时，建议准备两种耳机：一种是隔音效果极佳的耳机，以避免外界噪声干扰；另一种是骨传导耳机，它能让你在听书的同时，保持对周围环境的警觉，毕竟安全第一！

如果我们想要系统提升认知能力，“混沌学园”是一个不错的选择。混沌学园的课程，适合在一段安静且专注的时间内进行研究和学习。特别是李善友老师的课程，值得反复聆听。如果你想要深入了解中国文化，王东岳老先生的课程值得推荐。

然而，如果我们只有输入，没有输出，顶多算是一个装信息的容器，也很难实现认知的升级和突破。为此，在广泛吸收知识的同时，必须对所学知识进行深度的二次加工和整理，随后，借助各种形式进行输出。输出的形式包括讲出来（如培训、制作短视频）、写出来（撰写书籍、撰写公众号文章）、做出来（提供咨询服务、进行教练陪跑）等。

方法二：与卓越人士及认知层次较高的人士为伍。

行业专家、资深学者等卓越人士，他们拥有丰富的经验、深刻的洞察力和卓越的智慧，如果能有机会与他们建立链接，与其交流，向其请教，可以帮我们快速提升认知。

在这个信息化时代，想要找到比我们更优秀的人并不困难。真正的挑战在于，我们需要想清楚：为何优秀的人愿意与我们交流？

记得在阿里巴巴任职期间，曾经有一位资深高管问竹辉，凭什么你能站在巨人的肩膀上？的确！优秀人士的经验和认知是他们历经磨炼沉淀的成果，你拿什么与之交换？如果你能想清楚这个问题，那就勇敢地去结识更多优秀的人吧。

如果，我们没有机会去结识优秀的专家或学者，那一定要在职场给自己选一位靠谱的领导。一位优秀且靠谱的领导不仅会教授员工工作技能，更会成为他们的人生导师。

这样的领导对自己要求严格，对员工也抱有高期望。他们不会限制你的发展，而会鼓励和挖掘你的潜力；不会降低对你的要求，而只会为你设定高标准，挑战你、追问你，最终成就你。

方法三：寻求身边人的反馈。

如果你身边既没有专业人士，也没有遇上一个好领导，那就积极寻求身边人的反馈。孔子曾言："三人行，必有我师焉"，从身边人那里寻求反馈，同样是提升自我认知的重要途径。

当然，不是所有人的反馈，都有必要听。我们需要选择最优反馈者。首先，他们的能力，要么与我们相当，要么更胜一筹。如果可能，最好选择非同行人士的反馈。其次，他们为人真诚且乐于助人，你们之间有良好的信任关系。

在寻求反馈的过程中,保持开放的心态至关重要。这意味着当他人提供反馈时,我们要认真、开放、积极地倾听,不要急于解释或争辩。如果确有需要,等对方反馈结束后,再与之进行深入交流。

(六)活出当下最好的状态

面对不确定的未来,当我们想得太多,做得太少时,就特别容易焦虑不安,内耗严重。因此,让自己和他人拥有“活在当下,干就完了!”的选择权,这很重要。

当面对棘手的问题时,不妨问自己:“当下,我要选择做一个勇往直前的问题解决者,还是一个抱怨者?抑或是逃避者?”

当某些事情让你倍感委屈时,不妨问自己:“当下,我可以做什么,才不会让未来的自己再次因此类事件感受到委屈?”

在人生的每一个时刻,我们都有选择权。选择在每一个当下,做最好的自己。无数个最好的自己,连在一起,便成就了最好的一生。

三、无力型员工

无力型员工往往心力不足,认为自己无力影响外部环境,无论付出多少努力,似乎都难以取得成效。

在这种心态的驱动下,他们的生存策略主要表现为“等”“靠”“要”。

在职场中，他们可能会成为取悦上级的“奉承者”，有时会做出欺软怕硬、媚上欺下的行为；或者成为充满负面情绪的“抱怨者”。

这些员工凭借个人能力在职场上取得卓越成就的可能性较低。但是，如果 HRBP 发现这类员工的业绩评估结果处于中等偏上，甚至跻身前 20%，那么你应该重点审查绩效评估结果的客观性，并深入团队，进一步了解其他成员对此类员工的评价。

对于此类员工，HRBP 应该与业务伙伴达成一种共识：在管理过程中，我们应该及时劝退那些如同湿木般无法被点燃的员工以及与公司的价值观期待相差甚远的员工。这对双方来说，是最佳选择。

然而，现实情况往往是，许多业务主管错失劝退的最佳时机，最后不得不辞退员工。

辞退行为不仅会给员工造成伤害，同样也会给公司的声誉和运营带来负面影响，还会让公司为此付出相应的补偿金。

（一）回避辞退的原因分析

及时劝退，并在必要时刻辞退员工是管理者的基本职责，但是，在真正履行这一职责时，许多业务伙伴往往心存顾虑，难以决断。分析其背后的原因，主要包括：

第一，受困于情感上的牵绊。尤其是当管理干部与员工共事已久，或者管理者对员工的个人情况较为熟悉时，这种情感上的牵绊会给管理者带来很大的心理压力。

第二,担心对团队士气产生负面影响。管理者可能会担心劝退或解雇员工可能对团队产生负面影响。其他员工看到同事被辞退,可能会担心自己也遭遇相似的处境,从而内心不安,这会影响他们的积极性。尤其是当被辞退的员工与团队成员关系融洽时,这种担忧可能会更加明显。

第三,担心工作交接和运营管理有风险。如果在辞退员工之前,没有找到更合适的人来接替工作,那么贸然辞退员工就会给工作带来极大的风险。例如,在一个销售团队中,即将被辞退的销售人员如果手中有大量重要客户资源,而这些资源没有顺利交接,可能会导致客户流失,给业务带来损失。另外,在找到更合适的人接替工作之前辞退员工,也就意味着要将工作进行重新分配,这可能会使在岗员工的工作负担在短期内显著加重,从而影响工作质量和效率。

第四,担心绩效评估不客观从而误伤员工。员工的绩效评估往往受到多种因素的综合影响。有时候,员工的业绩不佳可能是由于外部环境因素,如市场行情不好、公司资源支持不足等,而非员工自身能力问题。管理者在考虑辞退时会权衡这些因素,担心因误判而辞退员工。

第五,担心自己的管理能力被质疑。下属能力水平是管理者领导力的重要表现之一。如果发生员工被辞退的事件,管理者可能会担心自己识人用人的领导能力被质疑。

第六,缺乏有效的辞退沟通技能。一些业务主管因为不知道如何劝退或辞退员工,担心辞退员工带来的法律后果,所以没有辞退员工。

针对这些原因，我们可以通过优化绩效管理体系、提升管理干部的领导力以及高效引进所需人才来协助业务伙伴妥善处理员工辞退事宜。

（二）助力辞退工作的顺利开展

本书第一章，懂业务的内容，分析了如何从战略规划到战略目标、再到部门目标和岗位目标，这是绩效管理体系中有关目标管理的核心内容。

本章主要论述了人才激励的方式，属于绩效过程中对人才的跟进。其中所分享的与员工沟通对话的技能，也可用于绩效面谈。

1. 构建有效的绩效管理体系

我们可以通过建立科学有效的绩效管理体系，来缓解业务主管因绩效评估缺乏客观性而产生的忧虑。

科学有效的绩效管理体系包括绩效目标的分解、绩效过程的跟进、绩效评估、绩效面谈等诸多方面的内容。

绩效评估缺乏客观性的原因主要包括：在绩效目标设置阶段，所设置的绩效目标过于笼统或抽象，例如，“工作态度积极”“任务完成较好”这类表述，不符合SMART原则；在绩效评估之前，收集到的信息不全面，导致绩效评估失之偏颇；在整个绩效管理周期内，缺乏有效的绩效跟进等。

针对以上原因，HRBP要在懂业务的基础上，协助业务伙伴做好以下工作：（1）进行目标分解，为员工设置客观的绩效考核指标；（2）跟进员工绩效完成情况，并定期反馈；(3)在绩效评估之前，协助业务伙伴收集相关的绩效数据；(4)提升业务伙伴绩效评估的能力，防止评估者偏见对结果的影响。

同时，为了增强管理干部对团队和人才管理的重视，应当将团队管理指标纳入管理干部的绩效考评体系。这些指标包括人才培养的质量与数量、团队的敬业度指数等。

绩效管理体系只是管理者提升员工绩效的工具，这个工具使用的效果取决于管理者的领导力水平。

2. 提升管理干部的领导力水平

有人说，公司为辞退员工所支付的任何一笔补偿或赔偿金，实际上都是在为管理干部领导力不足而买单。虽然，这种说法略显极端，但不无道理。

- 选的人不对，无法培养，要为辞退买单；
- 不会用人，最后辞退员工，要为辞退买单；
- 错失劝退时机，最后不得不辞退，要为辞退买单……

管理干部是组织的核心，管理干部的领导力对公司的发展至关重要。为此，很多公司每年会在管理干部的选拔和培养上投入大量资源，包括建立有效的管理干部选拔和晋升机制、为管理干部提供有针对性的培训辅导、为中高层管理干部安排领导力教练陪跑等。当然，管理干部也可以通过自学、实战复盘及内观反思等方式提升自己的管理水平。

不同层次的管理干部，需要关注和提升的能力不同，此部分内容可以参考下一节的主要内容。竹辉建议公司借助外部老师的力量，改变管理干部的认知、提升管理干部的领导力水平。

关于人员辞退的正确认知、辞退谈话的相关技巧以及辞退的细节，本书帮您做了整理。HRBP 可以借鉴以下内容引导业务伙伴树立正确的认知、掌握辞退的具体技巧并关注辞退的相关细节。

(1) 引导对劝退/辞退的正确认知

劝退/辞退员工是管理者的必备技能之一。管理者对员工劝退/辞退拥有正确的认知，这对于劝退/辞退工作的开展，意义重大。毕竟，认知决定行为！

正确的认知一：对不起不对的人，才能对得起对的人。

很多管理者认为不给员工太大压力，时刻保护员工，就是爱员工。反过来，员工就会喜欢自己，爱自己。但事实是，这些所谓的爱，不一定能换来员工的感恩。

员工上班的目的不是交朋友，而是用时间和精力来交换价值。这个价值也许是短期回报，例如，薪酬和福利；也许是长期回报，例如成长、股权或奖金等。一个业务主管如果不能带兄弟们打胜仗，便无法获得物质回报，也很难获得长期的回报。这对员工来说，就是在浪费他们的时间和精力。

对一个团队来说，团队的业绩往往由绩效表现最差的员工来决定，这就是我们耳熟能详的“短板理论”。这也就意味着保留业绩不佳的员工，实际上是在损害团队的整体利益、损害团队其他成员的利益。因此，作为团队领导者，必须对不起“不对的人”（绩效差的员工），才能对得起“对的人”（业绩不错或优秀的员工）。

淘汰那些业绩或价值观与团队不匹配的员工，并不会激起其他成员的不满情绪，反而有助于保留那些成就动机更强烈的优秀员工，从而增强团队的战斗力。除非我们的管理过程本身存在缺陷，或者被解雇的员工实际上不应该被解雇，又或者在解雇之后，我们未能及时对团队进行“消毒”，导致团队成员对此缺乏足够深刻的理解。

正确的认知二：最好的爱不是护其周全，而是送其铠甲。

在先前的分析中，我们提过真正唤醒一个人成长的是“痛”。对员工来说，被解雇显然不是一件光彩的事情，被辞退后的日子可能会异常煎熬和痛苦。然而，如果这段苦楚能够促使个体按下生活的暂停键，重新审视人生的价值与意义，例如，思考自己究竟想要什么？能够为社会贡献什么？以及如何更有效地面对未来的挑战？那么，这次解雇对员工而言，或许是一次重生。

不要奢望成为员工的避风港，除了员工自己，没有人能成为他们的避风港。每个人都应努力让自己成为坚固的避风港，为自己及所爱之人提供庇护。一个不求上进、满足于现状的人，除被动接受命运的摆布外，无法成为自己和家人的坚强后盾。我们能做的，是在他们仍有机会翻盘的时候，为他们敲响警钟，唤醒他们。

企业对员工最大的恶是在他们年轻的时候，还有时间和资本重新开始的时候，为他们提供了安逸的选择；却在员工步入中年之际，当头棒喝，将其辞退。相反，如果我们在员工依然拥有资本和时间去扭转局面的时候，向他们提出高标准、严要求，甚至给他们一次重新选择的机会，这不是在害员工，这是某种形式上的大爱。

(2)赋能管理干部做辞退谈话

在辞退员工的过程中，我们应秉持"心慈手快"的原则。所谓"心慈"，是指我们要真诚地对待员工，即便是在辞退的最后一刻，也应尽量为员工考虑。而"手快"则强调决策和行动的高效性，不要钝刀子割肉，而要在作出辞退决定之后，速战速决。

在整个辞退谈话过程中，要做到"疏之以情、晓之以理、尽之以责、暖之以心"。

"疏之以情"，指的是在与员工谈话时，要妥善管理好自己的情绪，并允许对方情绪的存在，积极有效地引导对方的情绪。面临被辞退，很少有人能够完全保持情绪平稳，情绪波动是人之常情。同样，主管在做辞退谈话时，也难免受到情绪的干扰。但是，情绪会影响沟通的效果，也会让沟通难以有效地进行，因此，在与员工交谈时，妥善管理双方的情绪至关重要。

请参考以下案例：

部门的赵经理即将与员工小张进行解聘沟通……在此之前，赵经理已对小张进行了多次辅导,但在要推会议室大门的那一刻,赵经理依然感到一丝紧张。

为了缓解情绪,他在会议室外静坐片刻,回顾过去三个月小张的工作表现,以及自己对他的支持和帮助。同时,赵经理又重新思考了一遍解聘小张的必要性:

首先,如果留下小张,不仅违反了绩效管理的原则,还可能对团队造成不良影响,大家可能会误以为低绩效是可以被接受的,最终导致"劣币驱逐良币"的现象。

其次,对小张来说,离开可能反而是一件好事。真正能让一个人成长的,不是他人的教导,而是自己经受困难和挫折。想到这里,赵经理的心情稍微平静了一些,他深吸了一口气,鼓励自己"勇敢点,你一定能处理好"。

当他推门进入会议室时,小张站起身,面露紧张之色。赵经理心想:"看来小张已经猜到此次会谈的目的,不然他也不会如此紧张。"赵经理微笑着请小张坐下,开口说道:"小张,我能看出你有些紧张。经过这三个月的绩效辅导,我们发现你确实不太适合当前的岗位,因此公司不得不与你解除劳动合同。"

话音刚落,小张的脸色变得通红,泪水在眼眶中打转。看到这一幕,赵经理忽然感到非常紧张,他默念"手快是对员工最大的仁慈"。接着,他缓缓站起,走到饮水机旁,为小张倒了一杯水,递给他,并说:"小张,我能感受到你此刻的复杂心情,既有不甘,也有愧疚,更有对未来的担忧，是吗？”小张微微点头，泪水夺眶而出。

赵经理接着说：“我理解你可能担心别人知道你被公司解雇，或者担心找不到更好的工作。这些顾虑都是正常的。我也在思考，如何能帮助到你，为此我想到了以下几种方式，看看能否解决你的后顾之忧……”

在以上案例中，赵经理展现了卓越的自我情绪管理的能力。他基于对自身情绪的深刻洞察，从情感、认知和生理三个维度进行了有效的调节。

从情感维度分析，赵经理回顾了员工以往的工作表现以及自己对员工的帮助和辅导，能做到“过程尽力而为，结果问心无愧”，这非常有利于调整个人的情绪状态。

在认知维度，赵经理深入分析了此次辞退对团队可能产生的影响，以及职场挫折对员工个人成长的意义。这种深入的思考使他能够更加坚定地进行接下来的辞退谈话。这种理性思考进一步帮助他调整了个人的情绪状态。

在生理维度，赵经理通过深呼吸来缓解紧张情绪。

在最后一刻，赵经理在心中默默地自我激励，进行积极的自我暗示，这都是在给自己打气，以便在接下来的谈话中保持镇定和理性。

赵经理良好的情绪管理能力，让他在与小张的沟通中，能够以更加理性和富有温度的姿态来引导对方，减少了不必要的对抗和情绪冲突。

晓之以理，指的是在解除劳动合同的过程中，管理者需要清晰、客观地说明解除合同的依据，避免模糊不清的表述，以免引起员工的误解和不满。沟通时要注意以下几点：

1. 事实依据：提供具体的数据和事实，解释为什么员工的表现未能达到预期。避免使用情绪化的语言，更忌讳使用打压和指责的方式让员工接受最终的决定。在阐述原因时，应更多地强调“合适与否”而非“好坏”——解除劳动合同并不意味着员工配不上公司，更不意味着公司的发展配不上员工的优秀，只强调适配度即可。

2. 公司政策：强调公司规章制度的公平公正——公司的规章制度适用于所有人。如果业务主管本人业绩不达标，也同样面临被辞退的问题。

3. 未来发展：帮助员工看到未来的可能性，鼓励他们将此视为职业生涯中的一次学习和成长的机会。

继续以上案例：

在与小张的谈话中，赵经理接着说：“小张，过去三个月我们进行了多次绩效评估和辅导，尽管我能看到你在一些方面的进步，但整体上你还是未能达到我们对这个岗位的基本要求。根据公司的绩效管理政策，我们必须做出一些调整，以保持团队的有效性和高效性。”

小张低下头，赵经理继续说：“我理解，这对你来说是一个艰难的时刻，但我希望你能认识到，这并不是你个人能力的全部体现。每个人的职业道路都是独一无二的，这也许是一个让你重新审视自我的机会。”

随后，赵经理进一步说明了公司如何看待绩效问题，并强调每位员工都应该在合适的环境中发挥自己的才能。他鼓励小张重新思考自己的职业发展方向。

尽之以责，指的是在离职面谈中，我们应尽量避免只是提供一些无意

义或空洞的安慰及祝福。例如，“相信你未来一定能找到更好的工作”这样的表达不仅不能传递我们的关心，还会进一步唤醒员工对未来的焦虑。

真诚不能仅仅停留在言辞上，更应落实在我们的实际行动中。既然由于“不合适”而解除劳动合同，这表明我们已经认真评估了员工的能力。因此，结合员工的优劣势给予对方中肯的职业建议比空泛的祝福更具诚意。

此外，若条件允许，我们还可以向员工推荐一些合适的工作机会，或者为对方写一封推荐信，或是提供简历撰写指导和面试技巧培训等，这些举措均能体现我们的真诚。

在谈话的最后，赵经理向小张表示：“虽然我们不得不结束这段合作，但我希望能继续支持你的职业发展。你可以和我讨论你的职业规划，我也愿意为你提供一些职位资源。如果你需要，我可以帮你推荐一些我认识的公司，或者提供简历和面试的建议。”

赵经理表示可以为小张提供实质性的帮助，展现了作为管理者应有的责任感和对员工的关怀。让员工在离开时能带走一份支持和善意，减少负面情绪的积累。

暖之以心，指的是在解除劳动合同的过程中，要尊重员工。在与员工谈话时，要给予员工足够的时间表达自己的想法和感受，倾听他们的声音，并表达对他们境遇的理解。同时，在这个过程中不要全盘否定员工，而应在恰当的时刻肯定他们过去的付出和成就，让他们在离开时也能保持自信。

在谈话快要结束的时候,赵经理对小张说:“小张,我想再一次感谢你在过去这段时间里为团队所作的贡献。虽然我们在工作上未能完全契合,但我对你在项目中的付出是非常认可的。每个人的职业发展都有高低起伏,这次的经历只是你职业生涯中的一小部分,不是你人生的全部。”

在解除劳动合同的整个过程中,管理者不仅要敢于传达辞退的决定,更要注意与员工沟通的方式方法。通过“疏之以情、晓之以理、尽之以责、暖之以心”四个关键要点的操作,可以有效减轻员工的负面情绪,帮助他们更好地接受这一决定。

(3)关注辞退的细节

在辞退员工的过程中,除要“疏之以情、晓之以理、尽之以责、暖之以心”之外,还应关注以下细节。这些细节不仅关乎谈话的成败,也反映了公司人性化的管理。

第一,在沟通时间的选择上,避免在重大节假日或即将下班前进行辞退谈话。

被辞退绝非一件令人愉快的事情,尽管沟通势在必行,但是作为主导方的公司,我们仍然有选择权。请尽量选择一个更合适的时机与员工谈辞退,将“辞退”这件事情对员工及其家人的影响降到最低。

也许,员工早已计划好了一场“十一”假期的家庭旅行;也许,家里的老父亲早已经准备好了一桌美食,庆祝孩子终于可以放松休息;也许员工正打算利用假期完成与女朋友的订婚仪式……突如其来的事业低谷,会将一切美好击得粉碎。

曾经,有人对竹辉说,如果在“十一”放假之前辞退员工,就可以为企业节省一个月的社保公积金成本。每个人都有自己的价值观选择,无所谓对错。竹辉更想强调的是,企业作为更有实力的一方,如果有可能,请选择多一份温情和善意。额外承担一个月的社保公积金,对公司而言,不至于造成重大影响。但对员工来说,突如其来的失业,也许会面临至少一个月的空窗,生活压力会骤升。

第二,请选择封闭且隐秘的洽谈室或办公室进行谈话。

第三,在谈话主导人的选择上,一般原则是“谁最了解员工,谁来主谈”。主导人可以是业务伙伴,也可以是 HRBP,关键在于双方在团队中的分工和定位。

如果业务伙伴在团队管理中占主导地位,由他主导谈话更为合适,因为他对业务和员工有更深入的了解。然而,如果业务伙伴主要关注业务经营,而 HRBP 负责组织和人才管理,并且对组织和员工有深入的了解,那么 HRBP 主导谈话可能更为合适。

作为主导谈话的人,必须承担起辞退的责任,避免将责任推给第三方(公司或他人)。推给第三方不仅不会减少辞退给自己带来的压力,反而可能会给自己的发展带来不好的影响。

第四,在谈话时间上,不宜过长。将面谈时间控制在 15 ~ 30 分钟。我们要尽快与员工在离职日期上达成共识,保证工作交接的顺畅高效。与员工好聚好散,做好离职管理不仅是为员工着想,更是为了企业更长久的发展。

首先,良好的离职管理,可以维护公司的品牌形象。相比在职员工,外界更倾向于相信离职员工对公司的评价。

其次,良好的离职管理还有可能为企业带来商机。员工离职后进入同行公司,因无能力完成客户订单而将其推荐给老东家,从而为公司带来商机,这样的案例也不少见。

再次,离职员工可以作为我们获取重要信息的渠道。信息对公司至关重要,熟悉的人更愿意与我们分享更多信息。

最后,离职的员工依然是公司潜在的人力资源。与社会招聘的新员工相比,他们对公司更为熟悉。因此,对于离职的员工进行回聘,在必要时刻,也是可以考虑的。

总之,做好离职管理,对于维护公司的品牌形象、获得商业机会,挖掘潜在人才等都具有重要价值,企业应该让员工“happy come, happy go”。让不合适的人离开,才能让合适的人留下来;辞退不合适的员工,才能为合适人才的引进提供机会。

接下来,我们将深入探讨人才选聘的相关内容。

鉴于选拔人才是一切管理活动的起点,同时人才选聘构成了 HRBP 工作的核心与关键环节,我们决定将其作为独立的一节进行详尽的论述与剖析。

第五节 选适配人才，降用人成本

选聘的重要性再怎么强调都不过分。无数事实证明，选人比培养人更为重要。如果人选不当，所有的管理措施都可能收效甚微。更何况，选聘失误还有可能会给企业带来巨大的损失。

首先，选聘失误会带来经济上的极大损失。不当的选聘决策可能导致高昂的培训费用、薪资支出以及解雇成本。研究显示，更换一名员工的成本通常是其年薪的 1.5～2 倍。对于关键职位而言，这一成本可能更高，从而给公司带来经济损失。

其次，选聘失误会给团队带来消极影响。例如，新员工不胜任，会增加团队的工作负担和压力，进而引发团队成员的不满；或者新员工无法完成分配的任务，导致项目延期，影响客户满意度，进而影响团队目标的实现。

甚至，如果在选聘高管时出现失误，可能会导致公司战略方向的偏差，让公司为此付出惨痛的代价。

选聘人才如此重要，因此，围绕着“如何提高选聘的有效性”这个主题，本节主要分三个核心内容展开：

第一,胜任选聘工作的能力。论述 HRBP 需要具备哪些能力,方可胜任选聘工作。

第二,不同类型人才的选聘。详细论述不同人才选聘的标准和选聘方式。

第三,做好新人的融入管理。选聘的终点不是入职,而是成功落地。

一、胜任选聘工作的能力

在工业时代,选聘往往是企业挑选候选人的单向过程,在这个过程中,企业方表现得更为强势,占据选人的主导地位。

然而,在信息化时代,选聘转变为一个双向选择的过程。在今天,HRBP 想要为企业选聘合适的人才,不仅需要具备识人的专业技能、敏锐的判断力,还需要具备销售思维和客户思维,将自己和公司视为产品,主动将产品展示给需要的潜在人选,吸引合适的人才加入。

为此,想要为企业选聘出适合的人才,HRBP 需要具备以下能力。

(一)懂业务

懂业务,指的是 HRBP 能清晰地向候选人讲解公司的业务,包括我们公司的核心产品、核心业务流程,公司与竞争对手比较,差异性在哪里?我们的优势是什么?我们为什么要招聘这个岗位的人才?我们期待这个岗位的人才可以为公司创造哪些价值？

（二）懂岗位

这里的懂岗位不是对岗位职责说明书倒背如流，而是要全面了解岗位所承载的业务职能，明确该岗位在业务流程中的定位和价值。除此之外，HRBP 还需要清楚在工作过程中，岗位人员将会面临哪些挑战？为了应对这些挑战并顺利完成岗位目标，工作人员需要具备哪些技能？

（三）懂人才分布

懂人才分布指的是 HRBP 要熟悉我们想要的人在哪里。换句话说，业务需要的“能力”在哪里。

在懂业务的章节中，我们强调 HRBP 要熟悉业务流程，不仅要熟悉本公司的业务流程，清楚我们的优势和不足，还要清楚竞争对手的业务流程，以及竞争对手在业务流程上的优势与不足。对方优势的能力正是我们需要的能力，这为我们寻找人才提供了方向。

（四）选择最佳的招聘渠道

我们必须依据期望吸引的人才层级和特质，选择最适宜的招聘渠道。

举例来说,若我们的目标是招募行业内的精英人士,那么仅仅依赖常规的招聘网站可能收效甚微。相反,参与行业高峰论坛可能会让我们有机会接触到那些顶尖的专业人才。

(五)扎实的选聘技能

选聘技能涉及多个层面,包括建立有效的人才选聘标准、选择适合的甄选方式、进行有效的面试提问等。我们接下来会详细阐述。

二、不同类型人才的选聘

企业需要的人才类型不同,所需要的能力自然各异。与此同时,有效识别能力的方式方法也会随之变化。

在本部分内容中,我们将企业需要的人才分为专业人才、高端专业人才和管理干部三个类别,并将对每个类别的人才标准及选聘方式进行详尽阐述。

(一)专业人才的选聘

专业人才,是指在特定领域具备专业技能的人,他们能够弥补企业在专业能力方面的不足。

1. 评估专业能力

专业能力包括专业知识和专业技能，这是专业人才在特定领域取得成功不可或缺的核心能力。

专业能力具有比较高的门槛，HRBP 无法独自确定岗位所需的专业能力，而需要业务伙伴和领域专家共同确定。但是，我们能够为识别专业能力提供科学的方式方法，具体包括：

第一，通过背景信息来判断其专业能力。

对于工作三年以下的候选人来说，我们应该关注他们的教育背景，包括学校、学历、专业，以及是否获得相关的专业认证或资质证书。这些因素是评估候选人专业能力的重要参考。例如，会计师的注册会计师证书和工程师的专业技术资格证书等。

但是，对于有三年以上或五年以上工作经验的候选人来说，教育背景就显得不再那么重要，我们应该更加关注他们在专业领域内取得的成就、对专业问题的认知深度以及对行业最新动态的关注程度。这些因素有助于判断其专业水平以及未来发展的潜力。

第二，通过过往成就来判断其专业能力。

候选人过去获得的奖项、客户的表扬与认可，以及成功签署的订单等，都是他们在专业领域中取得的成就。如果条件允许，我们可以邀请候选人在面试现场展示这些过往的成就。这些成就直接体现了候选人的专业能力。

第三,通过候选人对专业问题的认知来判断其专业能力。

在面试过程中,我们可以通过了解候选人对专业领域问题的认知深度来判断其专业能力。例如,如果我们想了解候选人在市场营销领域的专业水平,我们可以围绕某个具体的营销事件,邀请候选人分享其看法和理解。通过候选人分析问题的水平来判断其专业认知的宽度、深度和高度,从而对其专业水平作出判断。

第四,通过候选人对行业未来趋势的关注度来判断其发展的潜力。

想在专业领域有精进的人,一定会关注行业未来趋势和发展动态,所以,我们可以通过了解候选人对未来趋势和行业动态的关注度,预测候选人未来的发展潜力。例如,从事互联网行业的候选人,如果非常想在这个专业领域有更好的发展,一定会关注人工智能、大数据等新技术的发展趋势。

第五,借助专业的提问技术对候选人的专业能力进行判断。

判断一个人的专业能力,除关注其教育背景、过往成就、对专业问题的理解,以及对未来趋势的关注之外,更要关注和考察候选人在过往工作岗位上的实际表现。通过分析候选人过往的行为表现和所取得的成就,我们可以推断其专业能力。

这需要用到STAR选聘技术,“STAR”是情境(situation)、任务(task)、行动(action)、结果(result)四个单词的首字母缩写。

S——情境:指的是候选人所描述案例的具体发生情境。这些情境可能包括职责流程的变更,或是遭遇了突发事件等。掌握背景信息不仅有助于我们评估案例的真实性，而且能帮助我们对行为能力的可复制性作出判断。

T——任务：指候选人在特定情境下需要完成的任务。这些任务通常具有一定的挑战性，需要候选人付出努力或克服困难方可完成。例如，客户临时提出在 24 小时内送货到家的苛刻要求；或者上级主管要求必须在第二天中午 12 点之前成功升级系统等。

A——行动：为了确保任务的顺利完成，候选人采取了哪些行动？行动背后的原因是什么？同时，有哪些行动应该做，但是候选人没有做？没有做的原因是什么？

R——结果：候选人采取行动后取得了哪些成果？行动产生的积极影响和消极影响分别是什么？周围同事如何评价候选人的行为及取得的结果？

在上述四个要素中，行动是最为关键的。在作出录用决策前，我们会将候选人在案例中展现的行为与我们所需要的行为标准进行比对，以判断候选人是否适合该岗位。

只有深刻理解拟招聘岗位需要完成的目标，以及为达成目标在不同情境下应采取的行为，甚至包括其间可能面临的困难和挑战，我们才能借助 STAR 工具问出高质量的问题，甄别出我们想要的信息，从而作出最佳匹配。

运用 STAR 工具进行面试提问其实并不复杂。提问的方式可以归纳为三点，分别是问情景、问行为、问结果。

例如,假设我们是一家互联网电商运营平台,正在招聘一名电商运营经理。电商运营经理常常面临的挑战性场景之一是“产品转化率偏低”。为实现岗位目标,此岗位上的人需要展现出来的行为包括:高质量展示产品功能和价值,便于客户更好地了解产品;第一时间处理客户的反馈意见,和客户建立足够的信任关系等。

结合以上岗位信息,在面试中,我们可以采用三种 STAR 提问方式:

(1)问情境:请分享一个过往案例,讲一讲在产品转化率很低的情况下,你是如何解决这个问题的?

(2)问行为:为了提高产品的转化率,你采取了哪些具体措施?请举一个案例。

(3)问结果:这里的问结果是结合候选人回答中所提及的结果展开提问。例如,根据你的回答,我们注意到产品的转化率相当不错,请分享一下你具体做了哪些事情?

STAR 提问技巧不仅可以用于评估专业能力,还可以用于评估通用能力。当然,借助 STAR 工具,对候选人的能力进行提问和评估的细节还有很多,感兴趣的读者可以微信联系竹辉(zh13127871220),获取相关的课程学习推荐。

第六,借助案例分析和场景模拟来判断候选人的专业能力。

通过案例分析和场景模拟的方式对候选人进行评估,可以帮助我们更全面地观察候选人的真实能力水平。

案例分析指的是向候选人提供企业曾经遇到的真实问题,或者基于业务场景虚构出来的案例，邀请候选人对案例进行分析，给出解决方案或建议。在案例分析中，我们可以对候选人的分析思路、解决方案的可行性和有效性进行评估。

例如，对于一名企业战略咨询的候选人，可以提供一个关于市场竞争压力的案例，要求候选人进行分析并提出战略调整的建议。

如果条件允许，可以邀请候选人参加一个短期项目或完成一个小任务，通过候选人的实操表现，推断其专业能力。例如，在招聘软件开发人员时，可以要求候选人在规定时间内完成一个小型软件模块的开发任务，根据代码质量、功能实现情况和开发效率，对候选人的专业能力进行评估。

2. 评估通用能力

个体专业能力的发挥受通用能力的影响。通用能力指的是那些不局限于某个特定专业领域的、能在各种各样的工作场景和任务中发挥关键作用的能力。它是专业人才想要发挥价值需要具备的基本素质与能力。

竹辉整理了专业人才需要具备的基本素质模型（见图 5－4），这个模型具有内在的逻辑关系。首先，专业人才需要在适应外在环境变化（适应能力）的前提下，具备明确的目标导向（目标导向能力）。在坚定目标的指引下，在自己的专业领域持续学习（持续学习的能力），并有计划、有条理地推进工作（计划与组织的能力）。在此过程中，不断创新，追求卓越（创新能力和追求卓越的能力）。同时，职场专业人才还需要能够清晰地表达自己的想法和建议（沟通表达能力），与他人建立良好的合作关系（团队协作能力)，更好地实现自身的价值。

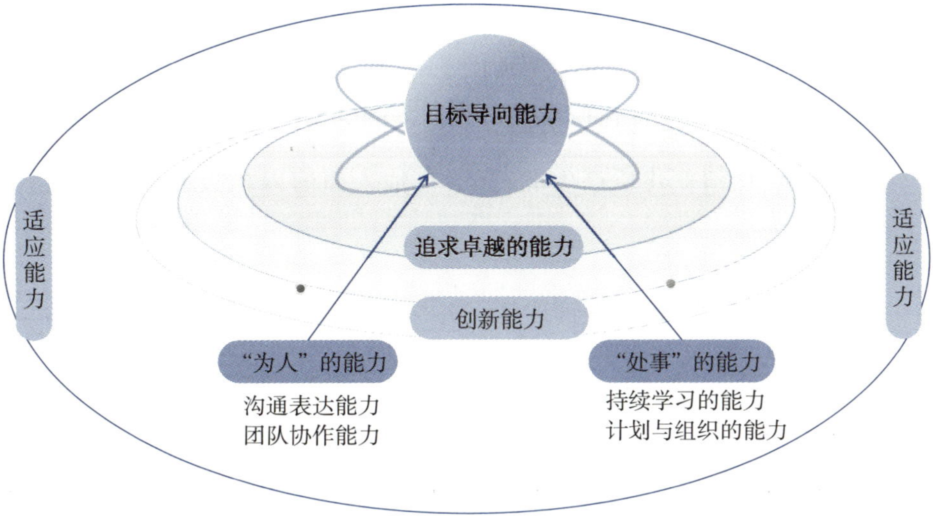

图 5－4　专业人才需要具备的基本素质与能力模型

为了便于读者拿来即用，本书对基本素质的能力定义和行为表现进行了归纳整理。

(1) 适应能力

适应能力是这样一种能力：当工作任务或外界环境发生重大变化时，面对新环境和新任务，能够迅速适应并保持工作效率；能够有效地调整自己以适应新的流程和要求。例如，在市场需求发生变化时，能够迅速调整营销策略，以适应市场的变化。

关键行为如下：

＊设法理解变化：积极收集有关新环境的信息；努力理解工作职责的内容或环境变化的原因。

＊积极地面对变化或者新事物：将变化和新环境视为学习或发展的机会；认清变化所产生的益处；在他人面前以积极的态度谈论变化。

＊调整自身行为：迅速改变行为举止以有效应对工作环境中的变化；尝试用新的方法来适应新环境；放弃无效的行为。

(2) 目标导向能力

目标导向能力是这样一种能力：为个人和团队设定宏伟目标；持续关注并精确衡量目标的实现情况；不懈追求以实现或超越既定目标，并从所取得的成就和持续的进步中获得满足感。

关键行为如下：

＊瞄准机会：系统地评估业务机会，瞄准那些最有潜力取得业务成果的机会。

＊设定有挑战的目标：为了取得卓越的业务成果，为自己和他人设定有挑战的目标。

＊达成目标：坚持不懈地努力，克服前进路上的阻碍并实现或

超越目标；从实现挑战性目标中获得满足感。

＊保持专注：保持自律；衡量进度并评估结果；必要时重新排定优先顺序；排除一切干扰，按时完成重要的工作任务。

(3) 追求卓越的能力

拥有追求卓越的能力的人会主动为自己及他人设定高标准的绩效目标；对成功完成任务承担起责任。

关键行为如下：

＊设定卓越的标准：制定标准或工作流程，以便使质量、生产率或服务达到高标准要求。

＊确保高品质：为工作倾注必要的时间和精力，确保面面俱到，无一疏漏；努力克服困难，完成任务。

＊勇于担当：不论结果好坏，都敢于承担责任；必要时承认错误，并采取适当的调整措施。

(4) 创新能力

创新能力的表现：在工作中提出创新的解决方案；尝试运用多种创新方法来解决工作中的问题并把握机遇。

关键行为：

＊挑战固有模式：根据当前所定义的问题或所展现的情况，识别其背后隐含的推论；用不同的方法去看待问题并定义问题；不受他人想法或做法的限制。

＊善用多种资源：从各种不同渠道（如其他人、其他学科、其他知识领域）获取灵感和创意。

＊拓展思路：以独特的方法整合各种想法，或在各种不相关的想法之间找出关联；发掘不同层面的想法；从多个角度看待事情；通过头脑风暴得出多种方法或方案。

＊评估多种解决方案：在作最后决定前，仔细审视和评估所有可能的解决方法。

(5)“为人”的能力

“为人”的能力具体分为沟通表达能力和团队协作能力。

● 沟通表达能力

拥有沟通表达能力的人，能够通过多种媒介有效地传递信息或思想给个人或群体；能够吸引听众的注意力，并确保他们能够有效地理解并记忆所接收到的内容。

关键行为：

* 组织沟通内容：阐明目标及重要性；强调重点；语言组织有逻辑。

* 吸引听众的注意力：通过类比、举例、幽默且引人入胜的风格、肢体语言、声音变化等技巧，吸引听众的注意力。

* 根据听众情况及时调整：根据听众的经验、背景与期望值调整信息内容；使用听众听得懂的术语、例子和类比。

* 确保理解一致：寻求听众的意见；确认理解；以不同的方式传递信息，以增进理解。

* 理解他人：倾听他人、正确解读他人的信息并恰当回应。

- 团队协作能力

拥有团队协作能力的人能够在职场中与他人建立并维持高效的合作关系。

关键行为：

* 基于同理心的沟通表达：能站在他人角度进行表达沟通，让他人感到被倾听，被尊重，被欣赏，被认可，从而愿意与之亲近。

* 不拘泥于岗位职责，更关注工作目标：当与他人有分歧时，能站在共同目标的角度思考问题，不去争对错，只关注工作的目标、价值和意义。

＊愿意分享和帮助他人：主动与团队成员分享荣誉或成就，主动协助他人达成目标。在同事缺位时，会主动补位，或者帮助他人一起完成目标。

(6)“处事”的能力

“处事”的能力具体分为持续学习的能力、计划与组织的能力。

- **持续学习的能力**

拥有持续学习的能力，则会对本领域的最新知识抱有浓厚兴趣，主动寻找机会学习新的知识和技能，并将这些新获得的知识和技能积极地运用到工作实践中。在实践中不断反思和提高，同时愿意在团队中分享这些新知识和技能。

关键行为：

＊对本领域新知识和技能充满好奇：积极寻找学习新知识和技能的渠道和平台，比如关注本领域的权威公众号，积极向本领域专家请教学习等。

＊寻找或创造外出学习的机会：积极参加公司组织的各种专业技能培训。创造机会外出参加专业领域的培训或峰会。

＊学习效果最大化：愿意分享学习所得，比如分享笔记，讲授学习

心得等，并将学习到的新知识和技能尝试应用于实际工作，不断复盘总结，深化学习。

＊具有开放的学习心态：在专业领域，敢于提问，不在乎面子，勇于接受有挑战性的新任务。具有极强的自我反思和总结的能力，能够从过去的经验中吸取教训，不断改进自己的工作方法。例如，在完成一个项目后，能够对整个过程进行总结，分析成功和失败的原因，为下一次项目提供经验参考。

• 计划与组织的能力

拥有计划与组织能力的人，则会为自己及他人拟定行动计划，确保工作高效完成。此项通用能力比较适合项目管理人员。

关键行为：

＊设定优先次序：确定活动与任务的优先次序；适当时进行调整。

＊确定任务和资源：将任务细分，确定项目所需的设备、材料和人员。

＊日程安排：为自己和他人的工作分配适当的时间；避免日程冲突；排定项目进程表及重要事件的时间节点。

＊善用资源：善用可得的资源（人员、流程、部门和工具），从而

有效完成工作；擅长与内、外部客户进行协调。

* 保持专注：有效利用时间，排除一切干扰，使工作按期完成。

（二）高端专业人才的选聘

高端专业人才指的是在特定领域拥有杰出才能的个体，他们能够帮助企业突破业务发展的“瓶颈”。这类人才往往不缺少就业机会，从某种程度上讲，是企业主动吸引这些高端人才，而不是高端人才“求”职。因此，此时选择权更多地掌握在候选人手中，而非企业手里。

1. 链接高端专业人才的渠道

对于高端专业人才，企业通常会启动猎头招聘。如果不使用猎头，我们可以尝试通过以下两种方式找到候选人。

第一种方式：内部推荐。

高端专业人才要在同行业公司中找，而链接同行最多的是内部员工，因此，内部推荐是重要的渠道之一。

内部推荐机制的有效性与推荐的奖励金额和员工对公司的认可度有密切关系。

首先，公司设置的奖励金额要有吸引力。许多公司提供的内部推荐奖励仅为 300 元或 500 元，这个额度显然有些低。与猎头费用相比，即使以新人一个月的薪水为标准给推荐人发放奖励，依然是划算的。以阿里巴巴为例，其内部推荐机制是根据候选人的级别设定不同的激励水平，P6 级别的推荐奖励为 6000 元，P7 级别的则为 10, 000 元。

其次，员工对公司的认可会极大影响内部推荐的有效性。如果员工不认可公司的文化，或者不认可岗位的直接上级，则不会推荐候选人给公司。

第二种方式：参加行业论坛和峰会。

我们可以多多参加行业论坛和峰会，结识更多行业内的人才，并向外界宣传公司目前正在招聘的人才类型。同时，请记得留下自己的联系方式，以便有意向的候选人能与公司取得联系。

总之，除借助猎头推荐之外，不妨试试以上两种策略，希望能帮您快速吸引和链接到高端专业人才。

2. 如何甄选和吸引高端专业人才

想要吸引到高端专业人才，在招聘的时候，公司要尽可能充分地展示企业的价值，重视候选人对公司的感受，并激发他们内心的使命感。

(1) 充分展现公司的价值。在正式面谈之前，我们可以邀请候选人参观公司的文化馆，体验公司的产品，并介绍公司曾获得的奖项或专利，充分展现公司的价值或实力，借此给候选人留下美好的第一印象。

(2) 深入交流公司的愿景。在面试过程中，除讨论专业领域的话题之外，更要与高端人才探讨公司的使命、愿景、战略和价值观，确保候选人的梦想与公司的愿景相契合。

正如乔布斯当年招聘百事可乐高管约翰·斯卡利，乔布斯通过询问斯卡利："你是愿意卖一辈子的糖水，还是愿意和我一起改变世界？"成功激发了斯卡利对未来的思考，最终促使他加入苹果公司。

（3）强调候选人的价值。高端专业人才不缺少优秀的工作机会，而是缺少能体现其独特价值的机会。因此，想要让高端专业人才选择贵公司，不要总是强调公司有多优秀，也要强调，我们现在非常需要像他这样的人才。

（4）邀请对方提前参与。面试结束后，可以邀请候选人根据他们对公司情况的判断，给公司提一些建议，或者带候选人以顾问的身份参观现场，结合我们提供的相关信息，出一份分析报告。

邀请候选人提前参与公司的实际业务，这样做的好处至少有三个：第一，通过真实场景的实战来考察候选人的能力，避免单纯面试可能带来的误判；第二，增加候选人在此次应聘中的时间和精力投入，从而提升他们选择我们公司的可能性；第三，将公司面临的真实问题暴露给候选人，有助于他们对公司作出更客观的评价，避免入职后出现较大的心理落差。

无论候选人是否能入职，HRBP 都应建立一个外部人才池档案，以备后续联系。即使今天未能成功合作，未来也仍有机会。

(三)管理干部的选聘

我们一般会把公司的管理干部分为三个层级,分别是高层、中层和基层。

对于多个事业部组合的规模型企业来说,各事业部 CEO 属于公司高层;事业部下面的部门总监属于中层;总监下面的经理和主管属于基层。但是,如果公司属于中小型企业,高层可能就只有老板一人,部门总监属于中层,主管和经理属于基层。如果公司规模再小一些,有可能不存在高层,只有中层基层管理干部。

我们在对高层中层管理干部进行分类的时候,需要在理解高层与中层定位、职责、职能的基础上,结合公司的实际情况进行分类。

高层、中层和基层的管理干部在定位和岗位职责上有什么差异呢?

第一,三者的差异在职责范围和决策权限上。

高层管理干部主要负责公司的整体战略规划和重大决策。他们要确定公司的长期发展方向,例如,决定公司是聚焦于现有业务深耕,还是要开拓新的业务领域。在资源分配上拥有最高决策权。他们会根据公司战略重点,将资源分配到各个业务部门和关键项目中。对外,他们作为公司的代表,与外部利益相关者(如投资者、政府部门、重要合作伙伴等)进行高层次的沟通和合作。

中层管理干部在公司内部起承上启下和跨部门沟通协调的关键作

用。首先，他们要将公司高层的战略决策转化为具体的部门目标和工作计划，确保部门工作与公司整体战略方向保持一致。其次，在高层分配的资源范围内，有权调配部门内的人力、物力等资源，对本部门的资源进行合理配置和管理，以完成部门任务。最后，为支撑公司战略落地，实现部门目标，进行跨部门沟通和协同。

基层管理干部主要负责具体任务的分配和执行监督。首先，他们将上级下达的任务分解到每个员工，明确工作要求和标准，并监督员工的工作进度和质量。其次，基层管理干部要为基层员工提供日常工作指导和培训，及时发现员工的问题并协助解决问题，帮助员工提升工作技能。最后，及时掌握前端业务信息和一线员工的反馈和建议，向中层管理干部反馈工作进展情况和问题。例如，基层销售主管会将一线销售人员反馈的客户需求变化和市场竞争情况等，及时传达给上级营销部门。

第二，三者的差异在管理范围和管理幅度上。

高层管理干部的管理范围涵盖整个公司，关注公司整体的运营绩效、市场地位、财务状况等宏观层面的事务。他们的决策和管理工作会影响公司所有部门和业务。虽然他们的管理范围比较广，但是，在人员管理幅度上，他们通常只直接管理少数几个高层团队成员，如副总裁、总监等。他们通过这些高层团队成员来间接管理公司的全体员工。

中层管理干部的管理范围主要是一个部门或一个业务单元，如市场部、研发部、生产车间等。他们专注于本部门的业务开展、团队建设和绩效提升工作。他们的管理幅度主要受部门规模和业务复杂程度的影响，一般会管理多个小组或团队。例如,一个中型企业的研发部经理可能会直接管理几个研发小组,每个小组有若干名研发人员。

基层管理干部的管理范围通常是一个小团队或一个具体的工作区域。例如,一个客服团队的基层主管管理十几名客服人员,或者一个仓库基层管理干部负责一个仓库的货物收发和库存管理。

第三,三者的差异在时间跨度和工作重点上。

高层管理干部的工作重点是公司的长期发展。他们制订的战略规划和决策通常会影响公司未来 3 ~5 年,甚至更长时间的发展方向。例如,在制定公司的技术研发战略时,要考虑未来几年内技术的发展趋势和公司在行业中的技术竞争地位。他们需要密切关注行业动态、宏观经济环境、政策法规变化等外部因素,因为这些因素对公司的长期战略有着重大影响。

中层管理干部的工作重点在于中期(1 ~3 年)的计划执行和根据实际情况进行调整。他们要确保部门工作在这个时间范围内能够有效支持公司战略的实施,并且根据市场变化、部门绩效等因素及时优化工作计划。他们既要关注公司内部的部门协作、员工绩效等因素,也要关注与本部门业务相关的外部市场动态和竞争对手情况。例如,营销部门的中层管理者要关注竞争对手的营销活动,同时协调内部销售、产品等部门的工作,以提高产品的市场竞争力。

基层管理干部主要关注短期(如日、周、月)任务的完成情况。他们的工作重点是确保一线员工按时、按质、按量完成具体的工作任务。例如,基层生产管理干部要保证每天的生产计划能够顺利完成,产品质量符合标准。他们更多地聚焦于工作现场的细节，如员工的工作状态、设备的运行情况、原材料的供应等内部实际工作问题。

管理干部的定位和职责不同，因此，需要具备的能力各异，相应地，在招聘环节，就三者甄别能力的面试问题也会不同。

1. 高层管理干部

(1) 能力要求

根据高层管理干部的定位和主要职责，高层管理干部需要具备的能力可以概括为三个方面，分别是定战略、造土壤和建组织。

定战略，指的是高层管理干部要站在公司全局的角度，结合市场趋势、行业竞争、公司资源等因素，制订长期的战略规划。他们要负责对公司的重大事件作出决策，如投资决策、并购决策、业务转型决策等。

造土壤，指的是高层管理干部要以身作则，身体力行地为组织打造积极向上的企业文化。创始人和高层是公司价值观文化的核心，有责任和义务为员工创造一个"透明的天，安全感的地，流动的海，氧气充足的森林，融洽有归属感的工作社区"。

建组织，主要指高层管理干部要根据公司战略要求和业务需要，设计合理的组织架构，做好排兵布阵。

在排兵布阵上，高层管理干部需要具备以下管理能力：

第一，高层管理干部要精通组织建设。高管要意识到自己管理的不是个别员工，而是一个完整的组织。管理团队并不是简单的人员分组，而是要学会合理组建团队，要根据每个人的特点分配职责。管理的目标是实现“1+1>2”，而非简单“1+1=2”。

第二，高层管理干部既可以断事用人，也能用人断事。断事用人指的是在明确目标的前提下选择合适的人来执行。用人断事则是指在不明确该如何行动的情况下，找到最有可能将事情理清楚并付诸实践的人来负责。但是需要注意，不要过早地从“断事用人”转向“用人断事”，因为自己都没有想清楚的事情却指望别人能想清楚，这是小概率的事件。

第三，疑人要用，用人要疑。高层管理干部要清楚，人才不是万能的，大多数人都只是在某一领域积累了成功经验，而往往缺乏其他领域相应的知识背景。所以，在员工擅长的领域，我们应大胆启用，这是“疑人要用”。而在员工不足的领域，我们则要保持观察，给予支持，帮助他弥补短板，这是“用人要疑”。

第四，高层管理干部要有格局，为企业识别并选拔有潜力的人才。高层管理干部承担着为组织选拔管理干部的使命。因此，高层管理干部要有格局，能够识别并给予有潜力的人机会，让他们能够得到发展。

（2）有效提问

结合高层管理者的核心职责和需要具备的能力，在公司引进高管的时候，可以围绕以下问题展开讨论。

考察其“定战略”的能力：

如果想考察候选人的战略规划能力，我们可以问：“在过往经历中，你是如何制定公司的战略规划的？是如何考虑其中的风险和机遇的？”一个真正的高管会基于对行业和市场的深刻理解，制订出公司的战略规划，而且他们的战略规划不会局限于当下的业务范围和市场格局，而是会考虑公司未来可能的转型、多元化发展或者在新的竞争环境下的核心竞争力塑造等。而且，在规划过程中，他们也会对潜在的风险和机遇进行全面的评估并制定应对预案。

如果想要考察候选人应对外部环境的战略调整能力，我们可以问：“当公司现有的核心业务受到重大冲击，比如，出现了颠覆性的竞争对手或技术替代，您会如何调整战略？您是依据什么来判断调整时机和方向的？”一个真正的高管会提前考虑各种可能的风险因素，建立相应的监测机制和调整模型。在公司运营过程中，可以迅速识别关键的变化信号，例如市场份额的急剧下降、新技术的大规模应用等，并根据公司的资源、能力和市场的潜在机会，提出如业务转型、战略联盟、技术并购等多种应对策略。

如果我们想要考察候选人对市场趋势的洞察力，则可以问：“您认为本行业在未来 3 ~ 5 年最关键的技术、政策或市场趋势是什么？这些趋势将如何重塑我们的业务？”一个真正的高管会密切关注行业前沿信息，他们会深入分析技术、政策、经济等因素的变化趋势对公司业务各个环节的具体影响，比如产品研发方向如何调整、市场渠道是否要拓展或转移、服务模式怎样创新等。

如果我们想了解候选人的商业敏锐度,可以问:“您觉得当前我们这个行业内,有哪些新兴的业务领域和商业模式?您觉得我们公司是否有机会参与其中?如果有,应该如何切入?”一个真正的高管不仅会对新兴事物保持敏锐的观察力,还能分析其潜在的商业价值。

考察其“造土壤”的能力:

如果想要考察候选人的文化和机制建设的能力,我们可以问:“您之前是如何在公司内部推进文化建设的?您曾经建立过什么样的机制去打造积极向上的组织文化氛围?”一个真正的高管应该对文化有深刻的认知,能讲清楚什么是文化以及过往自己是如何打造公司文化的。

考察其“建组织”的能力:

如果想要考察候选人如何根据公司战略进行排兵布阵,我们可以问:“在过往经历中,您是如何根据新的战略方向进行组织架构和组织机制设计的?”高层管理干部会根据公司战略需要,结合公司资源现状,构建与之相适应的组织架构和制度机制,从而提升组织的适应能力,进而激活团队的战斗力。

如果想要考察候选人在人才布局方面的能力,我们可以问“在过往经历中,为了支持公司长期战略目标的实现,您是如何提前布局人才战略的?”高层管理干部会根据公司的战略规划,预测未来的人才需求结构并提前布局。

对于组织而言,高层管理干部的选聘是一项至关重要的任务。为谨慎起见，若条件允许，我们可先邀请候选人参与公司的战略性项目，通过这一过程来观察其表现，随后再决定是否正式聘请其加入。

在选拔高层管理干部的时候，我们不仅要通过提问进行筛选，还应利用多种渠道，尤其是背景调查，全面了解候选人的个人信息。

除这些正式的选聘方式之外，公司还可以创造一些非正式场合，观察候选人的表现。例如，公司领导者或高层管理人员可以邀请候选人及其家人共进晚餐。餐桌是一个洞悉细节的绝佳场所，通过观察候选人及其家人在用餐时的行为举止，以及候选人对待家人的态度，我们可以对候选人作出更加全面的评估。

总之，高层管理干部的引进是公司的大事。高层人员的选聘会直接影响公司的战略方向和决策，因此要慎之又慎。如果我们自身缺乏评估高层候选人的面试能力，可以邀请外部专家顾问参与高层面试，这将会显著提高选聘考察的准确性。

2. 中层管理干部

(1) 能力要求

中层管理干部的能力主要概括为三个维度，分别是战略执行和目标分解、梯队建设和人才培养、跨部门协作和资源整合。

战略执行和目标分解，指的是中层管理干部要深入理解公司高层制订的战略规划，并将其转化为部门可执行的具体策略，设定部门目标。

梯队建设和人才培养,指的是中层管理者要秉承“看两层管一层”的原则,关注人才梯队的建设。敢于提拔优秀且具有潜力的人才,做到“超越伯乐,承上启下,使众人行”。

跨部门协作和资源整合,指的是中层管理干部要关注业务流程梳理和优化,在公司同一目标的支持下,推动跨部门协作和资源整合。

首先,要不断审视和优化部门业务流程,推动跨部门流程的优化和梳理。其次,在同一目标的指引下,推动跨部门协同,提升协同效率。最后,做好跨部门的沟通和协作。中层管理干部作为部门之间的桥梁,要积极参加跨部门会议,共同解决跨部门问题,避免出现部门壁垒。

(2)有效提问

在“战略执行和目标分解”方面,我们可以问:“请讲一讲是如何将公司的战略目标分解为部门目标和行动策略的?”通过这个问题,可以考察候选人能否准确地把握公司的战略方向,并且有清晰的思路将其落地。

在“梯队建设和人才培养”方面,我们需要考察中层管理干部识人用人的能力,包括能否有效识别有潜力的人才、能否有能力为组织选拔管理干部以及能否有效激励和培养人才等。

如果我们想要评估候选人是否具备识别有潜力的人才的能力,我们可以问:“在您过往的管理经验中,是如何识别团队中高潜力员工的?您主要关注哪些关键因素?”这个问题可以考察中层管理干部是否有一套明确的人才判断标准。

或者,我们也可以问:“在过往经历中,你是通过哪些标准来提拔管理干部的?”这有助于了解中层管理干部对管理潜力的认知。

如果我们想要考察中层管理干部人才激励和培养的能力:

- 在人才培养上,我们可以问:“请分享一个您曾经做过的案例,您是如何为高潜力员工制订培养计划的?或您是如何根据员工的特点和公司的业务需求来设计这个计划的?”
- 在人才激励上,我们可以问“在人才梯队建设过程中,您会采用哪些激励措施来鼓励员工进行积极的自我提升?”
- 在人才保留上,我们可以问:“在过往经历中,您是如何保留关键人才的?您有哪些成功的经验或者措施?”

在“跨部门协作和资源整合”方面,中层管理干部常常需要协同各方目标和利益,使众人行,也需要协调团队成员之间的冲突和矛盾,更需要组建和激励团队完成目标。

在考虑和协同各方目标和利益上,我们可以问:“在完成一些需要跨部门协同的项目时,您采取了什么措施来确保协作的顺利进行?”优秀的中层管理干部会主动了解其他部门的需求和利益,与其他部门建立良好的合作关系,共同推进项目。

在协调团队成员之间的冲突和矛盾方面,我们可以问:“在带团队的过程中，难免会需要处理团队成员之间的矛盾和冲突。遇到这种情况，您是如何处理的？请举例说明。"一个好的中层管理干部会倾听各方意见，公正地解决问题，并且能够把冲突转化为团队成长的契机。

在组建团队方面，我们可以问："请分享您在团队组建或优化方面的经验。您是如何确定团队成员的角色和职责的？"这个问题可以了解候选人构建高效团队的能力。优秀的中层管理干部会根据业务需求和员工特长来安排岗位，使团队效能最大化。

在激励团队方面，我们可以问："您会采用哪些方式来激励团队成员的工作积极性？请举例说明，这些方式在实际工作中的效果。"一个优秀的中层管理干部会通过多种激励手段，如物质奖励、精神鼓励、职业发展规划等，激发团队成员的工作热情，提高工作效率。

3. 基层管理干部

(1) 能力要求

基层管理干部的核心职责是任务的落地和执行。如果是从企业内部提拔起来的管理干部，他们需要实现从专家到管理者、从靠个人到靠团队的转型，这对很多新晋管理者来说是一个重大挑战。

基层管理干部需要具备的能力可以概括为三个方面，分别是任务分解、跟进执行和团队建设。

任务分解，指的是基层管理干部要是把部门的目标分解为团队成员的任务，并能激励团队成员高效、高质量完成任务，实现团队目标。

跟进执行，指的是基层管理干部要根据任务执行计划，持续跟进团队成员的工作，在这个过程中给予成员技术或业务方面的指导，协助员工解决实际问题。

团队建设，指的是基层管理干部要组建团队，打造团队能力。团队建设能力又包括识人用人、绩效辅导、人才激励、人员解聘等能力。

（2）有效提问

如果想要考察基层管理干部“任务分解”的能力，可以问：“当您接到一个复杂的团队任务时，您是如何将其分解并分配给团队成员的？请举例说明您会考虑哪些关键要素？”通过这个问题，可以了解基层管理干部是否能够根据团队成员的实际情况合理分配任务。

如果想要了解基层管理干部“跟进执行”的能力，我们可以问：“您是如何确保团队任务能够保质保量完成的？请分享您在把控任务进度和质量方面的具体方法。”或者问：“在您发现任务进度可能会延迟或者出现质量问题时，您的第一反应和应对措施是什么？”这有助于识别基层管理干部解决实际问题的能力。又或者问“请分享一个您在工作现场遇到的比较棘手的问题，您是如何解决的？”这个问题可以考察基层管理干部解决实际问题的能力。

如果想要考察基层管理干部的“团队建设”能力，我们可以询问对方是如何进行人员招聘、解聘的，如何辅导员工，如何打造高效团队？例如，我们可以问“当您发现团队中有员工在某项技能上比较薄弱,您会采取什么措施来帮助他们提升?”这可以了解基层管理干部是否具备辅导员工的能力;或者问“请举例说明,您会采用哪些方式来激励团队成员的工作积极性? 且不同方式在实际工作中的效果如何?”又或者问“在团队成员遇到挫折或者工作压力较大时,您是如何激励他们重新振作的?”这可以识别基层管理干部的人才激励能力。

4. 管理干部内部培养好? 还是外部招聘好

管理干部的招聘和选拔是组织最重要的事情。如果企业可以内部培养,建议以内部培养为主。

内部培养提拔上来的基层管理干部,他们熟悉公司的业务流程和企业文化,更有利于对一线员工进行业务指导。而且,内部提拔基层管理干部能有效地激励现在的员工,让大家看到未来晋升发展的希望。但是,如果公司需要业务转型或升级,或者基层团队管理中存在比较严重的裙带关系,或者目前工作氛围不好,则从外部引进管理干部可以打破这种局面,重新营造公平积极的工作氛围。

对中层管理干部来说,内部提拔的中层管理干部的优势是其对公司的战略理解得更加透彻,能够更好地确保战略的贯彻落实。而且,由于其对公司的员工比较熟悉,所以,更有利于宣传和捍卫公司的文化价值观,从而保持文化价值观的一致和团队的凝聚力。但是当公司决定开拓新的业务领域或进行战略转型时,如果中层管理干部不具备新业务需要的能力,就需要从外部引进适合的人来推动变革。又或者如果公司内部管理方式僵化，缺乏创新活力，那么，从外部引进中层管理干部可以给公司带来新的管理理念和方法，从而有利于激发团队的创新意识。

对高层管理干部来说，任用内部培养起来的高层管理干部比较适合处于稳定发展阶段的公司，这种情况下，内部培养起来的高层管理干部对公司忠诚度高，容易获得内部员工的信任和支持。但是，如果公司业务发展陷入严重危机，如市场份额急剧下降，或者出现财务困境，又或者需要进行重大的战略转型，那么，从外部引进高层管理干部可能更合适，因为他们可以凭借丰富的经验或创新思维，帮助公司摆脱困境，实现转型。而且，如果引进的高层管理干部具有很高的声誉或拥有很好的资源的话，会有利于提升公司的品牌形象或者拓宽外部合作机会。

(四)识别底层隐蔽性信息

除通过有效的提问对候选人的专业能力、通用能力和管理能力进行评估之外，我们还要借助一些方式方法推测候选人隐藏的底层动机、兴趣和价值观倾向，并对候选人提供的信息作出真伪判断。

1. 识别底层动机和需求

个人能力决定绩效表现，而价值观、动机和需求则影响个人在公司任职的长短。通常，我们可以通过以下几个方面来推测候选人的价值观、需求和动机：

离职原因：了解候选人离职的原因，例如，询问对方“为什么离开，为什么加入”，可以帮助我们推测其需求和价值观偏好。

职业发展规划：一般人们在职业规划中倾向于选择自己喜欢或擅长的领域。询问候选人的职业发展规划，有助于了解其擅长的领域。

人生岔路口的选择：了解候选人每次重大选择背后的思考，借此了解候选人的价值观倾向。

满意情况：了解候选人对过往经历结果的满意度，可以进一步推测他们的需求和价值主张。

兴趣爱好与投入：通过询问候选人在某些事务上的投入，可以判断其需求和价值观。因为，人们通常愿意在感兴趣的事情上投入更多时间和精力。

最大的期待：通过了解候选人对生活和事业的期待，推测他们的内在动力和需求。

投射性评价：个体喜欢的往往是他们期待拥有的或已经拥有的，而厌恶的则往往是他们不喜欢的或曾受伤害的。例如，候选人喜欢 A 主管的处事方式，可能表明 A 主管的风格与候选人的心理预期一致或 A 主管与候选人的性格相似。

如果候选人需要的、喜欢的内容，正好是我们能提供的；又或者如果候选人不需要、不喜欢的内容，恰好是我们没有的，这就是匹配。否则，便是不匹配。

除此之外，如果您从事人力资源工作多年，面试过程中如果直觉告诉你候选人不是你想要的人，请务必相信自己的直觉。直觉是个体过往经验的沉淀，本质是“压缩后的知识”。许多实例表明，在多数情况下，直觉是准确的，尤其是当您在该领域有充足经验时。但需警惕受经验局限性和认知偏差的影响，因为“怀疑”的种子一旦种下，大脑“自我证实”的倾向便会引导你寻找各种证据，证明你的怀疑是正确的。

2. 细微之处辨真假

在与候选人面谈的过程中，我们不仅要听对方说了什么，还要注意观察候选人的神情、姿态和动作等细节，以判断信息的真实性，并据此推断候选人的能力和个性。

根据人际交往中的“55－38－7 定律”，人际交往中有 55% 的信息来自肢体语言，38% 的信息来自说话的语气和语调，而只有 7% 的信息来自言语内容。因此，在面试过程中，除关注候选人的言辞外，还应细致观察其面部表情、肢体语言和眼神动作等。

面部表情能够有效地表现一个人的内在需求。例如，当个体对某事持否定态度时，常常会表现出逃避、厌恶和排斥的神情；而当个体对某事感兴趣时，语速会加快，嘴角会上扬。

肢体语言是表达内心感受的另一重要途径。例如，如果候选人在面试过程中双臂抱胸，这可能表明他比较紧张或者存在社交恐惧；当我们询问候选人与主管的关系时，如果候选人声称很认可主管，但嘴角却流露出一丝不屑，这可能暗示候选人其实并不认可主管。

本书帮大家整理了肢体语言所传递的信息（见表5－1），供大家参考。在参考使用的过程中，需要注意以下事项：

- 避免机械对应：同一行为可能有多种解释（如摸鼻子可能是说谎，也可能是感冒）；
- 基线观察：将前5分钟观察到的候选人的自然状态作为基准线；
- 集群信号：单个动作意义有限，连续出现3个以上相关信号才具有参考价值；
- 矛盾验证：当肢体语言与口头表述矛盾时（如说“很感兴趣”却频繁看表），需深入追问；
- 文化差异：部分肢体语言存在文化特异性（如在印度，摇头表示肯定）；
- 环境干扰：室温、座椅舒适度等客观因素可能影响候选人的姿态。

建议配合STAR面试法使用表5－1，当观察到异常信号时，可通过追问细节（“您能具体说说当时的数据变化过程吗？”）进行验证。

表 5-1　肢体语言

行为类型	具体表现	可能的心理活动/真实想法	注意事项
眼神接触	持续稳定对视(瞳孔轻微放大)	专注投入、对话题感兴趣	注意文化差异(部分文化认为直视不礼貌)
	频繁眨眼/眼神飘忽	紧张焦虑、回避敏感问题、可能隐瞒信息	结合语速变化判断(正常紧张与刻意隐瞒的区分)
	突然向下看(伴随停顿)	回忆事实细节/组织语言	需与编造谎言的向上看动作区分(说谎时眼球常向右上方转动)
头部动作	频繁点头	急于讨好/快速认同(可能缺乏深度思考)	注意点头频率与说话内容的匹配度
	头部后仰/下巴抬高	防御姿态(对问题感到冒犯)、自信过度	需结合语调判断(自信者语气平稳,防御者可能声调升高)
手部动作	手指交叉紧握	紧张焦虑/自我控制需求	观察手部位置(放在桌上为常态,突然藏到桌下需警惕)
	指尖搭成塔状	自信表现、掌控感较强	高层候选人常见,需区分自信与傲慢
	频繁摸鼻/耳/颈	压力反应(可能涉及谎言或尴尬)	需排除过敏等生理因素
坐姿表现	身体前倾(自然)	积极参与、兴趣浓厚	区分刻意前倾(可能伪装投入)
	后仰靠椅背+双臂交叉	心理防御、保留态度或不满	突然改变坐姿往往比持续姿态更具参考价值
	双腿交叉朝门/窗方向	潜意识逃离倾向(对当前话题抗拒)	需注意是否伴随看表等动作
微表情	短暂皱眉(0.5秒内)	对问题产生疑虑/反感	微表情转瞬即逝,需反复验证
	单侧嘴角上扬	轻蔑/不屑(可能对问题或面试官不认同)	注意是否伴随瞳孔收缩(真实情绪指标)
	舔嘴唇/吞咽动作增加	压力导致的生理反应(可能涉及关键问题)	需观察是否集中出现在特定问题上

除此之外,面试官还可以通过生活中的细节,对候选人作出分析和判断。例如,通过候选人在社交媒体上的动态、微信头像、个性签名等细节,推测其性格和兴趣爱好等。

即使我们在人才选聘过程中进行了大量案例收集和理性分析，心理偏差带来的主观影响仍然在所难免。接下来，我们将分析人才选聘中常见的四种心理偏差。

（五）影响人才选聘的心理偏差

人才选聘必然受主观因素的影响，因为，人是有生命、有能量的，人与人之间的互动和影响无处不在。为此，竹辉总结了一些典型的心理偏差，提醒大家在选聘时保持警惕。

1.“敝帚自珍”带来的期望偏差

“敝帚自珍”是一种心理现象，指人们对自己拥有的东西（包括物品、观点、成果等）格外珍惜，给予较高的评价，即使在别人看来其价值可能不高。这种心理效应类似于“禀赋效应”，即人们一旦拥有某件物品，就会不自觉地高估它的价值。

这种认知偏差导致企业与候选人之间存在巨大的期待落差。一方面，企业（包括老板和业务伙伴）通常认为所提供岗位的机会价值很高，因此，对候选人的期待也很高。但是，候选人并不一定这样认为。另一方面，候选人往往对自己的能力评估过高，而对公司缺乏足够的认同。在这种双重偏差的影响下，HRBP 往往要承受来自业务伙伴和候选人的双重压力。

为应对以上偏差带来的选聘压力，HRBP 应及时关注人才市场的供需动态，及时与业务伙伴共享信息，有效管理他们的期待。同时，也要向候选人传递人才市场信息和其他竞争对手的情况，帮助候选人及时作出选择。

2.“形象管理”带来的选聘偏差

面试像极了候选人与企业之间的一次“相亲”，双方都希望给对方留下良好的印象。然而，这种美好的表象往往掩盖了彼此真实的样子，从而为后续合作埋下隐患。

因此，对内，HRBP 要引导业务伙伴树立正确的用人理念：“匹配的才是最合适的”。在面试沟通环节，也要引导候选人认识到匹配的重要性，鼓励他们展现真实的自我。

3.“近因效应”带来的选聘偏差

“近因效应”指的是候选人最后的面试表现往往会影响我们的选聘决策。例如，候选人在面试过程中表现平平，但在最后的提问环节提出了几个非常有深度的问题，这可能会让面试官印象深刻，最终决定录用此人。

近因效应提醒我们不可被表象所迷惑，要回顾候选人整个面试过程中的表现，参照所提供的案例信息，作出客观的决策。

4.“刻板印象”带来的选聘偏差

刻板印象指的是人们倾向于用既有的印象来评判当前的人和事。例如，我们常常认为来自大公司的候选人能力出众，而来自小公司的则相对一般。然而，这种看法并不一定准确。这种判断往往源于过往形成的刻板印象。

在现实生活中，近因效应、刻板印象和光环效应等心理现象一旦被触发，往往会导致沉锚效应的产生。这些效应产生的影响就像沉入海底的锚，牢牢地将人们的观念固定在某个特定位置。即使我们意识到这些主观偏差的存在，也很难完全摆脱它们的影响。我们能做的是识别并正视这些偏见，尽量将其影响降至最低。

三、选聘的终点是新人成功落地

（一）成功落地的标准

有些 HRBP 认为，新员工成功入职，标志着选聘工作的结束。然而，成功入职只是一个阶段性的结束。选聘工作的真正完结应以新员工成功度过试用期且平稳落地为主要标志。

在这个过程中，我们需要关注三个指标，分别是新员工成功入职率、新员工成功留任率以及新员工融入的状态性标准。

新员工成功入职，是以接收 offer 的员工最终到公司办理完毕入职手续为标志。某个周期内的新员工成功入职率 = 成功办理入职手续的人数 ÷ 接收 offer 的人数 × 100%。

新员工成功留任，是以新员工成功度过试用期为标志。某个周期内的新员工留任率 = 通过试用期的人数 ÷ 成功入职的人数 × 100%。但是度过试用期不代表新员工已经成功融入，判断其是否成功融入公司的标准最终要从以下四个维度进行评估：

1. 意义感：员工在新公司找到工作的价值和意义。

2. 有结果：在工作岗位上能够取得成果，获得成就感。

3. 适应性：对新公司及新同事的工作方式、规章制度等不再感到不满或惊讶，开始适应新环境。

4. 稳定性：不稳定的异动信息逐渐减少，直到消失。能够与团队成员和谐相处，融入团队。

（二）落地工作起始于选聘面试

新人能否成功融入组织，在选聘环节即可进行预估判断。在面试环节，我们可以从职业规划、适应能力、人际链接和工作链接四个方面预估候选人入职后的融入情况。

在职业规划方面，我们可以问："加入本公司后，你是否思考过自己想要什么，需要放弃什么？请具体说明。"选择加入一家新公司也就意味着放弃别的公司。有些候选人可能只是一时冲动决定跳槽，从未思考过自己真正想要什么和不想要什么。未经深思熟虑的冲动性跳槽，常常会让候选人因为不适应新公司而开始怀念"前任"的好，出现各种不满和抱怨，给新团队带来消极影响。

在适应性方面，我们可以问："在原来的公司，你曾经历过几次工作变动？能否分享一下当时的过程？"或"你是如何适应新变化的？"或"在上一家公司，你是如何调整自己的行为去适应的？"通过这样的问题来考察候选人适应新环境的能力。

在人际链接方面，我们可以问："在原来的公司，你是否和主管讨论过调整自己的工作职责和目标？你是如何做的？"或"你是否主动了解过主管和同事对自己的评价？请举例说明。"通过这样的问题来评估新人与主管、同事建立关系的能力。新人融入团队的最大障碍往往是缺乏与主管或同事主动沟通的勇气。

在工作链接方面，我们可以问："请举一个案例，说明即使没人要求，你也会把工作做到最好。"通过这个问题来判断候选人是否善于从工作中寻找价值和意义，是否积极主动地工作。

在决定录用候选人之后，HRBP 要与业务伙伴围绕以下问题展开讨论，争取就新人入职后的落地管理工作达成共识。

- ✓我们应采取哪些措施确保新员工顺利落地？
- ✓如何满足候选人的需求和期待？
- ✓候选人入职后可能面临哪些挑战？
- ✓预判该候选人能在公司待多久？

将以上问题的答案与新人落地管理工作相结合，共同助力新人成功融入。

（三）新人融入管理

1. 打造充满仪式感的入职第一天

新人入职第一天的体验非常重要。人们通常对“第一次”“第一天”这些特殊时刻有着深刻的印象。如果再在这些重要的日子中加入一些体验式设计，这将为员工的职业生涯留下难忘的回忆。

为了让大家体验不同设计带来的感受，接下来，让我们走进不同的企业吧，在这次体验中，假设你是刚入职的一名新员工：

公司 A：

首站：人力资源共享服务中心（SSC）。

你抵达公司后，询问了至少三位同事，才找到 SSC 的办公大楼，并在 SSC 顺利办完了入职手续。

办完手续之后，SSC 的 HRBP 告知你可以前往业务部门报到了。然而，由于对公司环境尚不熟悉，你不清楚业务部门的具体位置。这时，你想起了一直在对接面试安排的 A 同学，于是你拨通了她的电话。A 同学让你稍等片刻，表示会有一个叫 B 的同事来接你。

第二站——前往业务部门报到。

在 B 同学的带领下，你们来到新部门的工作区域。B 同学给你指了指一个空位，说这是你的工位，并建议你稍作休息。

随后，B 同学递给你一叠资料，其中包括一本精心装订的《新员工指导手册》。此外，还有一堆需要你签署的文件，包括保密协议、商业行为规范、个人行为规范承诺书等。签署完毕后，B 同学暂时离开了。

此时，你环顾四周，发现同事们都在安静地忙碌着，似乎没有人注意到你的到来。

你翻阅员工手册，不禁感叹公司管理的精细化程度。这本手册预先规定了员工可能出现的各种违规行为以及违规后可能面临的各种惩罚。当你看到“试用期内不合格，公司有权无条件解除劳动合同”这句时，不由得一阵紧张。

过了一会儿，B 同学回来，表示要带你去领取办公用品……

上午的时间就在领取物品、安装电脑软件的忙碌中结束了。

到了吃午餐的时间，B 同学告诉你，公司餐厅位于负一楼。中午用餐时间是 12 点到 13 点，13 点之前一定要到工位，这是公司的规定。同时，他告诉你业务主管上午外出了，预计下午回来，到时候主管会和你见面的。

你点头表示理解，拿起工牌，向餐厅走去……

公司 B：

你抵达公司后，依照“入职指导手册”的指引，前往新公司的 SSC 办公大楼办理入职。大楼门口设有指示牌，指明办理入职需要去的楼层及电梯位置。

来到相应楼层后，映入眼帘的是一条横幅，上面写着：“欢迎新员工加入××大家庭”。很显然，这就是办理入职的地方了。

入职办理完毕之后，SSC 的 HR 拨通了新部门 HRBP 的电话，告知她你已完成所有入职手续，请她尽快来接你。

第二站——业务部门报到。

不久，新部门的一名同事前来迎接你，他主动介绍自己，称自己是入职通知书上提到的师兄，直接称呼他名字即可。他表示，无论是生活中还是工作中的问题，都可以随时与他沟通。

在前往新部门的途中，师兄热情地向你介绍园区内每一座办公楼及其部门的布局，特别提醒了每座办公楼的餐厅位置和美食特色。在愉快的交流中，时间飞逝，你们很快到达了部门办公区。

师兄似乎与这里的每个人都很熟络，每当遇到同事时，他都会热情地向他们介绍你：“这是我们部门的新员工，有时间一起吃饭哦！”

最终，师兄带你来到了工位。工位上摆放着一束美丽的鲜花，花束上附有一张欢迎卡，上面写着：“欢迎某某同学加入某某战队，成为我们的战友。”此外，电脑、文件夹等办公用品也已整齐地摆放好，静待你的到来。

师兄将你介绍给团队同事，他们都向你简单作了自我介绍，并用热烈的掌声欢迎你的加入。师兄告诉你，主管正在开会，但已经安排了午餐，中午可以一起用餐。

此时，对面走来一个熟悉的人，原来是面试时的 HRBP，她还为你准备了一份精致的小礼物。

在接下来的时间里，师兄带你初步了解公司和部门的基本情况，向你介绍工作的基本内容。师兄还向你分享了他在工作中遇到的一些趣事和自己的一些工作经验，希望帮助你更好地融入团队。在师兄的帮助下，你也逐渐熟悉了日后工作中常用到的各类系统。

午餐时间到了，大家一起前往餐厅吃饭。在餐厅，大家围坐在一起，边吃边聊，好不热闹。你也开始慢慢参与其中，和大家有说有笑，你的紧张感慢慢消散，取而代之的是对未来的期待。

午餐后，团队主管的会议也结束了。他对你的加入表示欢迎，并向大家分享了在面试中，你那些让他印象深刻的优秀表现，并向大家介绍了你所具有的很多优点。

下午 6 点下班时间到了，大家都还在紧张地忙碌着，师兄和主管却都催促你赶紧回家。入职的第一天过去了。这一天，你感到既紧张，又感到很开心。你对未来充满期待，相信自己一定能够在这样一个积极向上的环境中快速成长。

自此，两家公司的体验结束了，你的感受如何呢？

用心设计的入职流程可以让员工感受到被接纳，有利于新人快速融入。B 公司通过热情的欢迎、周到的安排以及同事间轻松的互动，让新员工感受到被尊重和被接纳。而在公司 A，新员工感受到的可能是陌生和疏离。

本书梳理了公司迎接新员工入职需要注意的细节：

（1）提前规划详尽的入职指南。该指南应涵盖员工需携带的文件、公司位置、交通指南、入职办理中心的具体位置、指定的入职联系人、业务部门联络人、业务伙伴以及 HRBP 的联络信息等。

(2)挑选一位热情且乐于分享的入职领路人。他们是新人加入公司后，第一位与之产生深度链接的同事，会直接影响员工对新公司的第一印象。所以，领路人应热情、温暖，且具备良好的沟通与分享能力。

(3)营造一个温馨的入职环境。在入职办理中心悬挂温暖的欢迎横幅，摆放令人愉悦的鲜花，并准备贴心的欢迎卡片等，这都会让新员工感受到来自公司的关怀。

(4)在新员工到来前，提前告知所有团队成员，要以热情的态度欢迎新人的加入。

(5)安排新人准备一份自我介绍的 PPT。HRBP 或业务主管可以隆重地向团队介绍新人，分享其优势和录用的理由。同时，也鼓励团队成员进行自我介绍，帮助新员工快速熟悉同事。

(6)避免在美好的第一天制造紧张氛围。例如，尽量避免让员工在第一天签署免责声明或其他具有威胁性的文件。尽管这些步骤是必要的，但可以挑选更恰当的时机进行。

(7)提前布置新人的工位，并准备好基本的办公用品。

(8)为新人准备一份见面礼，比如鲜花、卡片或书籍，以表达对新员工的欢迎和接纳。

(9)不要让新员工独自在新公司吃第一顿饭。在中国文化中，共同用餐象征着认可和接纳。

总之，一个用心的入职流程安排，能够让新人在入职第一天感受到浓浓的温暖，这有助于帮助新人快速融入，提高新人的留存率。

2. 洞悉新人心理助力良性循环

让新人有良好的入职体验只是新人落地管理的第一步。接下来，HRBP和业务伙伴需要关注新人在入职后可能面临的各种不适和挑战，帮助他们尽快适应新环境。新人所面临的不适和挑战主要体现在以下两大方面：

第一，新员工入职后可能会感到与原公司的强链接逐渐减弱，而与新公司的链接则相对薄弱。这种过渡可能引发陌生感和疏离感，具体体现在以下三个方面：

(1)与组织的弱链接：在新公司，同事之间尚不熟悉，深度交流较少，新员工可能会感到孤独，难以融入团队。

(2)与新工作的弱链接：每个公司都有其独特的工作方式和要求，新人需要适应新的工作环境和任务。在此过程中，他们可能会发现实际情况与自己的预期存在差距，从而需要重新调整期望和目标。

(3)与自身初心的弱链接：如果新人发现理想与现实之间的落差较大，可能会产生心理上的不适。例如，一位刚从传统制造企业跳槽到阿里巴巴的员工感慨："为何真实的阿里与外界所传的截然不同？在之前的公司，我们所有的工作都是有流程、有规定的，但是在阿里，感觉一切都在变，缺乏明确的标准和流程……"理想很丰满，现实却很骨感。如果新人不能清楚地知道新公司可以带给自己什么的话，他们可能会因为不适应公司的文化而选择离开。

第二，新人的紧张和不安往往会导致两种极端表现，要么过度谨慎，要么急于求成。

过度谨慎的人，由于内心存在太多的顾虑，他们常常表现出犹豫不决和害怕冒险的特征。急于求成的人，他们迫切希望展示自己的能力，渴望快速取得成果，赢得团队的认可和接纳。

然而，这两种极端情况都不利于新人的成功落地。过度谨慎可能导致缺乏创新和创造力，无法取得有效的成果；而急于求成则可能引发矛盾和冲突。因为当人们急于求成、急功近利的时候，他们的注意力会集中在事情本身，而忽略了对人和团队的关注。由于对人和团队关注不足，他们可能会在不知不觉中触犯他人的利益或给周围同事带来压力和危机感。这最终会遭到同事排斥和疏远。当新人感受到来自同事的排斥和疏远信号时，他们的危机感会进一步加剧，更加迫切地想要证明自己。这种迫切性往往会导致更糟的结果出现，从而形成恶性循环（见图 5－5）。

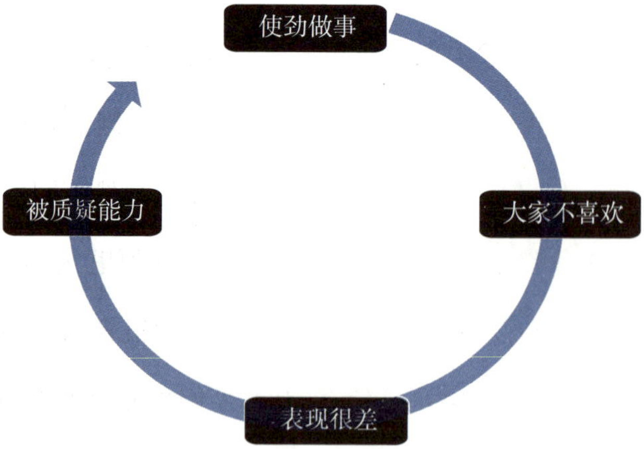

图 5－5　恶性循环

新员工急于求成表明其工作积极性高，成就欲望强，这是积极的一面。然而，过度的成就欲会妨碍其取得更佳的工作成果。心理学家耶克斯（Yerkes）和多德森（Dodson）提出的耶克斯—多德森定律（见图5－6）指出，动机强度并非越高越好。对于较为简单或容易的任务，工作效率会随着动机强度的提升而增长；对于难度适中的任务，中等强度的动机能够使工作效率达到最高；而随着任务难度的提高，达到最佳工作效率所需的最佳动机强度则呈逐渐降低的趋势。

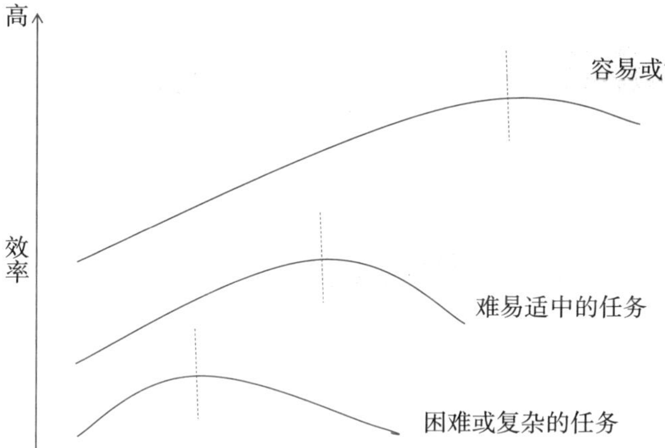

图5－6　耶克斯—多德森定律

基于恶性循环圈的发展规律、工作动机与效率之间的关系，HRBP与业务伙伴在协助新员工融入团队时，应优先引导新人与同事建立积极的人际关系。从相对容易取得成功的小事件入手，帮助员工在连续的小成就中找到自信，进而引导他们进入一个良性的循环圈。

在良性循环（见图 5－7）中，新员工能够与团队成员建立稳固的合作关系。一旦这种关系建立起来，新员工便能从团队成员那里获取更多宝贵的信息。这些信息能帮助新员工识别工作中的风险与机会，清晰辨别工作的重点和难点。在此基础上，新员工可以在恰当的时机，在难度适中的关键任务上一击而中，快速赢得团队的认可与接纳。

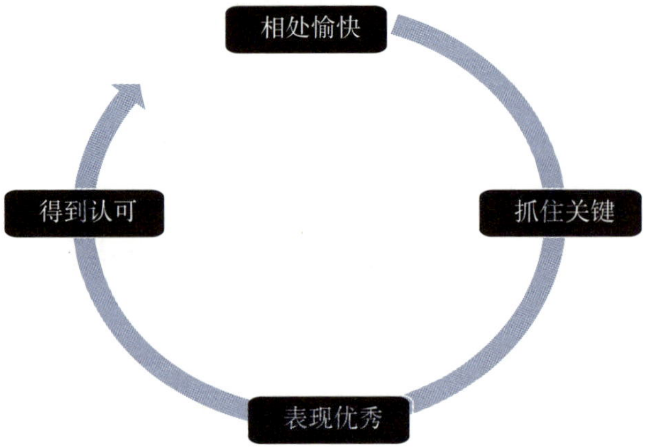

图 5－7　良性循环圈

由于和同事之间的关系处得比较好，因此，大家乐于见证并认可新员工所取得的成就。对员工来说，在新岗位上取得成绩，这是最好的自我认可，这不仅能增强他们的自信，还能持续提升他们的自我价值感，从而促成积极的正循环。

3. 全方位的组织机制保证

企业人才引进不仅伴随着显性的招聘成本，若新人融入机制存在断层，还易引发隐性效能损耗——从文化认同滞后导致的积极性衰减，到技能传导不畅造成的团队协作摩擦，这些负面效应都会阻碍公司业绩增长。因此，如何使新人快速融入与实现价值转化，早已超越单一人力资源部门的职责范畴，而成为需要公司高层、直接主管及人力资源体系各相关部门通力协作的战略级管理命题。以下五点助力新员工融入的措施可以参考：

第一，高层领导要关注新人融入。关注不应仅停留在口头上，更要落实到具体行动中。以阿里巴巴 CCO 事业部为例，在每月的事业部总裁例会上，都会特意留出时间来讨论新员工的融入情况，包括新员工的优势与不足、当前的工作状态、工作内容的分配等内容。

第二，直接主管的绩效应与新员工的融入挂钩。想要让业务主管关心新人的落地和融入，就需要将新员工融入的相关指标纳入管理者的绩效考核体系中。例如，当年，阿里巴巴 CCO 事业部，每位部门负责人的绩效考核指标中都会有一项新人落地指标，要求新人闪离率为 0，这也就意味着不允许任何一个新人在试用期离职。

第三，在组织层面，持续跟踪新员工的适应情况是至关重要的。为此，组织层面应该围绕新员工入职后的适应情况进行调查与分析。此外，建立新员工适应状态的监控机制是非常必要的。例如，CCO 事业部实施每月对新员工"红黄绿"状态的监控与分析制度：红灯代表新员工存在离职风险；黄灯代表新员工在适应过程中遇到挑战，融入方面需要重点关注；绿灯代表新员工融入状态良好。红黄绿灯状态的信息来自组织发展（Organization Development，OD）团队的调研访谈以直接主管的信息反馈。

第四，完善新员工培训体系。公司统一开展新员工培训至关重要。首先，这有助于新员工全面掌握公司的发展历程、业务布局及公司文化。其次，这种公司层面的统一培训为新员工提供了拓展内部人脉资源的良机，这不仅有助于提升员工的组织归属感，还有助于未来跨部门工作的推进。

第五，在部门内部构建一个由“HRBP、导师、直接主管”组成的新人融入小组。

新员工的融入依赖于三个角色的有力支持：

- 直接主管的核心职责在于协助新员工熟悉工作内容，拓展人脉资源，融入团队，并获得团队的支持。
- 导师的主要职责是辅助直接主管，帮助新员工建立与业务的链接，并在直接主管缺席时，为新员工提供专业指导和操作示范。
- HRBP 的主要任务是关注新员工的心理状态，帮助他们发现工作的价值和意义，支持他们适应新角色。

三大角色在新员工融入过程中相互配合，共同支撑新员工的有效落地。

另外，针对试用期内离职的新员工，我们可以围绕以下问题进行复盘总结：

✓重新审视我们的选人标准:我们是否制定了清晰且合理的选聘标准,该选聘标准是否能选拔到最合适的人才?

✓回顾招聘和录用过程:在招聘和录用的过程中,我们是否进行了充分的风险预判?这些预判是否准确?

✓反思面试过程中的信息遗漏:在面试中,我们遗漏掉了哪些重要信息,这些信息能否帮助我们提前识别并预测新员工的离职风险?我们为什么会忽略这些信息?

✓复盘入职过程中被忽视的信息:在新员工入职过程中,我们是否忽视了一些已经预示了他们将会离职的信息?

✓新员工落地管理情况:在新员工融入的过程中,在哪些方面,我们做得还不到位?需要在哪些方面进行改进?

通过以上复盘分析,在新人落地管理上,我们学到了什么?这些复盘成果如何支持我们在新人管理上做得更好?

至此,本书已接近尾声。在最后一部分内容中,我们将回归到 HRBP 本身,探讨如何增强自我效能,提升自我心力。

HRBP 的自我效能是其工作的动力之源。只有内心坚定且强大的 HRBP,才能滋养身边人,进而推动整个团队和组织的效能提升。

Part 03

自我成长：选你所爱、爱你所选，成就最好的自己

想要助力组织、团队和个人效能的提升，首先，HRBP 本身要成为点燃组织、团队和个人的火种。而要成为火种，首先要对 HRBP 这份工作保持热爱；其次，在人生修炼的道场，不断成为最好的自己。因此，最后一部分内容，我们将分为两个章节加以论述：

第六章　选你所爱，爱你所选

第七章　成为最好的自己

第六章　选你所爱、爱你所选

HRBP 是一份职业，我们首先要清楚胜任此职业需要具备的能力有哪些，然后在分析自己“想做”、“能做”和“值得做”的基础上，作出是否要将 HRBP 这份职业作为终身事业的决定。

第一节 HRBP 需要具备的“五力”

一个合格的 HRBP 需要具备五项核心能力：业务力、专业力、影响力、文化力和心力（见图 6－1）。

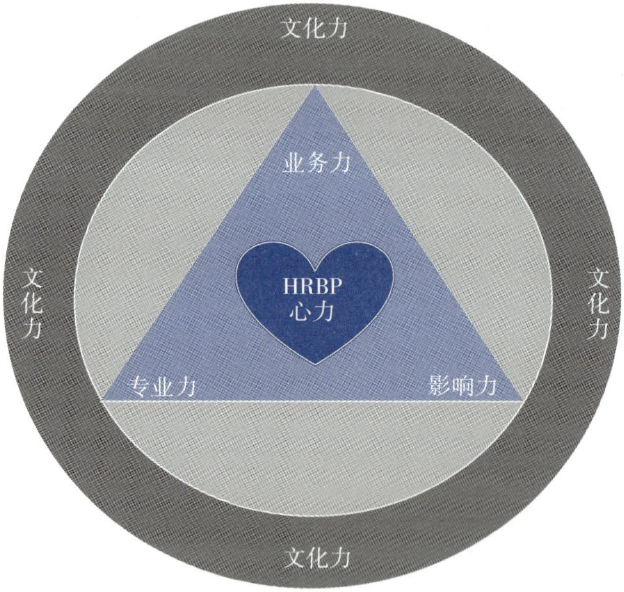

图 6－1 HRBP“五力”模型

业务力指的是 HRBP 对业务的理解力和认知力。一个业务型 HRBP

要懂战略、懂业务，深刻理解战略和业务内在的底层逻辑，这是人力资源工作的起点。在理解业务的基础上，HRBP 工作的终点是助力企业达成经营目标。总之，HRBP 的业务力要始于业务，成就业务，终于业务。

专业力意味着 HRBP 需掌握人力资源管理各模块的专业知识。虽然不必在每个模块都达到精通水平，但必须确保在每个专业模块上都达到合格标准，并且能够理解并运用不同模块间的逻辑关系为业务提供系统性的解决方案。

影响力指的是 HRBP 要懂人性，通人心。他们必须能够赢得业务伙伴的信任，并协助业务伙伴管理好员工和团队。而管理好员工和团队不是靠职位影响力，而是靠人际影响力，甚至是人格魅力。

文化力指的是 HRBP 需深入理解文化的内涵，洞察文化的本质。在促进个人、团队和组织效能提升的过程中，激发个体的使命感，逐步塑造以爱、利他和长期主义为核心的价值观理念，从而推动企业文化真正落地和践行。

心力，即 HRBP 的自我修养。一个优秀的 HRBP 首先必须成为点燃他人、团队乃至整个组织的火种。为了成为这样的火种，HRBP 必须具备强大的心力。心力修炼的首要步骤是对自己有清晰的认识，视己为人；其次，培养稳定的情绪内核，提高认知能力；最后，立足当下，接受并拥抱真实的自我。

尽管 HRBP 这一职业的门槛并不算高，但要想做好，很难！人生短短几十年，您是否已经准备好继续在这一职业发展道路上前行呢？

第二节 HRBP 的职业规划和选择

世界对每个人都很公平，因为，我们有一个共同的终点——死亡！然而，通往这个终点的道路却千差万别，沿途的风景也迥然各异。有些人在世俗的洪流中随波逐流，错失机遇与所爱，最终留下无尽的遗憾。但是也有很多人找到了人生存在的价值和意义，从事着一份“想做”“能做”“值得做”的事业，充实地走完这一生。

一份“想做”“能做”“值得做”的事业是我们每个职场人的追求。对于人力资源领域的同学来说，不少人还在纠结是要选择 COE 岗位，还是选择 HRBP 岗位？是应该继续留在人力资源这个赛道深耕，还是要尽快换赛道？所有的选择都是最好的安排。问题的关键在于，你是否对自己的职业发展进行过深入的思考和研究？我们所选择的道路是自己内心真正想要的吗？

为此，竹辉为您量身定制了一套适合 HRBP 的思考框架和相关问题，旨在帮助您找到真正适合自己的职业发展路径。

现在，请您取出一张 A4 纸，参照下图所示，绘制三个相交的圆圈，分别代表“想做”、“能做”和“值得做”。然后，在每个圆圈下方思考以下问题。

想做：HRBP 这一职位是否能激发你无限的热情与活力？

你是否对这份工作怀有真挚的热爱，并愿意为之投入更多的时间与精力？如果你的回答是肯定的，那么恭喜你，你已经找到了自己热爱的职业。

能做：HRBP 这份工作是否有利于发挥自我优势？

根据盖洛普公司的调查，成功者更倾向于发挥自身优势，而非专注于改善弱点。对于那些无关紧要的弱点，避开即可，不必与之死磕。实际上，许多弱点在成年后是难以改变的，与其将时间花在痛苦地改善弱点上，不如将时间用于寻找能够弥补这些弱点的伙伴，与之合作。

以下问题可以帮助你寻找自身优势：

- 我的强项是什么（哪些事情别人做起来费力，而我却能轻松应对）？
- 我在哪些领域学习得又快又好（哪些事情别人需要很久才能掌握，而我却能迅速上手）？
- 我在哪些方面取得了显著的成功？
- 我将时间和精力投入到哪些方面，能取得明显的成效？

值得做：HRBP 这一职位能否让你获得价值感？

请尝试列举这一职位能带来的价值，包括对个人、对他人以及对团队的价值。如果你坚信 HRBP 这一职业具有无可比拟的价值,那么祝贺你! HRBP 这一职业,值得你去追求。

找到“想做”“能做”“值得做”三者的交汇点(见图 6-2),这正是我们应当追求的目标和方向。它将为我们指引前进的方向。

现在是时候问问自己,HRBP 这份工作会成为你终身的事业吗?

无论你的答案是什么,建议继续完成本书最后部分的阅读。因为,无论你未来的选择是什么,都不妨碍你想成为最好的自己,不是吗?

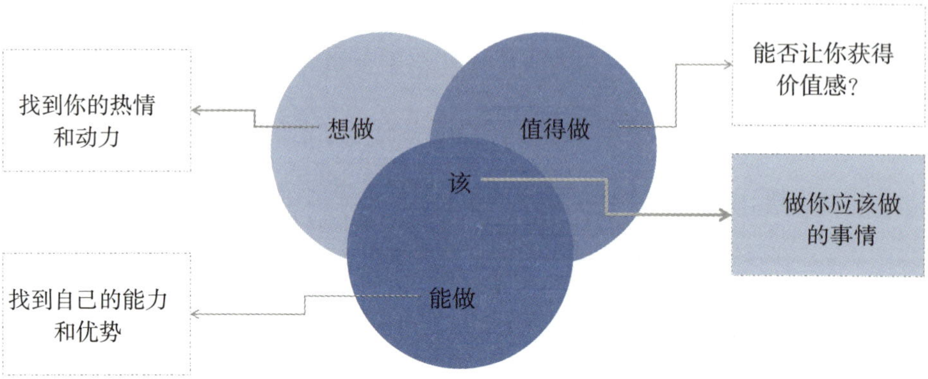

图 6-2　职业选择三环模型

第七章　成为最好的自己

想成为最好的自己，首要任务是自我觉察。现在，请您思考一个问题：你是谁？

面对“你是谁”这一问题，人们的答案往往是：“我是父亲、我是母亲、我是女儿、我是教师、我是家长、我是儿子……”这些答案体现了社会赋予我们的多重角色。但这并非问题的真正答案，真正的答案是：你是你自己。

只有先认识并接纳自己，我们才能成为最好的自己，也才能够更好地履行社会赋予我们的各种角色责任。在这个过程中，要视己为人，而非视己为物，要将自己变成生活的目的，而非生活的手段。

第一节 认识自己，接纳自己

认识自己，首先要承认人性的多面性，这也就意味着承认我们既可以是佛，也可以是魔。当我们内心安定时，我们便是佛；当我们内心不安时，我们便是魔。内心的不安并非源自客观事实，而是来自我们对客观事实的认知和解读。而我们对事物的认知和解读源于对过往人生经历的体验和总结。

有的人在无条件爱的环境中长大，他们的内心充满力量，积极向上，这样的人可以用童年治愈一生；而有的人在有条件的爱中长大，常常需要通过不断寻求外界的认可来获得内心的力量，这样的人用一生来治愈童年。

不幸的是，我们大多数人认为自己是后者。但是幸运的是，即便这样认为，也不妨碍从当下作出改变，去开启美丽的一生。人生的价值和意义就在于看透自身的不完美之后，不断进行自我修炼和完善，最终遇到最美的自己。修炼和完善的方式很多，比如，内观自省、寻求反馈和经历磨难。这些都有助于我们涅槃重生、蜕变成蝶。

在这个过程中，无论我们经历了什么，都不要忘记成长过程中的坚守：视己为人而非视己为物，你是目的，而非手段。

第二节　成长过程中的坚守

一、视己为人而非视己为物

视己为人意味着承认自己是一个有血有肉、有情感、有自我意识和能动性的人；而视己为物则是将自己视为冰冷的、毫无意识和自主性的物体。这两种选择带来了截然不同的行为方式，从而塑造了个体各自不同的人生轨迹。

为了帮助大家更好地理解这两者之间的区别，竹辉整理了一个对比分析表（见表7－1），供您参考！

表7－1　自我的两种维度

区分维度	视己为人	视己为物
认知：思考问题的出发点	以"why"为思考的起点，之后思考"what""how"	从"what"和"how"出发思考
对待情绪的方式	驾驭情绪，正常表达情绪和利用情绪	被情绪绑架，做出情绪化的行为和表达
行为反应模式	刺激—认知—反应（个体的反应来自认知，具有主动性）	刺激—反应（反应直接来自刺激）

续表

区分维度	视己为人	视己为物
行为表现	思辨执行力	高效执行力
评价行为的标准	自己内在的标准	外界认可的标准；他人的评价
对自我的评价	不被外界定义，不给自己设限。 ——对待优点，抱持还可以更好的理念； ——对待不足，直面真实的自己，进一步寻找自我提升的机会	生活在自我和他人设定的标准中。 ——对待优点，沾沾自喜，固守历史战绩； ——对待不足，自我防御，寻找借口，加以掩饰

二、视自己为目的而非手段

认为“自己是目的”意味着将“成为最好的自己”视为人生的终极目标，将人生所有的经历都视为自我提升和成长的途径。相反，认为“自己是手段”的人则是将自身视为实现其他目标的工具，这种观念往往导致对自我的爱与关注不足，反而过度追求外在的荣誉、地位或物质奖励，以下是二者的区别（见表 7 –2）。

表 7 –2　人是目的还是手段

区分维度	人是目的	人是手段
人生的目的	成为最好的自己	获得更多功名利禄、荣华富贵
持续不断的动力来源	做自己喜欢做的事， 被事情本身带来的成就感所驱动	做普通大众认可的事， 被功名利禄和荣华富贵所驱动
关注点	关心自我成长、关心能力是否有提高	关心可以获得多少外在回报

续表

区分维度	人是目的	人是手段
对自我的评价标准	和自己比:今天最好的表现是明天最低的要求	和别人比:把当下的自己当成和他人比较的工具,比他人好就满意,否则就不满意
对他人的认知	视己为目的的人同样会视他人为目的,看到并尊重他人	视己为手段的人同样会视他人为手段,会试图控制他人为自己所用
对人际关系的认知	相互独立、人格平等、价值交换	要么喜欢依赖依附他人,试图用自己的弱小影响他人的行为,实现被保护的目的; 要么喜欢控制他人,试图用自己的强大让外界的人和事为自己所用
内心力量	因为关注自我成长,重视价值交换,因此,内在力量越来越强	因为将自己视为手段,所以不断利用自己,能力被耗损

以成为最好的自己为目标,可以激发个体内心深处的积极能量。这种能量不仅对我们自身有正面影响,还能激励周围的人。

一个懂得如何爱自己的人,自然也会更好地爱他人;一个擅长自我激励的人,也能激励周围的人。

第三节 成长过程中的九九八十一关

不经历风雨，怎么见彩虹？不经历九九八十一难，如何取得真经？

想成为最好的自己吗？那就从现在开始，过关斩将吧！本书给 HRBP 总结了职场九关，与君共勉！

一、第一关：寻找使命——从"是什么"到"为什么"

从小到大，我们的生活就像一条被预设的轨道。父母的叮嘱、老师的教诲、领导的指示，无不在告诉我们该如何行事。小时候，父母让我们"好好学习"；上学时，老师鼓励我们"加油努力"；而在职场中，领导则要求我们"完成任务"。随着时间的推移，我们逐渐习惯了听从指令，而不去思考背后的意义。我们就像一个提线木偶，笨拙地在生活的舞台上演绎着自己的故事，但编剧却不是自己。

当我们想做自己人生的编剧，然后我们去问父母、问朋友人生存在的价值和意义是什么时，五六十年代的父母会说，为了生活，为了儿女，为了活着。

活下来之后呢?

70年代的人会告诉你要活得好。“好”的标准是努力奋斗,去争取自己想要的名车、名表、豪宅和地位。

再之后呢?

有钱没钱都不过是一日三餐,家财万贯临死都带不走半分。当人类基本的物质需求被满足之后,精神需求必然会浮出水面,且变得越来越重要。当精神需求达到一定境界,人性随之觉醒。我们必然要开始思考人生的价值与意义(人生的使命)。

寻找人生的使命,并不是一件遥不可及的事情。你只需要活在当下,保持觉知,在每一个时刻,选择成为最好的自己。这样,就已经在践行人生使命的路上了。

当我们开始问“为什么”,开始追寻内心的声音,我们便不再是人生的旁观者,更不是谁的提线木偶,而是自己人生的缔造者和编剧。这个剧本要如何书写,人生要如何演绎,由你自己来决定。

从“是什么”到“为什么”,从被动到主动,这是人性的觉醒,也是人生进阶的第一关。

二、第二关:从学生到职场人的真正蜕变

我们已经不再是学生,可为什么在遇到问题时,依然倾向于向上司求

助，询问该如何解决？为什么你依然期待上级主管给你分配任务，而不是积极主动地去争取机会？

我们不得不承认，任何教育方式和制度都会对个人有隐性的影响。这些隐性影响塑造着人们的思维模型和行为习惯，让人即使走进职场，却仍然保留着学生时代被动等待任务分配的习惯，保留着认为问题总有标准答案的观念，保留着一切听从领导指挥的习惯，甚至保留着努力就一定能有所收获的信念。这些思维模式和行为习惯，在工业时代会助力我们成为社会化大生产这个精密仪器上品质优良的一环，但是在信息化这个活跃的体系中，却处处受限。

在今天的职场，没有人能给我们提供解决问题的标准答案，努力也不一定能成功。我们需要积极主动地走到市场和客户中去寻找答案。

一个人真正的转型，不仅仅是角色的转变，更是思维方式和行为习惯的转变。只有当你真正从被动接受转变为积极改变时，从依赖标准答案转变为独立思考时，你才能在信息化时代的职场中脱颖而出，找到自我价值。

这是我们人生进阶的第二关。

三、第三关：忘记是非，保持好奇

争辩是这个世界上最无趣的事情，而求同存异却是这个世界上最有意思的存在。每个人的人生经历不同，看世界的角度也不同。每个人的需求各异，对万事万物的解读也会千差万别。

个人最大的悲哀是对不同的意见耿耿于怀,自我消耗,却忘记问问对方何出此言。当我们怀着对世间万物的好奇之心看待身边的人及其观点时,他们都是我们的老师,自然能够成为我们成长路上的助力。反之,人生所遇皆为障碍,无论我们怎么逃,也逃不掉。

因此,如果有机会,读万卷书,行万里路吧。当我们见过更多的精彩,便会明白人生有无数可能。不要禁锢在原有的认知中,而要勇敢地走出自我设限的牢笼。

勇敢地走出去,保持好奇,忘记是非,这是我们人生进阶的第三关。

四、第四关:摘掉紧箍咒,拒绝 PUA

我是心理学科班出身,内心却极度抗拒通过做各种测评定义自己。我从小的理想是努力学习,考上大学,嫁得良人,做一名上得厅堂下得厨房的贤妻良母。然而,命运却让我走上了一条充满不确定性的创业之路。在我人生的至暗时刻,靠着挚友一句“我觉得你做什么都能成功”的信念走出了低谷。

人生没有预设,为什么我们非要不断地告诉自己,自己是一个内向的人(I 人),或者是一个外向的人(E 人)呢?当你开始给自己贴上某个标签时,你知道吗?你就已经给自己预设了发展的上限。

我非常清楚心理暗示的强大影响,因此我从不给自己设限。我也曾经历过被人各种贴标签,整个心理防线的塔崩。可是当自己走出低谷,摆脱

PUA 之后发现，那些所谓的标签都是假象，其实你真的很好，很优秀！如果要贴，那就给我们自己贴上各种美好的标签吧。

永远都不要活在他人的评价中，除了你自己，没有人有资格定义你。不要被自己的心魔所束缚，也不要被别人的紧箍咒所限制。做事随心，干就完了。是否优秀，他人说了不算，你自己说了算！

摘掉紧箍咒，拒绝 PUA，这是我们人生进阶的第四关。

五、第五关：情绪稳定，从魔到佛

人与人之间的情绪差异不在于是否存在情绪，而在于情绪的性质、紧张度和强度。面对工作中的糟心事，有的人能积极总结经验，快速调整状态；有的人则可能陷入自我怀疑和沮丧的情绪中无法自拔。

很多人误以为，管理情绪的最佳方式是压抑和忽视，将情绪视为洪水猛兽，试图通过逃避、忽视和压制的方式控制它，仿佛这样就能成为情绪的主人。然而，事实是你越想成为情绪的主人，就越容易成为情绪的奴隶。

心理学的研究表明，长期压抑自己的情绪，委曲求全的人，在情绪爆发的那一刻更容易做出出格的事情。因此，对待情绪的正确方式不是忽视、逃避、压制，而是去看见、尊重和保持对情绪的好奇，深入探究情绪背后的需求，最终达到与情绪和谐相处。

情绪的力量如同锋利的剑，运用得当能助我们披荆斩棘，而运用不当，便会成为刺伤自我的利刃，甚至会波及他人。

本书前面讲到的情绪管理的方式方法都有利于自我情绪的修炼。此处不过多赘述。

总之，保持情绪稳定，让情绪为我所用，而不是做情绪的奴隶，这是我们人生进阶的第五关。

六、第六关：在过程上努力，在结果上随缘

在与学员互动的过程中，常常听到学员这样说：

- “竹辉老师，这个事情我们也没有办法，公司就是这么规定的呀。”
- “竹辉老师，我们公司和阿里、华为不一样，这种操作在我们公司是行不通的。”
- “这种事情，必须经过我们老板点头才可以，老板不发话，我们什么也做不了。”
- “竹辉老师，我们老板不允许我们这么做。”

每当这个时候，竹辉总是会问对方：“如果公司没有这个规定，你可以做什么？如果你们公司和阿里、华为一样，你可以做什么？如果你们老板告诉你这个事情我们可以自行解决，你又可以做什么？”

公司的规定或者老板的态度，这都是别人的事。我们无法掌控别人的

行为，更无法决定别人的事。我们只能做好自己的事，所以，在各种不利的外在环境下，不妨问问自己，我们还可以做些什么？真的什么都做不了吗？

不做，永远不会成功；做了，虽然没有把握 100% 取得成功，但至少有成功的可能性。面对困难，如果我们选择不做，我们一定会纠结、会内耗，到最后会怨天尤人。但是，如果我们选择去做，至少有资格告诉自己，尽力了，无愧于心！

你只需要做好自己的事，做你“想做的”、“能做的”或“应该做”的即可。在过程上努力，在结果上随缘。这是我们人生进阶的第六关。

七、第七关：我心向善　发现美好

这个世界的运行法则是好坏相依，善恶相随的。但是我们人类更容易被消极或糟糕的事情所吸引，而忘记去关注那些积极乐观的事物。当我们选择关注阴霾的时候，我们就失去了磨炼心性的机会；当我们选择看到阳光的时候，力量便会在此时生发。

对事如此，对自己同样如此：

- 当别人评价你，“脾气太急，心里藏不住事儿”的时候，你要告诉自己，“我工作雷厉风行，当天事情，当天解决”。
- 当别人评价你，“固执又自以为是”的时候，你要告诉自己，“我有自己的主见，能够坚定地做出决策”。
- 当别人评价你，“比较粗心大意，不拘小节”的时候，你要告诉自己，

“我关注目标和结果，善于抓大放小”。

- 当别人评价你，“生来胆小怕羞，没见过大世面”的时候，你要告诉自己，“我传统严谨，忠诚度高”。

- 当别人评价你，“从小就喜欢异想天开，不知天高地厚”的时候，你要告诉自己，“我思维活跃，敢于冒险，敢于挑战权威”。

总之，美与丑、好与坏是一体两面的关系，关键在于你是否愿意换个角度，去发现这世间的善良与美好。

当我们积极向善、自信乐观时，就会吸引更多正能量来到身边，这会让我们越来越好。人不是因为成功而快乐，而是因为快乐才成功。

我心向善，发现美好，这是我们人生进阶的第七关。

八、第八关：从思想到行动

想，全是问题；做，才有答案。然而，许多人却选择成为思想的巨人，行动的矮子。

晚上想着千条路，早上醒来走原路。积蓄了许久的能量，想着要全力以赴，但临近关键时刻，又开始找理由。理由找多了，也就躺平了。人生转瞬即逝，最后，只能自我安慰，告诉自己这叫“放下”。可我们从未真正拥有，又何谈放下？

趁年轻，行动起来吧！不要等到年老时再去感慨：“当初，自己如果再努力一点就好了”。

世界是个草台班子，你我都不专业，也不完美。正因如此，我们才需要行动。人，不是因为有能力才会去行动，而是因为行动了，能力才有机会获得提升！

拒绝做思想的巨人，行动的矮子，这是我们人生进阶的第八关。

九、第九关：认真生活，快乐工作

马云老师说工作只是一阵子，生活才是一辈子。工作属于你，而你属于生活，属于家人。像享受生活一样快乐工作，像对待工作一样认真地生活。只有认真对待生活，生活才会公平地对待你。

热爱的事业能够带来成就感；亲朋好友的关爱与温暖则让我们体验到幸福感。

生命本无意义，我们都是在体验不同的状态，感受不一样的人生中寻找意义。无论你作出怎样的人生选择，希望在生命的尽头，你能无怨无悔地说："这一生，我的灵魂富足，足矣。"

最后，愿你在鸡零狗碎的生活中找到属于自己的称心如意，也愿你的人生配得上这一路的颠沛流离。

过九九八十一关，取得人生真经，祝您幸福！

后　记

本书的创作历时近两年，其间经历了无数次的推敲与修订。时而审视内容，时而斟酌文字，上周认为尚可的内容，下周再看，觉得惨不忍睹。初版书稿已经进入出版社的三审流程，但由于自己执意修改，不得不重新启动流程。所以，首先要对出版社鹏瑶小师妹和张岩主任说声抱歉：重新折腾走流程，的确是一件很耗费心力的事情，给你们添麻烦了！

尽管本书经过了竹辉多次用心修订，但仍然存在不完善之处，或许是文字表达上的瑕疵，或许是内容逻辑上的疏漏。在最终交稿之前，竹辉仍然是战战兢兢，生怕笨拙的文字表达能力，给您的阅读带来不好的体验，若您在阅读过程中遇到任何困惑，欢迎添加竹辉的微信进行交流。

写书，真的是一个痛并快乐的人生经历。在此期间，竹辉常问自己，为什么要耗费这么多的精力来打磨这本书？是为了卖书挣钱吗？还是为著书留名？

答案当然是二者兼而有之！竹辉，俗人一个，爱财也爱名！

然而，在写作的过程中，真正给予竹辉力量的是脑补出来的价值以及内心的使命感。

每当完成对特定问题的处理方法和策略的撰写后，我都会在心中反复推敲和模拟演练。我不断问自己，如果读者手握这本书，能否依照书中的步骤独立操作？这些技能是否具备可复制性？随后，竹辉就开始脑补读者成功解决某个问题后开心的样子。您的开心和快乐给了竹辉莫大的力量。这是支撑竹辉写完这本书的重要力量源泉。

另一个重要的力量源自内心深处对人性强大内在力量的信任。

竹辉的职业生涯并非一帆风顺，而是充满了波折。当然，这些波折都是自找的。

我本科毕业后进入山东省滕州一中当老师。200 多个人抢 1 个心理学老师的机会，自己被幸运选中，但是我却在一年之后放弃了这份工作，重新回到学校备考研究生。放弃的理由很简单，就是觉得早上查迟到，晚上查睡觉，朝九晚五的人生太没有意思了。这段经历成了身边人吐槽的槽点。因为，在我们家乡，判断工作好不好的标准只有一个，那就是“是不是事业编”。

后来，工作了，本来可以“猫”在一家企业做一个老老实实的打工人，自己却非要寻找刺激，各种折腾。从青岛折腾到杭州，从杭州折腾到青岛，现在又开始全国折腾。

没有折腾的能力，却向往折腾后的生活，这必然要接受风雨的洗礼。当我被风雨撕得七零八碎，开始怀疑人生、自我否定之时，我选择了“躺平”。“躺”下来，“平”静地内观、反思、学习和成长。当躺下来的时候发现，那些职场磨炼、否定和打击都变成了一个人成长的养分。

我开始总结15年的职场经验，开始反思这40多年的生活旅程，我甚至开始问自己，为什么上天让我误打误撞学了心理学？我为什么要存在于这个世界上？我存在的价值和意义是什么？

一遍遍地灵魂拷问，一次次地自我剖析。拷问得越久，剖析得越深，你的脑子越清醒。当你的大脑越来越清醒，内心越来越坚定，你就能找到自己想成为的样子。

人生的挫折都是自找的，但是绝对不是白找的。挫折就是为了磨炼和成就你。

也许是因为自己淋过雨，所以，总想给别人撑把伞；也许是因为，自己曾被无情否定，所以，总想对身边那些苦苦挣扎的小伙伴说：“你其实很优秀！别怕，干就行了！”

文字是有力量的，我希望借助文字的力量，给这个世界多添一抹阳光、一道风采。这也许就是自己存在的价值和意义吧。

“大白羊”一直都是一个理想主义者，那就借这本书让这个理想一直持续下去吧。

最后把此书送给我的宝贝女儿，你是妈妈生命中的光，是妈妈的天使！多少次，为了赶书稿，兼顾直播，总是不想做饭，要么点外卖，要么凑合，还总是要赖让你给妈妈洗水果，刷锅刷碗。而你总能在妈妈没有能量的时候，抱抱妈妈，给妈妈力量。谢谢你，宝贝！

最后，谢谢我的家人，从竹辉开始自己创业，就每天在工作室从早忙到晚，没给家里做过一顿饭，没送孩子去过一次艺术班……谢谢你们让竹辉没有后顾之忧，能有更多的时间去做有价值、有意义的事！